중등교원 임용시험대비 정보컴퓨터 일반이론 완벽 가이드

알기 쉽게 풀어가는
정보컴퓨터
일반과정 I

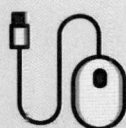

기본개념 + 예제 + 기출문제 완벽정리
- 정보컴퓨터 일반이론을 체계적으로 정리
- 기본개념 설명과 예제를 통한 확인학습
- 다양한 기출문제를 통한 실전 완벽 대비

CONTENTS

CHAPTER I 논리회로

SECTION 01 부울 대수 008
    1 기본 정리식 008
    2 최소항과 최대항 008
    3 논리식의 간소화 010

SECTION 02 조합 논리회로 016
    1 가감산기 016
    2 조합 논리회로의 응용 022

SECTION 03 순서 논리회로 045
    1 순서 논리회로의 개요 045
    2 순서 논리회로의 설계 052
    3 순서 논리회로의 간소화 055

CHAPTER II 컴퓨터 구조

SECTION 01 자료의 표현 　　　　　　　　　　　　　　062
　　1 　자료의 외부적 표현 방식 　　　　　　　062
　　2 　자료의 내부적 표현 방식 　　　　　　　068

SECTION 02 CPU와 기억장치 　　　　　　　　　　　074
　　1 　중앙처리장치(CPU) 　　　　　　　　　　074
　　2 　메모리 구조 　　　　　　　　　　　　　087

CHAPTER III 운영체제

SECTION 01 프로세스(Process) 관리 　　　　　　　102
　　1 　프로세스의 개요 　　　　　　　　　　　102
　　2 　프로세스 스케줄링 　　　　　　　　　　106
　　3 　교착상태(deadlock) 　　　　　　　　　　114
　　4 　프로세스 동기화 　　　　　　　　　　　123

CONTENTS

SECTION 02 기억장치 관리   136
    1   주기억장치 관리   136
    2   가상 기억장치 관리   142
    3   보조 기억장치 관리   158

CHAPTER IV 데이터베이스

SECTION 01 데이터베이스 시스템의 개요   172
    1   데이터베이스 개념   172
    2   데이터베이스 관리 시스템(DBMS)   173
    3   3층 스키마(schema)   177
    4   데이터 언어(data language)   178

SECTION 02 데이터베이스 구축   179
    1   데이터 모델   179
    2   개체-관계 모델   181
    3   논리적 데이터 모델   186
    4   데이터베이스 설계   186

SECTION 03 관계 데이터베이스 187
- 1 관계 데이터베이스의 개요 187
- 2 관계 데이터 언어 191

SECTION 04 SQL(Structure Query Language) 200

SECTION 05 정규화(normalization) 220
- 1 이상(anomaly)현상 220
- 2 함수적 종속 221
- 3 정규화(normalization) 222
- 4 함수적 종속의 추론 232

SECTION 06 트랜잭션(Transaction) 234
- 1 트랜잭션(Transaction) 234
- 2 회복(recovery) 236
- 3 병행수행 제어(Concurrency) 241

CHAPTER I

논리회로

SECTION 1 부울 대수

1 기본 정리식

① $A + 0 = A$ ② $A \cdot 0 = 0$ ③ $A + 1 = 1$
④ $A \cdot 1 = A$ ⑤ $A + A = A$ ⑥ $A \cdot A = A$
⑦ $A + \overline{A} = 1$ ⑧ $A \cdot \overline{A} = 0$
⑨ $A + B \cdot C = (A + B)(A + C)$ 〈분배 법칙〉
⑩ $\overline{A + B} = \overline{A} \cdot \overline{B}$ 〈드모르간의 법칙〉
⑪ $\overline{A \cdot B} = \overline{A} + \overline{B}$ 〈드모르간의 법칙〉
⑫ $(A')' = A$

2 최소항과 최대항

n개의 입력변수로 구성된 논리식에서 n개의 변수가 서로 논리곱(AND)형태로 결합된 항을 최소항(Minterm)이라 하고, n개의 변수가 서로 논리합(OR)형태로 결합된 항을 최대항(Maxterm)이라 한다.

10진수	A B C	최소항(Minterm)	최대항(Maxterm)
0	0 0 0	$\overline{A}\,\overline{B}\,\overline{C}$	$A + B + C$
1	0 0 1	$\overline{A}\,\overline{B}\,C$	$A + B + \overline{C}$
2	0 1 0	$\overline{A}\,B\,\overline{C}$	$A + \overline{B} + C$
3	0 1 1	$\overline{A}\,B\,C$	$A + \overline{B} + \overline{C}$
4	1 0 0	$A\,\overline{B}\,\overline{C}$	$\overline{A} + B + C$
5	1 0 1	$A\,\overline{B}\,C$	$\overline{A} + B + \overline{C}$
6	1 1 0	$A\,\overline{B}\,C$	$\overline{A} + \overline{B} + C$
7	1 1 1	$A\,B\,C$	$\overline{A} + \overline{B} + \overline{C}$

(1) **논리곱의 합(Sum of Product)**

논리곱의 합은 진리표의 출력이 1인 최소항(Minterm)들을 논리합(OR)한 논리함수로 기호는 Σ로 표시한다.

A	B	C	Y
0	0	0	0
0	0	1	1
0	1	0	0
0	1	1	0
1	0	0	1
1	0	1	0
1	1	0	0
1	1	1	1

위 진리표에서 최소항에 대한 논리곱의 합 형태로 표현하면 다음 식과 같다.

$$Y(A, B, C) = \overline{A}\,\overline{B}C + A\overline{B}\,\overline{C} + ABC$$
$$= m_1 + m_4 + m_7$$
$$= \Sigma(1, 4, 7)$$

(2) **논리합의 곱(Product of Sum)**

논리합의 곱은 진리표의 출력이 0인 최대항(Maxterm)들을 논리곱(AND)한 논리함수로 기호는 Π로 표시한다.

A	B	C	Y
0	0	0	0
0	0	1	1
0	1	0	0
0	1	1	0
1	0	0	1
1	0	1	0
1	1	0	0
1	1	1	1

위 진리표에서 최대항에 대한 논리합의 곱 형태로 표현하면 다음 식과 같다.

$$Y(A, B, C) = (A+B+C) \cdot (A+\overline{B}+C) \cdot (A+\overline{B}+\overline{C}) \cdot (\overline{A}+B+\overline{C}) \cdot (\overline{A}+\overline{B}+C)$$
$$= M_0 \cdot M_2 \cdot M_3 \cdot M_5 \cdot M_6$$
$$= \Pi(0, 2, 3, 5, 6)$$

3 논리식의 간소화

(1) 부울 대수에 의한 간소화

예제 01

$Y = A + \overline{A}B$
  = _____
  = _____

예제 02

$Y = A + \overline{A}B + \overline{A}\,\overline{B}$
  = _____
  = _____
  = _____

예제 03

$Y = AB + AC + A\overline{B}\,\overline{C}$
  = _____
  = _____
  = _____

예제 04

다음과 같은 논리식의 간소화 과정에서 빈칸을 채우시오.

$F = Y'Z' + XY' + X'Y + Y'Z$
  = ① _____ [A + A' = 1 이용]
  = ② _____
  = ③ _____ [1 + A = 1 이용]
  = ④ _____ [A + BC = (A + B)(A + C) 이용]
  = ⑤ _____ [A + A' = 1 이용]
  = ⑥ _____ [드모르간의 정리 이용]
  = ⑦ _____

기출 2000-12 다음과 같은 논리회로의 간소화 과정에 있어서 빈칸을 채우시오. (5점)

$$A + B(A' + B')$$
$$= \underline{A + BA' + BB'}$$
$$= \underline{A + BA'} \quad (A \cdot A' = 0을\ 이용)$$
$$= \underline{A + AB + A'B} \quad (A = A + AB를\ 이용)$$
$$= \underline{A + (A + A')B} \quad (A + A' = 1을\ 이용)$$
$$= \underline{A + B}$$

(2) 카르노프 도표(Karnaugh mapping)에 의한 간소화
   ① 3변수 일 때

A \ BC	00	01	11	10
0	m_0	m_1	m_3	m_2
1	m_4	m_5	m_7	m_6

   ② 4변수 일 때

AB \ CD	00	01	11	10
00	m_0	m_1	m_3	m_2
01	m_4	m_5	m_7	m_6
11	m_{12}	m_{13}	m_{15}	m_{14}
10	m_8	m_9	m_{11}	m_{10}

예제 05

다음 카르노프 도표를 보고 논리식을 구하시오.

AB \ CD	00	01	11	10
00	0	0	0	0
01	0	1	1	0
11	1	0	0	1
10	0	0	1	1

∴ F = _____

SECTION 1. 부울 대수

예제 06

다음의 부울(Bool) 함수를 Sum of Product와 Product of Sum의 논리식으로 간소화하시오.

$$F(A, B, C, D) = \Pi(0, 1, 2, 3, 4, 10, 11)$$

AB\CD	00	01	11	10
00				
01				
11				
10				

∴ Sum of Product : _____

∴ Product of Sum : _____

예제 07

다음 조건을 만족하는 Sum of Product와 Product of Sum의 논리식으로 간소화하시오.

$$F(A, B, C, D) = \Sigma(0, 1, 2, 8, 9, 12, 13)$$
$$d(A, B, C, D) = \Sigma(10, 11, 14, 15)$$

CD\AB	00	01	11	10
00				
01				
11				
10				

∴ Sum of Product : _____

∴ Product of Sum : _____

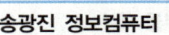

예제 08

다음의 스위칭 네트워크는 세 개의 입력과 두 개의 출력을 가지고 있다.

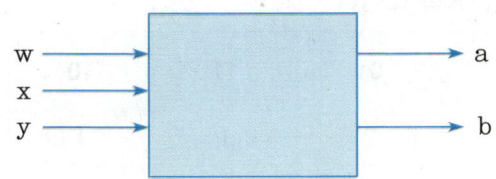

출력 변수 a, b는 각각 2진수 N의 첫 번째, 두 번째 비트를 나타낸다. N은 입력의 '0'의 개수를 나타낸다. 예를 들면, w=1, x=0, y=1이면 N=ab=01이 되어 10진수 1를 나타낸다. 출력변수 a와 b의 곱의 합(Sum-of-product)으로 간소화된 논리식을 쓰시오.

예제 09

다음의 스위칭 네트워크는 네 개의 입력과 한 개의 출력을 가진다.

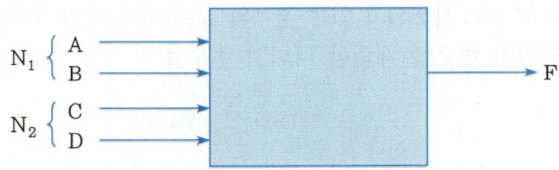

A, B는 2진수 N_1의 첫 번째와 두 번째 비트를 각각 나타내며 C, D는 2진수 N_2의 첫 번째와 두 번째를 각각 나타낸다. 네트워크의 출력이 1이 되는 경우는 $N_1 \cdot N_2$가 2보다 작을 경우일 때이다. 출력 F를 곱의 합(Sum-of-product)으로 논리식을 간소화하시오.

기출 2002-12 부울(Bool)함수 F = ABC' + AB'C' + A'B'C + A'BC에 대해 카르노 맵을 이용하여 간략화하고, 그 결과를 가지고 논리회로도를 그리시오. (4점)

12-1. 카르노 맵을 이용한 간략화 (2점) :

C \ AB	00	01	11	10
0			1	1
1	1	1		

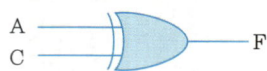

F = AC' + A'C = A⊕C

12-2. 논리회로도 (2점) :

A, C → ⊕ → F

(3) 컨센서스(Consensus) 항에 의한 간소화

컨센서스 항이란 부울 대수식에 있어서 그 항을 더하여도 식의 값이 변하지 않는 항이라고 정의할 수 있다. 다시 말하면, 컨센서스 항은 삭제가 가능한 항이다. 이런 컨센서스 항은 부울 대수를 간소화하는 데 유용하게 사용된다. XY + X'Z + YZ 형태의 함수가 주어진 경우 XY의 항에서는 X라는 변수로 X'Z의 항에서는 변수 X가 그 보수로 사용되고 있는 경우와 같이 하나의 항에서는 그 변수로 다른 항에서는 그 변수의 보수로 사용되어진 변수를 제외한 나머지 변수들인 YZ항이 바로 컨센서스 항이 된다.

예제 10

다음의 부울 함수식을 컨센서스(consensus) 정리를 사용하여 간소화하시오.

(1) F = A'B' + AC + BC' + B'C + AB
　① 컨센서스 항 : _____, _____
　② 간소화된 식 : _____

(2) F = (A + B)(A' + C)(B + C)
　① 컨센서스 항 : _____
　② 간소화된 식 : _____

기출 2010-13 다음 부울 함수에 대해 카르노 맵(K-map)을 이용하여 입력 변수와 항의 수를 최소로 간소화한 부울 함수 F를 〈보기〉에서 모두 고른 것은? (단, 입력 변수 A, B, C, D와 $\overline{A}$, $\overline{B}$, $\overline{C}$, $\overline{D}$는 각각 동등한 간소화 정도로 본다.)

$$F(A, B, C, D) = \Sigma(0, 1, 2, 5, 7, 8, 9, 10, 11, 13, 15)$$

보기

ㄱ. $F = BD + \overline{B}\,\overline{D} + AD + A\overline{B}$
ㄴ. $F = BD + \overline{B}\,\overline{D} + AD + \overline{B}\,\overline{C}$
ㄷ. $F = BD + \overline{B}\,\overline{D} + A\overline{B} + \overline{C}D$
ㄹ. $F = BD + \overline{B}\,\overline{D} + A\overline{B} + \overline{B}\,\overline{C}$
ㅁ. $F = BD + \overline{B}\,\overline{D} + AD + \overline{C}D$

① ㄱ, ㄴ ② ㄹ, ㅁ ③ ㄷ, ㄹ, ㅁ ④ ㄱ, ㄴ, ㄷ, ㄹ ❺ ㄴ, ㄷ, ㄹ, ㅁ

해설 카르노프 도표

AB\CD	00	01	11	10
00	1	1		1
01		1	1	
11		1	1	
10	1	1	1	1

∴ F = BD + B'D' + AB' + C'D
∴ F = BD + B'D' + AB' + B'C'
∴ F = BD + B'D' + AD + C'D
∴ F = BD + B'D' + AD + B'C'

SECTION 2 조합 논리회로

1 가감산기

(1) 가산기(Adder)
　① 반가산기(H.A, Half Adder)
　　㉠ 진리표

입력		출력	
x	y	S	C
0	0	0	0
0	1	1	0
1	0	1	0
1	1	0	1

　　㉡ 부울 대수
　　　• $S = x'y + xy' = x \oplus y$
　　　• $C = xy$

　　㉢ 논리회로도

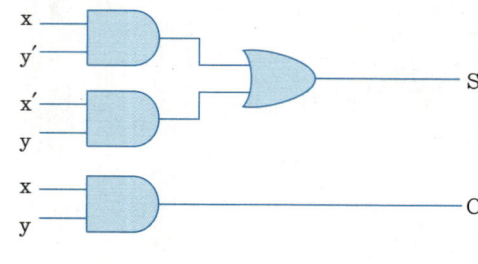
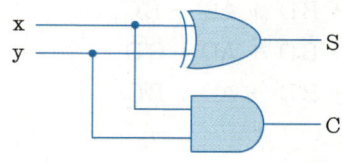

(a) $S = xy' + x'y$　　　　(b) $S = x \oplus y$
　　$C = xy$　　　　　　　　　$C = xy$

② 전가산기(F.A, Full Adder)
  ㉠ 진리표

입력			출력	
x	y	z	S	C
0	0	0	0	0
0	0	1	1	0
0	1	0	1	0
0	1	1	0	1
1	0	0	1	0
1	0	1	0	1
1	1	0	0	1
1	1	1	1	1

  ㉡ 부울 대수의 유도과정
  • S = _____
    _____
    _____
  • C = _____
    _____
    _____

  ㉢ 논리회로도

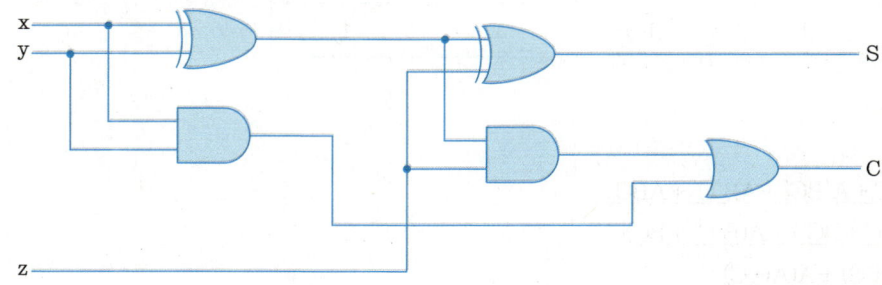

조합 논리회로

기출 1998 - 08 컴퓨터 구조에서 전가산기(Full adder)는 조합 논리회로의 일종이다.

8-1. 전가산기에 대하여 간단히 설명하고 (1점),

8-2. 이에 대한 진리표와 (2점),

8-3. 논리식의 진리표에서 유도되어 최소화되는 과정을 쓰시오 (2점).

해설

8-1. 정의

두 개의 2진수와 자리 올림수를 더하여 합과 자리올림을 산출하기 위한 논리 회로로, 2개의 반가산기와 OR Gate로 구성된다.

8-2. 진리표

입력			출력	
A	B	C	S	C_0
0	0	0	0	0
0	0	1	1	0
0	1	0	1	0
0	1	1	0	1
1	0	0	1	0
1	0	1	0	1
1	1	0	0	1
1	1	1	1	1

8-3. 논리식

① 합(Sum)

$S = A'B'C + A'BC' + AB'C' + ABC$
$= A'(B'C + BC') + A(B'C' + BC)$
$= A'(B \oplus C) + A(A \odot C)$
$= A \oplus B \oplus C$

② 자리 올림(Carry)

$C_0 = A'BC + AB'C + ABC' ABC$
$= (A'B + AB')C + AB(C' + C)$
$= (A \oplus B)C + AB$

(2) 감산기(Subtractor)
  ① 반감산기(H.S, Half Subtractor)
    ㉠ 진리표

입력		출력	
x	y	d	b
0	0	0	0
0	1	1	1
1	0	1	0
1	1	0	0

  ㉡ 부울 대수
    • d = _____
    • b = _____

  ㉢ 논리회로도

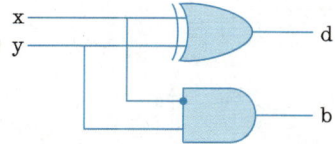

② 전감산기(F.S, Full Subtractor)
  ㉠ 진리표

입력			출력	
x	y	z	D	B
0	0	0		
0	0	1		
0	1	0		
0	1	1		
1	0	0		
1	0	1		
1	1	0		
1	1	1		

2 조합 논리회로

ⓛ 부울 대수의 유도과정
- D = _____
  _____
  _____
  _____
- B = _____
  _____
  _____

ⓒ 논리회로도

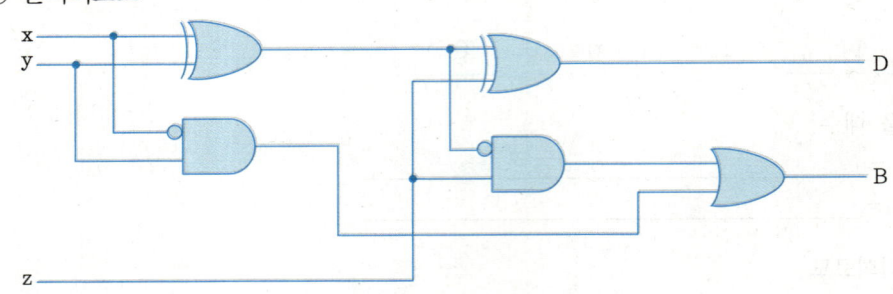

(3) 4비트 가감산기

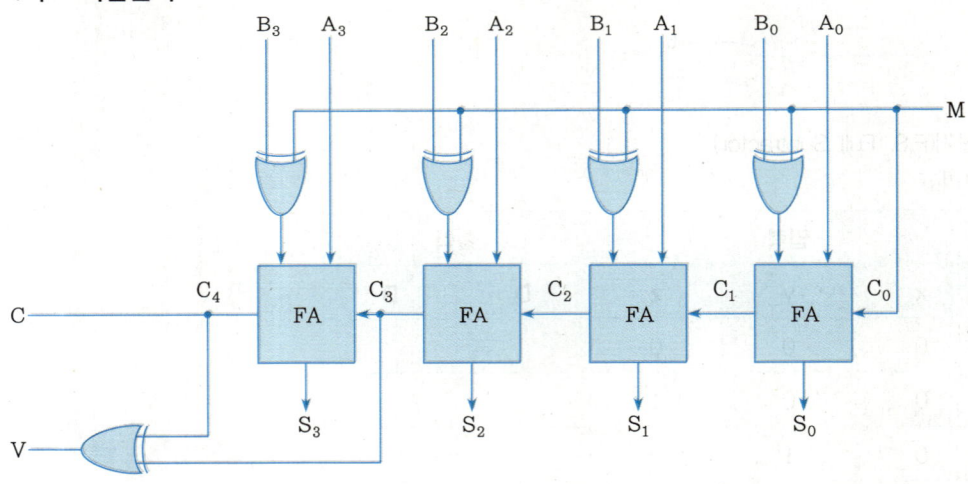

예제 11

위의 4비트 가감산 회로는 다음과 같은 값을 갖는다. 모드 입력 M과 데이터 입력 A, B 각각의 경우에 대하여 4개의 출력 SUM(S_3, S_2, S_1, S_0)과 캐리 C_4를 구하시오.

M	A	B	SUM	C
0	0111	0110		
0	1000	1001		
1	1100	1000		
1	0101	1010		
1	0000	0001		

예제 12

다음 그림과 같이 전가산기(full adder) 2개와 인버터를 사용해 구성한 연산회로가 있다. 각 전가산기에서 A, B는 입력, c_i는 캐리 입력, S는 합 출력, C_o는 캐리 출력을 의미한다. 이 연산회로의 입력은 a, b, c의 3비트이고, 출력은 x, y의 2비트이며 각 비트는 0과 1의 2진 비트로 구성된다. 〈작성 방법〉에 따라 기술하시오.

회로도

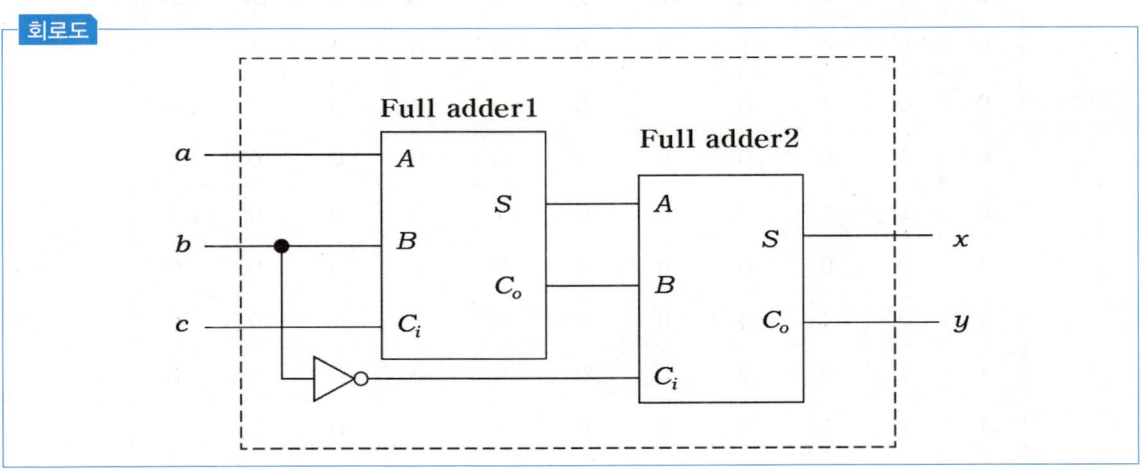

작성 방법

(1) 위 연산회로의 입력 a, b, c 및 출력 x, y에 대한 진리표를 작성할 것.
(2) 위 연산회로의 입력 a, b, c에 대한 출력 x, y를 간소화된 곱의 합 형태로 나타낼 것.

2 조합 논리회로의 응용

(1) 해독기(Decoder)

어떤 부호체계에서 표현된 형태를 원래의 형태로 복원하기 위한 변환기로 해독기라 하며, n개의 입력으로부터 코드화된 2진 정보를 최대 2^n개의 고유 출력으로 만들어 주는 논리회로이다.

① 2 × 4 해독기(Decoder)

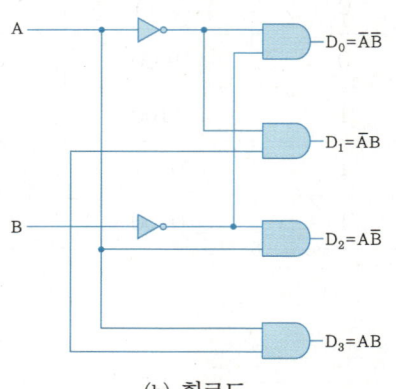

입력		출력			
A	B	D_0	D_1	D_2	D_3
0	0	1	0	0	0
0	1	0	1	0	0
1	0	0	0	1	0
1	1	0	0	0	1

(a) 진리표 (b) 회로도

② 3 × 8 해독기(Decoder)
㉠ 진리표

입력			출력							
x	y	z	D_0	D_1	D_2	D_3	D_4	D_5	D_6	D_7
0	0	0	1	0	0	0	0	0	0	0
0	0	1	0	1	0	0	0	0	0	0
0	1	0	0	0	1	0	0	0	0	0
0	1	1	0	0	0	1	0	0	0	0
1	0	0	0	0	0	0	1	0	0	0
1	0	1	0	0	0	0	0	1	0	0
1	1	0	0	0	0	0	0	0	1	0
1	1	1	0	0	0	0	0	0	0	1

ⓒ 논리회로도

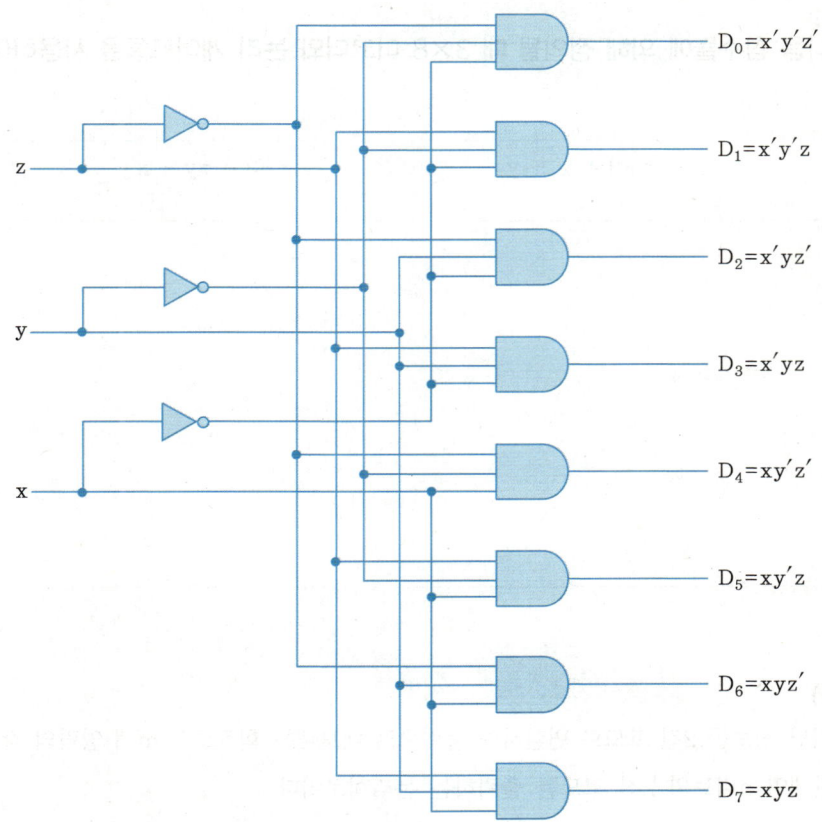

SECTION 2 조합 논리회로

예제 13

조합 논리회로가 다음 함수들에 의해 정의될 때 3×8 디코더와 논리 게이트들을 사용하여 회로를 설계하시오.

- F1 = x'y' + xyz'
- F2 = x' + y
- F3 = xy + x'y'

(2) 부호기(Encoder)

입력 단자에 나타난 정보를 2진 코드로 변환하여 출력으로 내보내는 회로로서 m개 입력의 각각에 대하여 m≤ 2^n 의 관계인 n비트의 2진 코드를 출력하는 논리회로이다.

① 4 × 2 부호기(Encoder)
　㉠ 진리표

입력				출력	
D_0	D_1	D_2	D_3	A	B
1	0	0	0	0	0
0	1	0	0	0	1
0	0	1	0	1	0
0	0	0	1	1	1

ⓒ 논리회로도

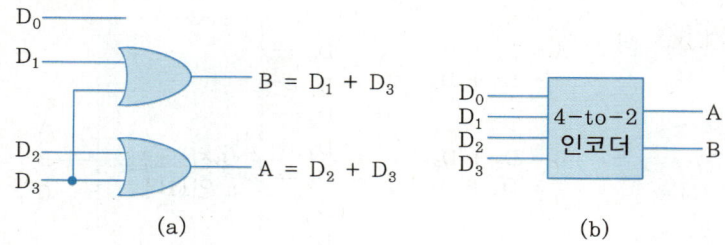

(a)　　　　　　　　　　　　　(b)

② 8 × 3 부호기(Encoder)
　㉠ 진리표

입력								출력		
D_0	D_1	D_2	D_3	D_4	D_5	D_6	D_7	A	B	C
1	0	0	0	0	0	0	0	0	0	0
0	1	0	0	0	0	0	0	0	0	1
0	0	1	0	0	0	0	0	0	1	0
0	0	0	1	0	0	0	0	0	1	1
0	0	0	0	1	0	0	0	1	0	0
0	0	0	0	0	1	0	0	1	0	1
0	0	0	0	0	0	1	0	1	1	0
0	0	0	0	0	0	0	1	1	1	1

　㉡ 논리식
　　• $A = D_4 + D_5 + D_6 + D_7$
　　• $B = D_2 + D_3 + D_6 + D_7$
　　• $C = D_1 + D_3 + D_5 + D_7$

ⓒ 논리회로도와 블록도

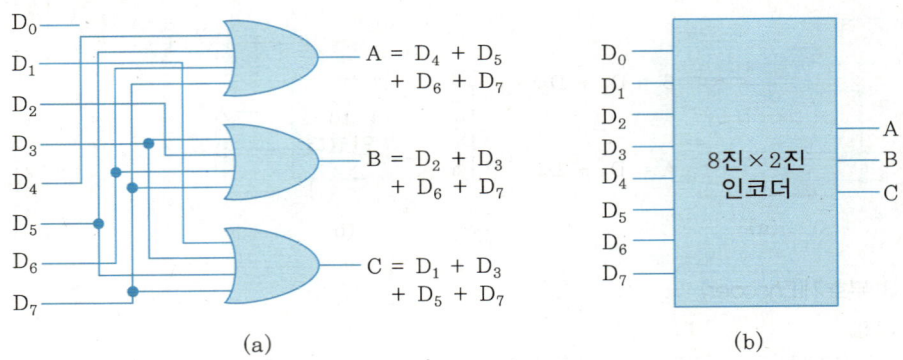

(a)　　　　　　　　　　　(b)

③ 10 × 4 부호기(Encoder)

㉠ 진리표

입력										출력			
D_0	D_1	D_2	D_3	D_4	D_5	D_6	D_7	D_8	D_9	A	B	C	D
1	0	0	0	0	0	0	0	0	0	0	0	0	0
0	1	0	0	0	0	0	0	0	0	0	0	0	1
0	0	1	0	0	0	0	0	0	0	0	0	1	0
0	0	0	1	0	0	0	0	0	0	0	0	1	1
0	0	0	0	1	0	0	0	0	0	0	1	0	0
0	0	0	0	0	1	0	0	0	0	0	1	0	1
0	0	0	0	0	0	1	0	0	0	0	1	1	0
0	0	0	0	0	0	0	1	0	0	0	1	1	1
0	0	0	0	0	0	0	0	1	0	1	0	0	0
0	0	0	0	0	0	0	0	0	1	1	0	0	1

㉡ 논리식

- $A = D_8 + D_9$
- $B = D_4 + D_5 + D_6 + D_7$
- $C = D_2 + D_3 + D_6 + D_7$
- $D = D_1 + D_3 + D_5 + D_7 + D_9$

ⓒ 논리회로도와 블록도

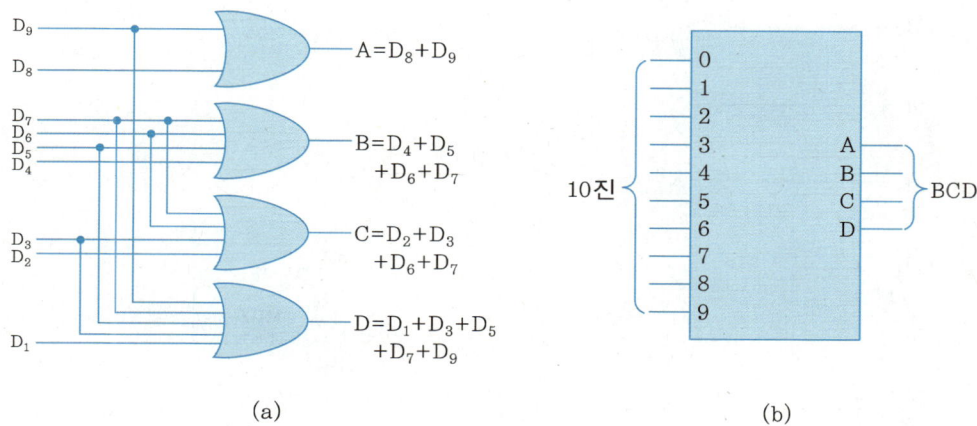

(a)　　　　　　　　　　　　　　(b)

(3) 데이터 선택기(Multiplexer)
- 2^n개의 입력 중에서 하나를 선택하여 하나의 출력선에 내보내기 위해서 n비트의 선택 입력이 필요한 논리회로이다.
- 여러 회선의 입력이 한 곳으로 집중될 때 특정 회선을 선택하도록 하므로, 선택기라 부르기도 한다. 어느 회선에서 전송해야 하는지 결정하기 위하여 선택 신호가 함께 주어져야 한다.

① 4 × 1 멀티플렉서(Multiplexer)
　ⓐ 진리표

선택 입력		출력
S_1	S_0	Y
0	0	I_0
0	1	I_1
1	0	I_2
1	1	I_3

2 조합 논리회로

ⓒ 논리회로도와 블록도

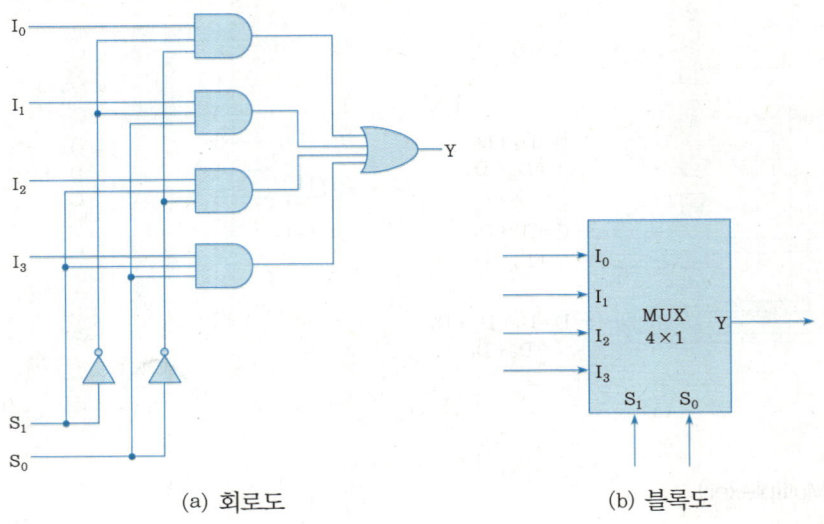

(a) 회로도   (b) 블록도

② 8 × 1 멀티플렉서(Multiplexer)
  ㉠ 진리표

선택 입력			출력
S_2	S_1	S_0	Y
0	0	0	I_0
0	0	1	I_1
0	1	0	I_2
0	1	1	I_3
1	0	0	I_4
1	0	1	I_5
1	1	0	I_6
1	1	1	I_7

ⓒ 논리회로도

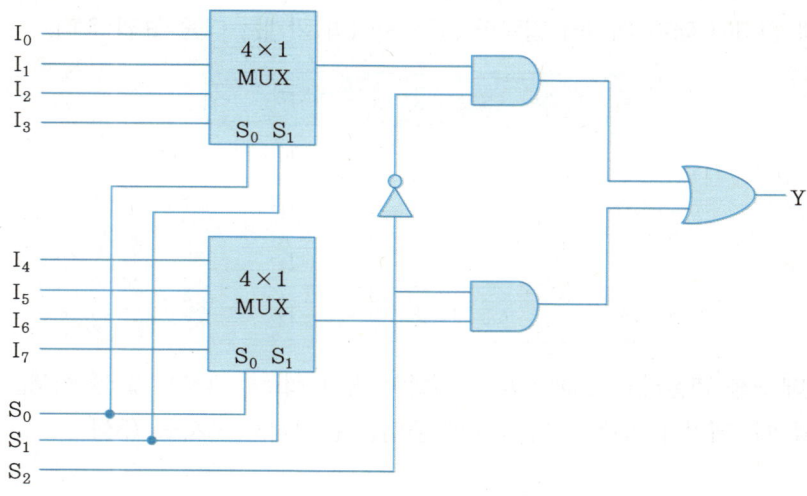

기출 2001-09 A, B, C 3개의 변수를 입력으로 받아 입력 변수의 값 중 1의 개수가 0의 개수보다 많을 때, 출력 F가 1이 되는 논리회로를 설계하고자 한다. 이와 관련하여 다음 질문에 답하시오. [총 8점]

9-1. 상기 회로의 진리표를 다음 표에 작성하시오. (2점)

A	B	C	F
0	0	0	0
0	0	1	0
0	1	0	0
0	1	1	1
1	0	0	0
1	0	1	1
1	1	0	1
1	1	1	1

9-2. 출력 F의 간소화된 논리식을 곱의 합(sum-of-products) 형태로 쓰시오. (3점)

$$F = \underline{AB + AC + BC}$$

SECTION 2 조합 논리회로

9-3. 4×1 멀티플렉서(multiplexer)의 데이터 입력을 I_0, I_1, I_2, I_3, 선택 입력을 s_1, s_0, 출력을 F라고 했을 때, 선택 입력에 대한 데이터 입력과 출력 사이의 관계는 다음 표와 같다.

s_1	s_0	F
0	0	I_0
0	1	I_1
1	0	I_2
1	1	I_3

선택 입력 s_1에 B를 연결하고, s_0에 C를 연결하여 상기 회로를 4×1 멀티플렉서를 이용하여 설계하고자 할 때, 데이터 입력 I_0, I_1, I_2, I_3에 들어갈 논리식을 쓰시오. (3점)

$$I_0 = 0$$
$$I_1 = A$$
$$I_2 = A$$
$$I_3 = 1$$

해설 멀티플렉서(multiplexer) 실현표

A \ BC	I_0 00	I_1 01	I_2 10	I_3 11
0	0	0	0	1
1	0	1	1	1
	0	A	A	1

예제 14

다음 부울 함수를 실현하는 논리회로를 8×1 멀티플렉서를 이용하여 설계하고자 한다. 물음에 답하시오. (단, 선택선은 입력변수 A, B, D를 이용한다.)

$$F(A, B, C, D) = \Sigma(1, 3, 4, 7, 8, 9, 13, 15)$$

(1) 위의 조건을 만족하는 실현표를 완성하시오.

	I_0	I_1	I_2	I_3	I_4	I_5	I_6	I_7
C'								
C								

(2) 위의 조건을 만족하는 논리회로를 그리시오.

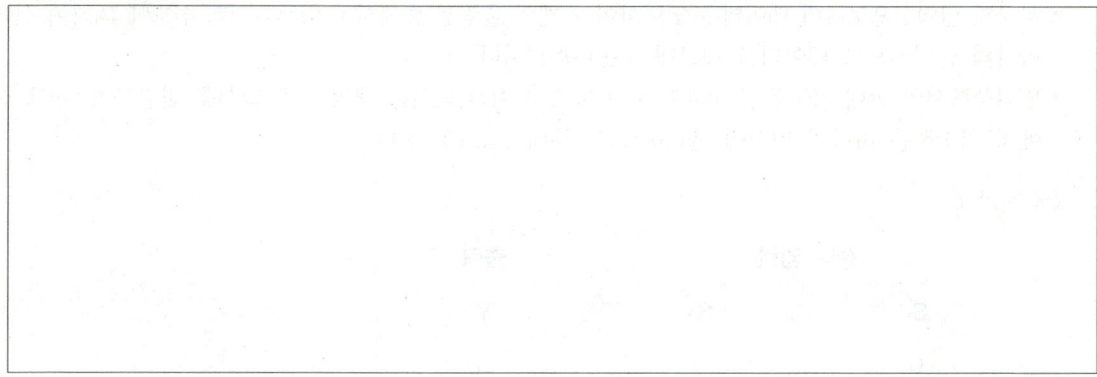

예제 15

다음의 〈MUX 회로도〉는 어떤 동작을 수행하는 조합 논리회로인지 명칭을 쓰시오.

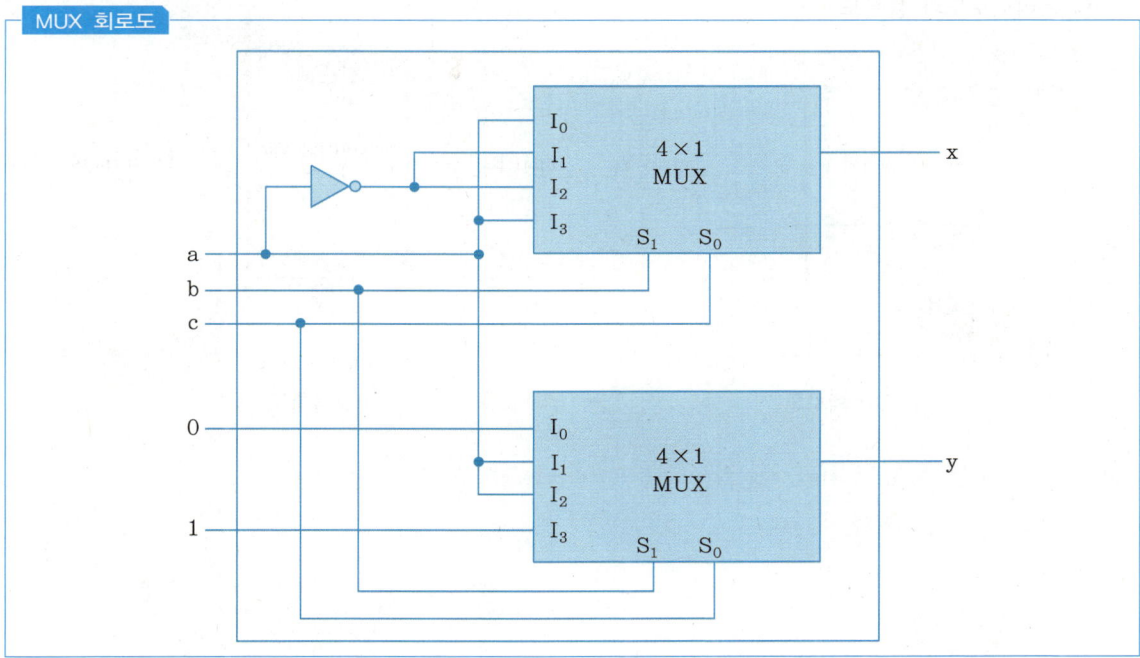

(4) 데이터 분배기(Demultiplexer)

- 하나의 입력선으로부터 데이터를 입력하여 2^n개의 출력선 중에서 n비트의 선택 신호에 의하여 선택된 하나의 출력선으로 데이터를 내보내는 논리회로이다.
- 멀티플렉서와 반대 기능을 수행하여 하나의 입력 회선을 여러 개의 출력 회선을 연결하여, 선택 신호에서 지정하는 하나의 회선에 출력하므로, 분배기라고도 한다.

㉠ 진리표

선택 입력		출력
S_1	S_0	Y
0	0	Y_0
0	1	Y_1
1	0	Y_2
1	1	Y_3

㉡ 논리회로도와 블록도

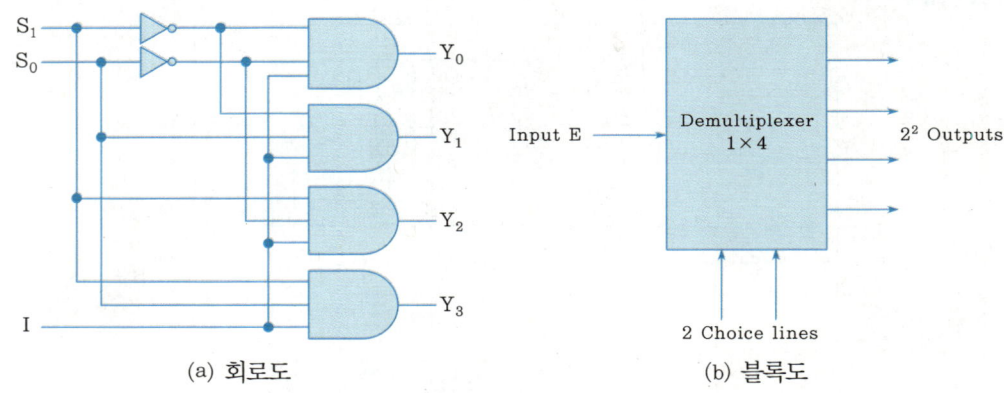

(a) 회로도　　　　　　　　(b) 블록도

(5) PLA(Programmable Logic Array)

PLA는 변수들을 완전히 디코딩하지 않고, 또한 모든 최소항들을 생성하지 않는다는 점을 제외하고는 PROM과 개념적으로 유사하다. 디코더는 입력변수의 특정 곱의 항을 생성하도록 프로그램되어질 수 있는 AND게이트 배열로 대치된다. 그 다음 곱의 항들은 필요한 생성하기 위해서 OR게이트들로 연결되어진다.

① PLA 논리 배열구조

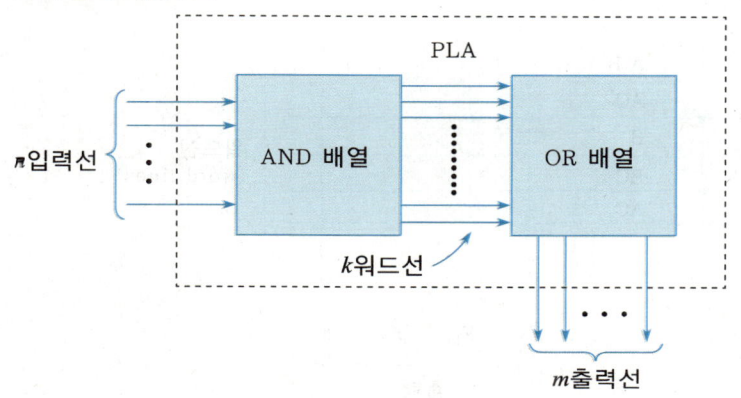

② PLA 프로그램표

- $F_0 = A'B' + AC'$
- $F_1 = AC' + B$
- $F_2 = A'B' + BC'$
- $F_3 = B + AC$

곱항 \ 구분	입력			출력			
	A	B	C	F_0	F_1	F_2	F_3
A'B'	0	0	−	1	0	1	0
AC'	1	−	0	1	1	0	0
B	−	1	−	0	1	0	1
BC'	−	1	0	0	0	1	0
AC	1	−	1	0	0	0	1
				T	T	T	T

③ PLA 논리회로

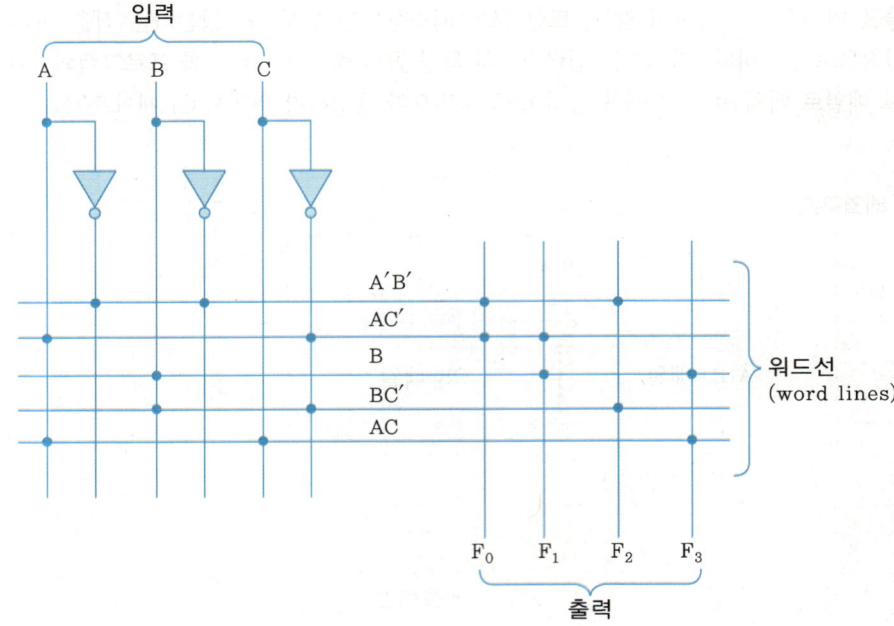

예제 16

다음의 〈PLA 회로도〉는 어떤 동작을 수행하는 조합 논리회로인지를 쓰시오.

PLA 회로도

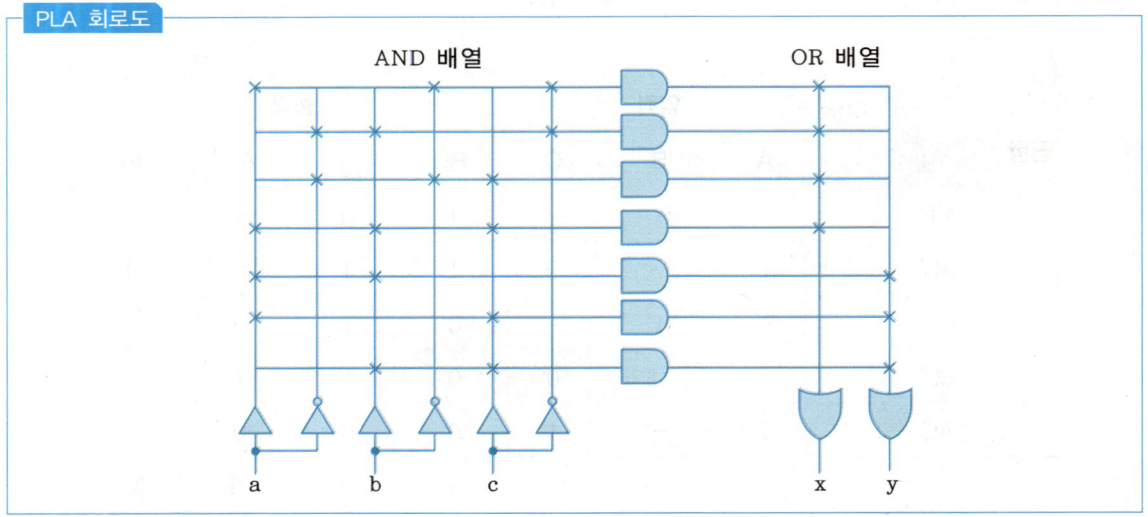

기출 2007-11 $F_0(A, B, C) = \Sigma m(0, 1, 2, 5, 6)$, $F_1(A, B, C) = \Sigma m(2, 3, 4, 7)$로 정의되는 조합 논리회로를 PLA(Programmable Logic Array)로 구현하려고 한다. 이때 최적의 PLA를 구성하기 위한 곱의 항을 모두 쓰시오. (단, 최적의 PLA는 최소의 곱의 항을 갖는 것을 의미하며, 곱의 항의 수를 최소로 하기 위하여 출력에 인버터(inverter)를 붙일 수 있음) (3점)

$$A'B, \ BC, \ AB'C'$$

해설

F_0

A\BC	00	01	11	10
0	1	1	0	1
1	0	1	0	1

F_1

A\BC	00	01	11	10
0	0	0	1	1
1	1	0	1	0

	F_0	F_1
True	A'B' B'C BC'	A'B BC AB'C'
Complement	BC AB'C'	A'B' B'C ABC'

(6) 짝수 패리티 비트 발생기

① 진리표

입력			출력
A	B	C	Y
0	0	0	
0	0	1	
0	1	0	
0	1	1	
1	0	0	
1	0	1	
1	1	0	
1	1	1	

② 부울 대수의 유도과정

Y = _____
_____
_____

③ 논리회로도

(7) 2진수의 그레이(Gray) 코드로 변환

① 진리표

2진수			그레이 코드		
A	B	C	X	Y	Z
0	0	0			
0	0	1			
0	1	0			
0	1	1			
1	0	0			
1	0	1			
1	1	0			
1	1	1			

② 부울 대수의 유도과정

X = _____

Y = _____

Z = _____

③ 논리회로도

(8) 그레이(Gray) 코드의 2진수로 변환

① 진리표

그레이 코드			2진수		
A	B	C	X	Y	Z
0	0	0			
0	0	1			
0	1	0			
0	1	1			
1	0	0			
1	0	1			
1	1	0			
1	1	1			

② 부울 대수의 유도과정

X = _____

Y = _____

Z = _____

③ 논리회로도

(9) BCD 코드의 3초과 코드로 변환
① 진리표

10진수	BCD 입력				3초과 출력			
	A	B	C	D	W	X	Y	Z
0	0	0	0	0				
1	0	0	0	1				
2	0	0	1	0				
3	0	0	1	1				
4	0	1	0	0				
5	0	1	0	1				
6	0	1	1	0				
7	0	1	1	1				
8	1	0	0	0				
9	1	0	0	1				

② 부울 대수의 유도과정

AB\CD	00	01	11	10
00				
01				
11				
10				

∴ W = _____

AB\CD	00	01	11	10
00				
01				
11				
10				

∴ X = _____

AB\CD	00	01	11	10
00				
01				
11				
10				

∴ Y = _____

AB\CD	00	01	11	10
00				
01				
11				
10				

∴ Z = _____

③ 논리회로도

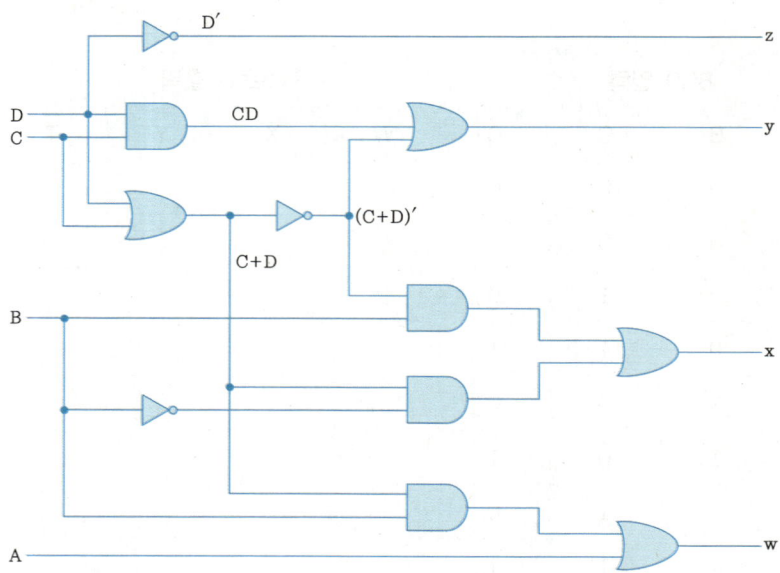

예제 17

다음의 〈회로도〉와 같이 2비트(bit) 신호 A와 B를 비교하여 A > B일 때와 A=B일 때를 판별하는 조합논리회로를 구성하고자 한다. 논리회로가 올바르게 작동하기 위하여 (가), (나), (다)에 사용될 논리 게이트를 순서대로 쓰시오. (단, A_1, B_1은 상위 비트, A_0, B_0는 하위 비트를 표시하고 모든 게이트는 이상적인 조건으로 동작한다.)

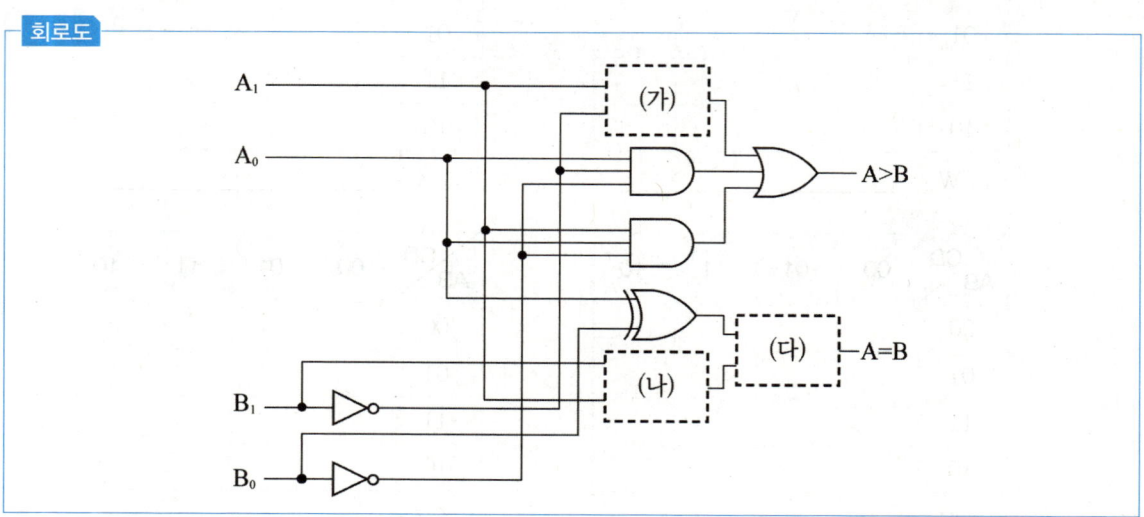

예제 18

다음 ROM 회로에서 입력코드 A_0, A_1, A_2가 주어질 때 데이터 출력 D_3, D_2, D_1, D_0의 값을 구하시오.

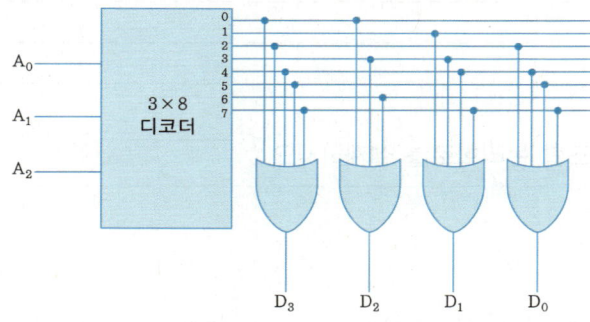

A_0	A_1	A_2	D_3	D_2	D_1	D_0
0	0	0				
0	0	1				
0	1	0				
0	1	1				
1	0	0				
1	0	1				
1	1	0				
1	1	1				

예제 19

BCD 코드를 9의 보수로 변환하는 조합 논리회로를 설계하고자 한다. 이와 관련하여 다음 물음에 답하시오.

(1) 상기 회로의 진리표를 다음 표에 완성하시오.

10진수	BCD 코드				9의 보수			
	A	B	C	D	W	X	Y	Z
0	0	0	0	0				
1	0	0	0	1				
2	0	0	1	0				
3	0	0	1	1				
4	0	1	0	0				
5	0	1	0	1				
6	0	1	1	0				
7	0	1	1	1				
8	1	0	0	0				
9	1	0	0	1				

(2) 위의 진리표로부터 부울(Bool) 함수를 유도하시오.
   ㉠ W = _____
   ㉡ X = _____
   ㉢ Y = _____
   ㉣ Z = _____

(3) 위의 진리표를 보고 조합 논리회로를 설계하시오.

기출 2014-05 다음 조합 논리회로를 부울 대수 논리식으로 쓰시오. 그리고 이를 최소한의 논리 게이트로 표현할 수 있는 논리식으로 간소화한 후, 간소화한 논리식을 쓰시오. (단, 논리 게이트는 정논리(positive logic) 방식을 따른다.) (2점)

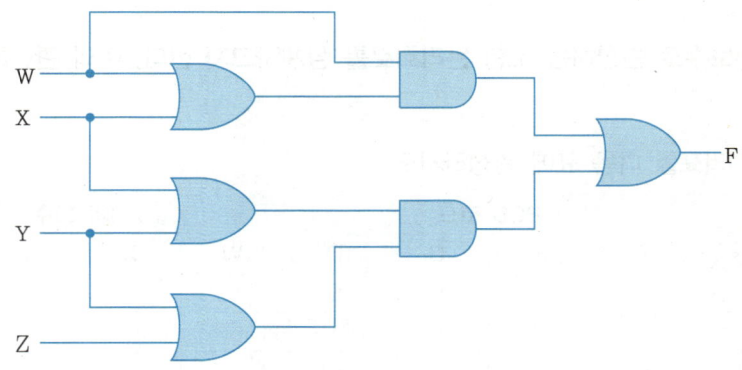

해설
- 부울 대수 논리식 : $F = W(W + X) + (X + Y)(Y + Z)$
- 간소화한 논리식 : $F = W + Y + XZ$

기출 2004-13 84-2-1(842'1') 코드를 BCD 코드로 변환하는 조합 논리회로를 설계하고자 한다. 입력비트를 A, B, C, D로 하고 출력비트를 W, X, Y, Z로 한다. W=AB+AC'D'이고, 그 외의 출력식 X, Y, Z를 최적의 곱의 합(Sum of Products) 형식으로 표현하시오. (단, 최적의 곱의 합 형식이란 곱의 항(term)의 수와 곱의 항을 구성하는 문자의 수가 가장 적은 형식을 말한다.) (6점)

① X = B'C + B'D + BC'D'
② Y = C'D + CD'
③ Z = D

해설

1. 진리표

10진수	842 '1'코드				BCD 코드			
	A	B	C	D	W	X	Y	Z
0	0	0	0	0	0	0	0	0
1	0	1	1	1	0	0	0	1
2	0	1	1	0	0	0	1	0
3	0	1	0	1	0	0	1	1
4	0	1	0	0	0	1	0	0
5	1	0	1	1	0	1	0	1
6	1	0	1	0	0	1	1	0
7	1	0	0	1	0	1	1	1
8	1	0	0	0	1	0	0	0
9	1	1	1	1	1	0	0	1

2. 카르노프 도표

AB\CD	00	01	11	10
00		X	X	X
01				
11	X	X	1	X
10	1			

W = AB+AC'D'

AB\CD	00	01	11	10
00		X	X	X
01	1			
11	X	X		X
10		1	1	1

X = B'C + B'D + BC'D'

AB\CD	00	01	11	10
00		X	X	X
01		1		1
11	X	X		X
10		1		1

Y = C'D + CD'

AB\CD	00	01	11	10
00		X	X	X
01		1	1	
11	X	X	1	X
10		1	1	

Z = D

SECTION 2 조합 논리회로

기출 2020 - 03 다음은 입력 X, Y와 출력 Z를 가지는 논리 회로이다. 해당 논리회로는 2×4 디코더와 4×1 멀티플렉서로 구성된다. 〈조건〉을 고려하여 X=0, Y=0인 경우의 Z값을 쓰고, Z를 최소항(minterm)의 합으로 쓰시오. [2점]

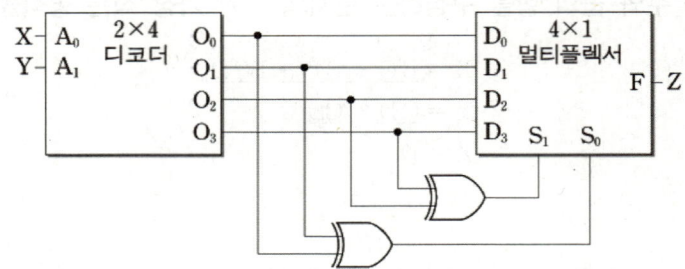

조건
- A_1, A_0은 디코더의 입력, $O_3 \sim O_0$은 디코더의 출력, $D_3 \sim D_0$은 멀티플렉서의 입력, S_1, S_0은 멀티플렉서의 선택 입력, F는 멀티플렉서의 출력이다.
- A_1, O_3, D_3, S_1은 MSB(Most Significant Bit)이다.
- 회로의 동작은 정논리(positive logic) 방식을 따른다.

SECTION 3 순서 논리회로

1 순서 논리회로의 개요

(1) 플립플롭(Flip Flop)

래치(latch)와 플립플롭은 2진 정보 1비트를 저장할 수 있으며, 2개의 출력 단자를 가진다. 출력 단자 중 하나가 '1'이 되면 다른 하나는 '0'을 출력하여 서로 상반되는 2가지 상태를 유지한다. 래치 회로는 클록 펄스(clock pulse)를 이용하지 않으므로 입력이 변할 때마다 출력 상태가 바뀌지만 플립플롭은 별도의 클록 펄스가 입력될 때에만 출력 상태가 변화한다.

① RS 플립플롭(Flip Flop)

세트 입력 단자 및 리셋 입력 단자가 있고 세트 신호에 따라 1의 상태로, 리셋 신호에 따라 0의 상태로 되며, 세트 신호와 리셋 신호가 동시에 인가될 때의 상태가 규정되어 있지 않은 플립플롭 회로이다.

㉠ 회로도

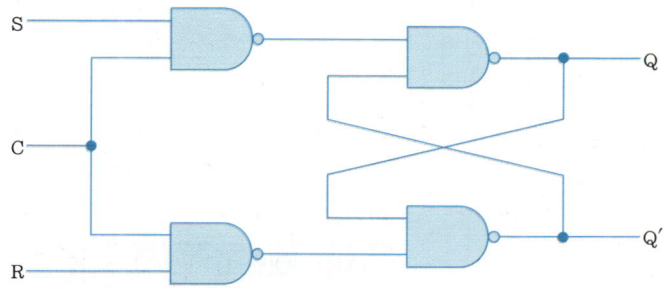

㉡ 진리표

S	R	Q(t+1)
0	0	Q(t)
0	1	0
1	0	1
1	1	Don't care

㉢ 여기표

Q(t)	Q(t+1)	S	R
0	0		
0	1		
1	0		
1	1		

ㄹ 특성표

Q(t)	S	R	Q(t+1)
0	0	0	
0	0	1	
0	1	0	
0	1	1	
1	0	0	
1	0	1	
1	1	0	
1	1	1	

ㅁ 특성 방정식

Q(t) \ SR	00	01	11	10
0				
1				

∴ Q(t+1) = _____

② JK 플립플롭(Flip Flop)

RS 플립플롭 회로에서의 입력 금지 상태, 즉 S단자와 R단자의 입력이 "1"일 때 출력이 부정(不定)하게 되는 결점을 없앤 플립플롭 회로이다.

ㄱ 회로도

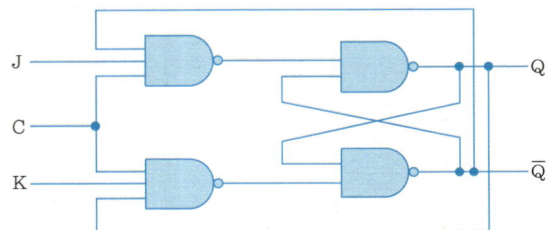

ㄴ 진리표

J	K	Q(t+1)
0	0	Q(t)
0	1	0
1	0	1
1	1	Q(t)'

ㄷ 여기표

Q(t)	Q(t+1)	J	K
0	0		
0	1		
1	0		
1	1		

ㄹ 특성표

Q(t)	J	K	Q(t+1)
0	0	0	
0	0	1	
0	1	0	
0	1	1	
1	0	0	
1	0	1	
1	1	0	
1	1	1	

ㅁ 특성 방정식

Q(t) \ JK	00	01	11	10
0				
1				

∴ Q(t+1) = _____

③ T 플립플롭(Flip Flop)

하나의 입력 단자와 2개의 출력 단자를 갖는 플립플롭 회로로, 입력 신호가 "1"이면 출력 상태가 반전하고, "0"이면 앞의 상태를 유지한다. 즉, 입력 신호가 "0"에서 "1"로 변화할 때에는 출력도 변화하고, "1"에서 "0"으로 변화할 때는 변화하지 않는다.

㉠ 회로도

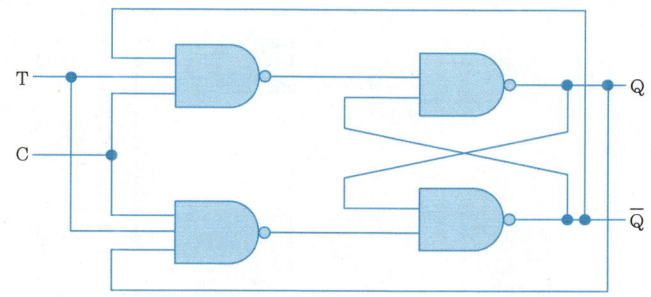

㉡ 진리표

T	Q(t+1)
0	Q(t)
1	Q(t)'

㉢ 여기표

Q(t)	Q(t+1)	T
0	0	
0	1	
1	0	
1	1	

㉣ 특성표

Q(t)	T	Q(t+1)
0	0	
0	1	
1	0	
1	1	

㉤ 특성 방정식

Q(t) \ T	0	1
0		
1		

∴ Q(t+1) = _____

④ D 플립플롭(Flip Flop)
하나의 입력 단자가 있고 클록 펄스가 인가되었을 때 입력 신호가 1이면 1로, 0이면 0으로 자리잡는 플립플롭 회로이며, 일반적으로 입력 신호를 클록 펄스의 시간 간격만큼 지연시켜 출력으로 내는 데 사용된다.

㉠ 회로도

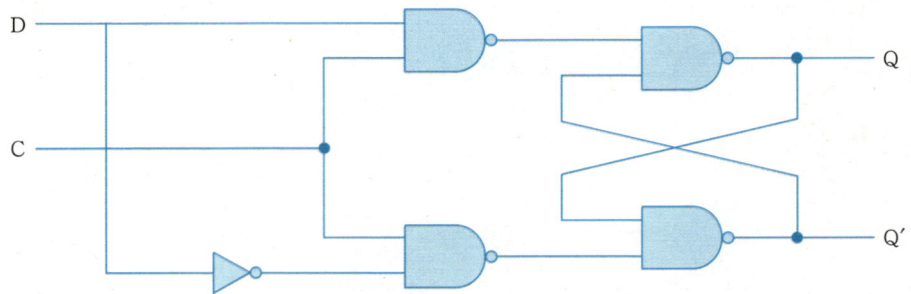

㉡ 진리표

D	Q(t+1)
0	0
1	1

㉢ 여기표

Q(t)	Q(t+1)	D
0	0	
0	1	
1	0	
1	1	

㉣ 특성표

Q(t)	D	Q(t+1)
0	0	
0	1	
1	0	
1	1	

㉤ 특성 방정식

Q(t) \ D		

∴ Q(t+1) = _____

예제 20

다음의 〈그림〉은 D 플립플롭을 활용한 순서논리회로이다. JK 플립플롭과 동일하게 작동하도록 설계할 때 (가), (나), (다)에 알맞은 논리게이트를 순서대로 쓰시오.

그림

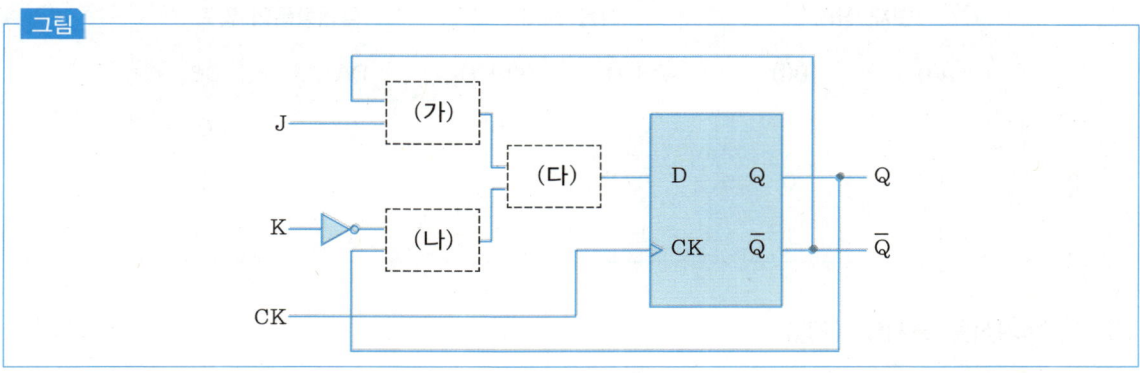

예제 21

다음은 동기식 2비트 순서 논리 회로의 상태도이다. 상태도를 참고하여 회로 여기표(excitation table)를 완성하고, (가)와 (나)에 최소의 논리소자를 사용하여 순서 논리 회로를 완성하면 각각의 게이트(gate)의 명칭을 쓰시오.

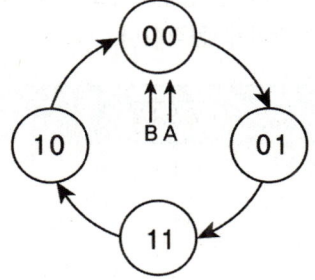

[회로 여기표]

클록 신호 이전 상태		클록 신호 이후 상태	
B	A	B	A
0	0		
0	1		
1	0		
1	1		

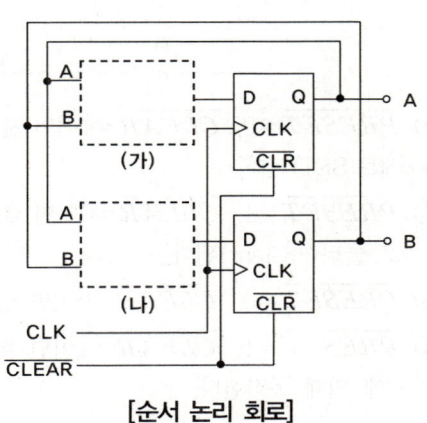

[순서 논리 회로]

SECTION 3. 순서 논리회로

기출 2003-10 D 플립플롭(flip/flop)을 사용하여 3, 0, 1과 같이 반복하는 2진 순차카운터(counter)를 설계하고자 한다. [총 5점]

10-1. 여기표(excitation table)를 채우시오. (3점)

현재 상태		다음 상태		플립플롭의 입력	
A(t)	B(t)	A(t+1)	B(t+1)	DA	DB
1	1	0	0	0	0
0	0	0	1	0	1
0	1	1	1	1	1

10-2. 여기식을 쓰시오. (2점)

- DA = A(t)'B(t)
- DB = A(t)'

(2) 비동기 입력

비동기 입력에는 PRESET입력과 CLEAR입력이 있다. 이 입력들은 플립플롭의 초기 조건 등을 결정하는 데 사용된다. 즉 PRESET입력은 출력을 강제로 1로 만들며 CLEAR입력은 출력을 0으로 만든다. 이 비동기 입력들은 클럭 펄스와 무관하게 동작한다.

$\overline{PRESET}$	$\overline{CLEAR}$	출력
1	1	동작하지 않음
0	1	$\overline{PRESET}$ 동작
1	0	$\overline{CLEAR}$ 동작
0	0	사용치 않음

① $\overline{PRESET}$=0, $\overline{CLEAR}$=1이면 출력 Q는 J, K, C인 동기 입력 값이 어떤 값을 갖든지 즉시 1로 세트(SET)된다.
② $\overline{PRESET}$=1, $\overline{CLEAR}$=0이면 출력 Q는 J, K, C인 동기 입력 값이 어떤 값을 갖든지 즉시 0으로 클리어(Clear)된다.
③ $\overline{PRESET}$=0, $\overline{CLEAR}$=0이면 금지 상태로 사용해서는 안 된다.
④ $\overline{PRESET}$=1, $\overline{CLEAR}$=1이면 비동기 입력은 동작하지 않고 JK 플립플롭은 동기입력 J, K, C에 의해 동작한다.

비동기 입력		동기 입력			출력	
$\overline{PRESET}$	$\overline{CLEAR}$	C	J	K	Q	$\overline{Q}$
0	1	X	X	X	1	0
1	0	X	X	X	0	1
0	0	X	X	X	금지	
1	1	⊓▼	0	0	Q	
1	1	⊓▼	0	1	0	1
1	1	⊓▼	1	0	1	0
1	1	⊓▼	1	1	$\overline{Q}$	

예제 22

JK 플립플롭에 그림과 같이 입력을 가하는 경우 출력 Q의 파형을 그리시오. (단, CLR(clear)은 출력을 '0'으로 하는 입력 단자이며, PR(preset)은 출력을 '1'로 하는 입력 단자이다.)

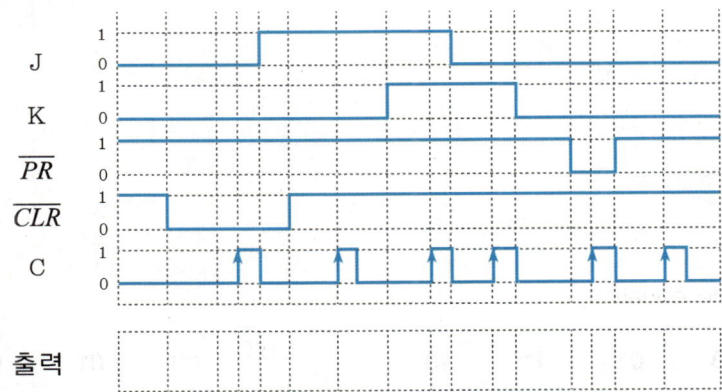

2 순서 논리회로의 설계

(1) 상태도(State diagram)

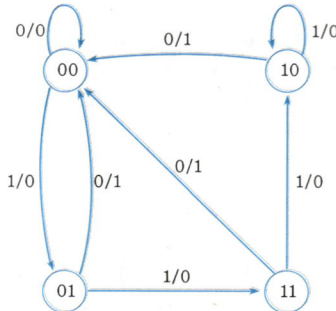

(2) 상태표(State table)

입력			다음 상태(t+1)		출력
현재 상태(t)		입력			
A	B	X	A	B	Y

(3) 상태 방정식(State equation)

A \ BX	00	01	11	10
0				
1				

∴ A(t+1) = _____

A \ BX	00	01	11	10
0				
1				

∴ B(t+1) = _____

A \ BX	00	01	11	10
0				
1				

∴ C(t+1) = _____

예제 23

다음의 상태도를 보고 JK 플립플롭으로 순서 논리회로를 설계하시오.

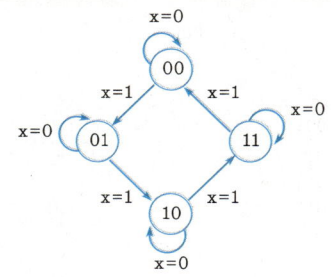

(1) 여기표를 작성하시오.

입 력			다음 상태(t+1)		출력			
현재 상태(t)		입력			플립플롭 입력			
A	B	X	A	B	Ja	Ka	Jb	Kb

(2) 상태 방정식을 구하시오.

Ja = _____

Ka = _____

Jb = _____

Kb = _____

(3) 순서 논리회로를 설계하시오.

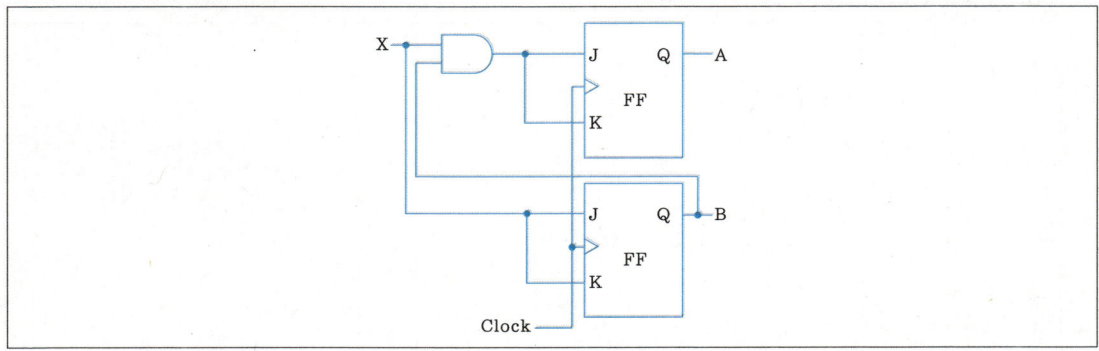

예제 24

다음과 같은 2진 연속을 T 플립플롭으로 카운터를 설계하시오.

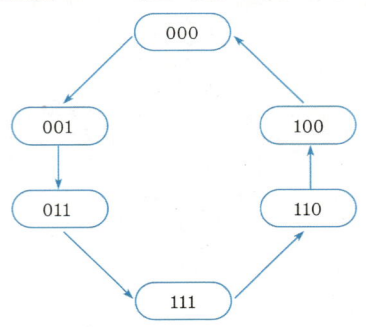

(1) 상기회로의 상태표와 여기표를 작성하시오.

현재 상태(t)			다음 상태(t+1)			플립플롭		
A	B	C	A	B	C	T_A	T_B	T_C

(2) 플립플롭 A, B, C의 상태 방정식을 구하시오.

$T_A = $ _____

$T_B = $ _____

$T_C = $ _____

(3) 카운터 순서 논리회로를 설계하시오.

3 순서 논리회로의 간소화

(1) 원상태도

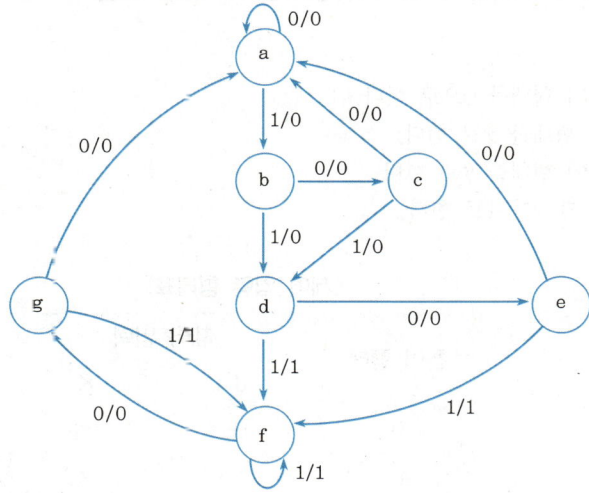

(2) 원상태도의 상태표

현재 상태(t)	다음 상태		출력	
	X=0	X=1	X=0	X=1
a	a	b	0	0
b	c	d	0	0
c	a	d	0	0
d	e	f	0	1
e	a	f	0	1
f	g	f	0	1
g	a	f	0	1

(3) 간소화된 상태표

현재 상태(t)	다음 상태(t+1)		출력	
	X=0	X=1	X=0	X=1
a	a	b	0	0
b	c	d	0	0
c	a	d	0	0
d	e	d	0	1
e	a	d	0	1

순서 논리회로

기출 2008 JK 플립플롭(Flip/Flop) 2개를 사용하여 mod-4 동기식 카운터(counter)를 설계하고자 한다. 다음 〈순차표〉와 JK 플립플롭에 대한 〈제어 입력 형태표〉, 그리고 〈설명〉을 참조하여 〈여기표(천이표)〉를 작성하고, ①~④의 빈칸에 간소화된 논리식의 결과를 쓰시오. (3점)

설명
- ㉠ 현재 상태 '0'이 다음 상태 '0'으로 변하면 천이 형태를 0으로 한다.
- ㉡ 현재 상태 '0'이 다음 상태 '1'로 변하면 천이 형태를 α로 한다.
- ㉢ 현재 상태 '1'이 다음 상태 '0'으로 변하면 천이 형태를 β로 한다.
- ㉣ 현재 상태 '1'이 다음 상태 '1'로 변하면 천이 형태를 1로 한다.

〈순차표〉

계수	출력		상태 할당
C_P	Q_B	Q_A	S
0	0	0	S_0
1	0	1	S_1
2	1	0	S_2
3	1	1	S_3
4	0	0	S_0

〈제어 입력 형태표〉

천이 형태	제어 입력	
	J	K
0	0	×
α	1	×
β	×	1
1	×	0
φ	×	×

〈여기표(천이표)〉

현재		다음		천이 형태		제어 입력			
Q_B	Q_A	Q_B	Q_A	F/F_B	F/F_A	J_B	K_B	J_A	K_A
0	0	0	1	0	α	0	x	1	x
0	1	1	0	α	β	1	x	x	1
1	0	1	1	1	α	x	0	1	x
1	1	0	0	β	β	x	1	x	1

〈논리식〉

F/F_A	① $J_A = 1$
	② $K_A = 1$
F/F_B	③ $J_B = Q_A$
	④ $K_B = Q_A$

해설

J_A

Q_B \ Q_A	0	1
0	1	X
1	1	X

K_A

Q_B \ Q_A	0	1
0	X	1
1	X	1

J_B

Q_B \ Q_A	0	1
0	0	1
1	X	X

K_B

Q_B \ Q_A	0	1
0	X	X
1	0	1

기출 2018-07 (가)는 가상의 UV 플립플롭의 [논리기호]와 [특성표]이고, (나)는 (가)를 이용하여 카운터를 설계할 때 필요한 [상태 여기표]이다. 〈조건〉을 고려하여 (나)의 ㉠, ㉡에 들어갈 내용을 순서대로 쓰시오. [2점]

(가)

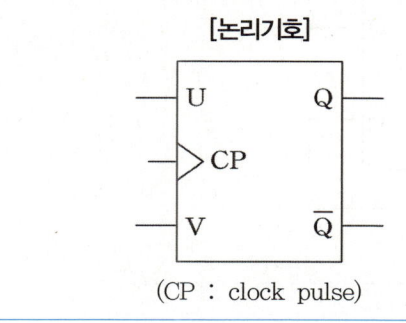

U	V	Q(t+1)
0	0	$\overline{Q}(t)$
0	1	0
1	0	1
1	1	Q(t)

(나)

[상태 여기표]

현재 상태		다음 상태		플립플롭 입력			
A	B	A	B	U_A	V_A	U_B	V_B
0	0	1	1	㉠	㉠	㉠	㉠
0	1	0	0	㉡	㉡	0	×
1	0	0	1	0	×	㉠	㉠
1	1	1	0	1	×	0	×

〈조건〉
- [특성표]에서 Q(t)와 Q(t+1)은 UV 플립플롭의 현재 상태와 다음 상태이고, $\overline{Q(t)}$는 Q(t)의 반전 상태이다.
- 카운터는 UV 플립플롭인 A와 B로 구성되며, A와 B의 상태 값은 다음과 같은 순서로 반복 진행된다.
  00, 11, 10, 01, 00, 11, 10, ……
- [상태 여기표]의 U_A와 V_A는 플립플롭 A의 입력을, U_B와 V_B는 플립플롭 B의 입력을 각각 나타낸다.

순서 논리회로

기출 2019-07 다음은 가상의 ST 플립플롭과 입력 x, 출력 A로 구성된 순차논리회로이다. 〈조건〉을 고려하여 〈작성 방법〉에 따라 쓰시오. [2점]

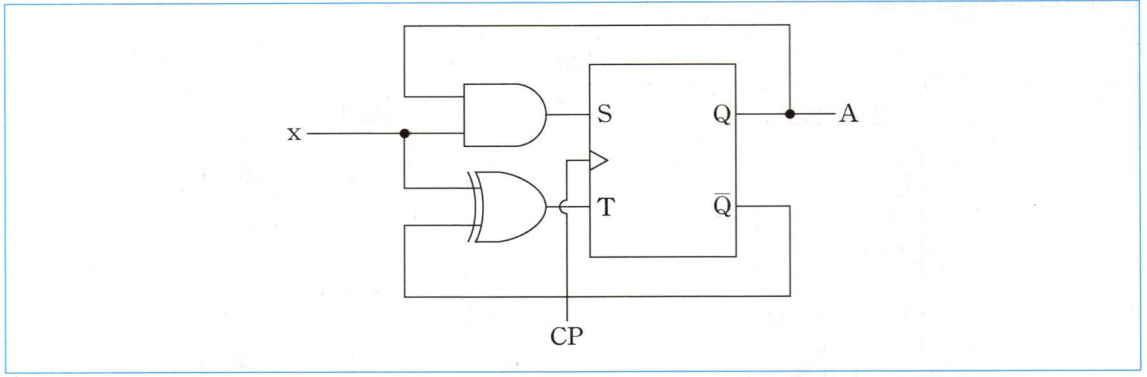

조건

○ ST 플립플롭의 특성표는 다음과 같다.

S	T	Q(t+1)
0	0	Q(t)
0	1	0
1	0	1
1	1	$\overline{Q}(t)$

○ Q(t)는 현재 상태, Q(t+1)은 다음 상태를 의미한다.
○ $\overline{Q}(t)$는 Q(t)의 보수(complement)를 의미한다.
○ CP는 Clock Pulse를 의미한다.

작성 방법

○ 현재 상태 A(t)와 입력 x에 따른 다음 상태 A(t+1)을 나타낸 ㉠, ㉡에 해당하는 값을 순서대로 쓸 것.

현재 상태 A(t)	다음 상태 (t+1)	
	x=0	x=1
0	㉠	
1		㉡

MEMO

정보컴퓨터
일반과정 I

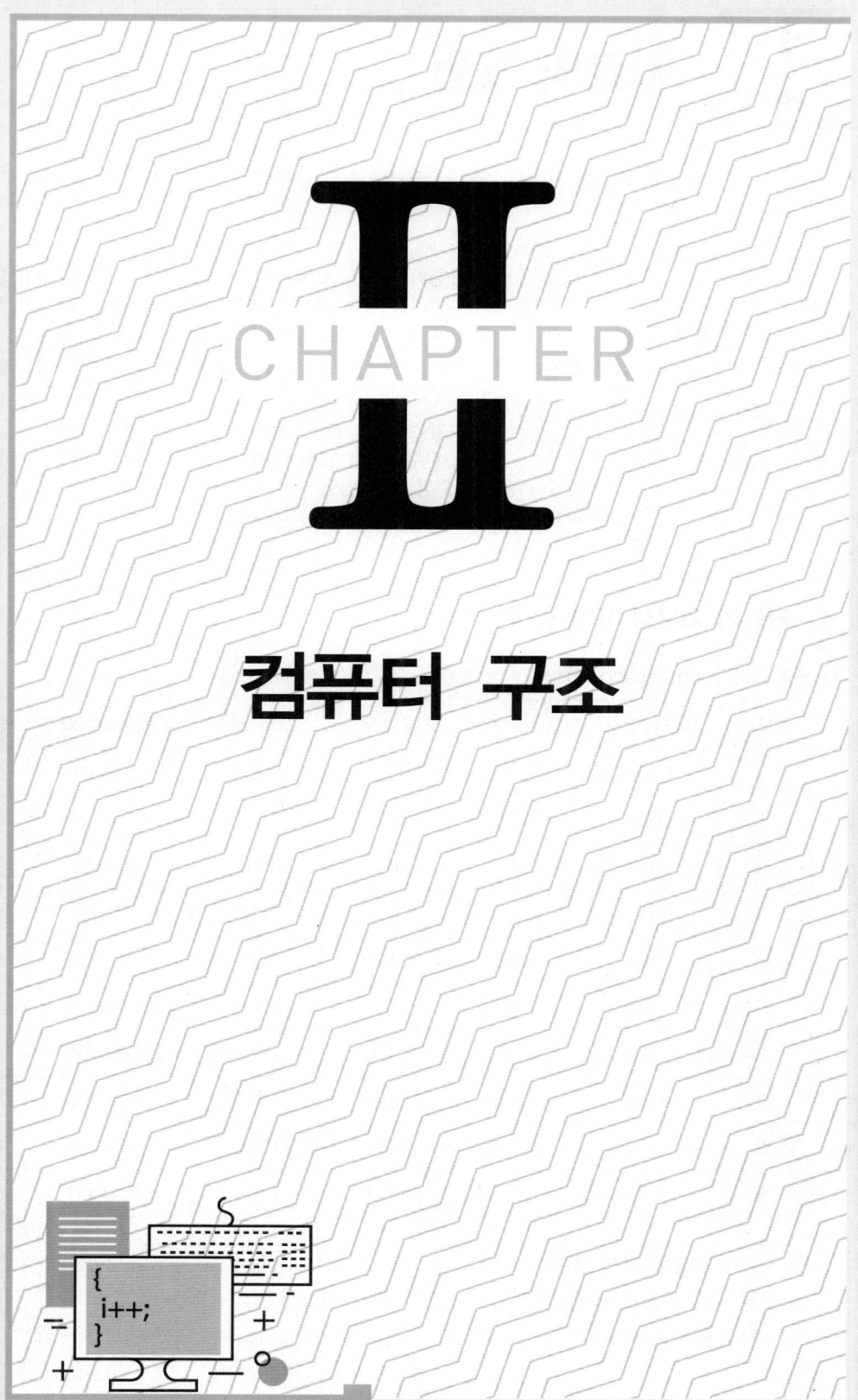

CHAPTER II

컴퓨터 구조

SECTION 1 자료의 표현

```
                      ┌ 숫자 코드 ┌ 가중치가 있는 코드 : 8421 코드, 2421 코드, 51111 코드 등
                      │          └ 가중치가 없는 코드 : 3초과 코드, 2-out-of-5 코드 등
   ┌ 외부적 표현 방법 │
   │                  │          ┌ 표준 BCD 코드
   │                  └ 문자 코드 │ ASCII 코드
   │                             └ EBCDIC 코드
   │
   │                  ┌ 정수 ┌ 고정 소수점 표현 방법
   └ 내부적 표현 방법 │      └ 10진수데이터 표현 방법
                      └ 실수 : 부동 소수점 표현 방법
```

1 자료의 외부적 표현 방식

(1) 숫자 코드(numeric code)

10진수	8421 코드	84$\bar{2}\bar{1}$ 코드	2421 코드	3초과 코드	비퀴너리 코드	링카운터 코드
0	0000	0000	0000	0011	0100001	0000000001
1	0001	0111	0001	0100	0100010	0000000010
2	0010	0110	0010	0101	0100100	0000000100
3	0011	0101	0011	0110	0101000	0000001000
4	0100	0100	0100	0111	0110000	0000010000
5	0101	1011	1011	1000	1000001	0000100000
6	0110	1010	1100	1001	1000010	0001000000
7	0111	1001	1101	1010	1000100	0010000000
8	1000	1000	1110	1011	1001000	0100000000
9	1001	1111	1111	1100	1010000	1000000000

① 자보수 성질을 가진 코드 : 84$\bar{2}\bar{1}$ 코드, 2421 코드, 3초과 코드, 51111 코드
② 오류 검출 가능한 코드 : 비퀴너리 코드, 링카운터 코드, 2-Out-of 5 코드

  ※ 자보수(self complement) 코드 : 두 수를 더해서 9가 되는 수끼리 보수 관계인 것을 말한다.

기출 2009 - [9 - 10] 다음은 2421 코드를 학습하기 위한 자료에 학생이 답안을 작성한 것이다. 물음에 답하시오.

10진수	8421 코드	2421 코드
0	0000	0000
1	0001	0001
2	0010	0010
3	0011	0011
4	0100	0100
5	0101	㉠ ___
6	0110	㉡ ___
7	0111	1101
8	1000	1110
9	1001	1111

(1) 2421 코드와 8421 코드를 서로 비교해서 공통점을 2가지 이상 찾아보자.

[답안] ① 4비트로 이루어진 코드이다.
② 10진수 0에서 6까지의 코드값은 동일하다.

(2) 2421 코드의 특징을 찾아보자.

[답안] ① 가중치가 있다.
② 보수화 코드가 아니다.

(3) 2421 코드의 빈칸에 알맞은 코드값을 써보자.

[답안] ① : ㉠ 0101   ② : ㉡ 0110

9. 위 학습 자료의 특징으로 적합한 것을 〈보기〉에서 모두 고른 것은?

보기
ㄱ. 질적 평가보다는 양적 평가에 더 적합한 자료로 사용된다.
ㄴ. 학생의 학습 과정을 진단하여 개별 학습을 촉진할 수 있다.
ㄷ. 교수-학습 활동과 평가 활동에 모두 사용할 수 있는 학습지이다.
ㄹ. 이 학습 자료를 사용할 때 교사는 학습 안내자의 역할을 수행하는 것이 바람직하다.
ㅁ. 이진코드의 특징을 찾아내는 활동을 하므로 다른 종류의 이진코드 학습에 쉽게 전이된다.

① ㄱ, ㄴ, ㄷ   ② ㄱ, ㄴ, ㄹ   ③ ㄷ, ㄹ, ㅁ   ❹ ㄴ, ㄷ, ㄹ, ㅁ   ⑤ ㄱ, ㄴ, ㄷ, ㄹ, ㅁ

10. 학생이 작성한 답안지를 다음의 채점 기준에 따라 채점할 때, 평가의 등급 결과로 가장 적합한 것은?

평가 등급	채점 기준
A	○ 2421 코드와 8421 코드를 비교하여 같은 점을 두 가지 이상 올바르게 제시하였다. ○ 2421 코드의 특징을 두 가지 이상 올바르게 제시하였다. ○ 가중치의 의미를 이해하고 있다. ○ 보수의 의미를 이해하여 2421 코드값을 올바르게 썼다.
B	○ 2421 코드와 8421 코드를 비교하여 같은 점을 한 가지 이상 올바르게 제시하였다. ○ 2421 코드의 특징을 한 가지 이상 올바르게 제시하였다. ○ 가중치의 의미를 이해하고 있다. ○ 보수의 의미를 이해하여 2421 코드값을 올바르게 썼다.
C	○ 2421 코드와 8421 코드를 비교하여 같은 점을 한 가지 이상 올바르게 제시하였다. ○ 2421 코드의 특징을 한 가지 이상 올바르게 제시하였다. ○ 가중치의 의미를 이해하고 있다. ○ 보수에 대한 이해와 적용이 부족하여 2421 코드값을 틀리게 썼다.
D	○ 2421 코드와 8421 코드를 비교하여 같은 점을 한 가지도 올바르게 제시하지 못하였다. ○ 2421 코드의 특징을 한 가지도 올바르게 제시하지 못하였다. ○ 가중치의 의미를 이해하고 있다. ○ 보수에 대한 이해와 적용이 부족하여 2421 코드값을 틀리게 썼다.
E	○ 2421 코드와 8421 코드에 대한 이해가 전혀 없다. ○ 가중치의 의미를 전혀 이해하지 못하고 있다. ○ 보수의 의미를 전혀 이해하지 못하고 적용하지 못하였다.

① A   ② B   ❸ C   ④ D   ⑤ E

(2) 문자 코드(character code)

코드	구성	표현 가능한 문자수	특징
표준BCD 코드	Zone bit : 2bit Digit bit : 4bit	$2^6 = 64$가지	• 8421 코드 확장
ASCII 코드	Zone bit : 3bit Digit bit : 4bit	$2^7 = 128$가지	• 마이크로 컴퓨터 • 데이터 통신
EBCDIC 코드	Zone bit : 4bit Digit bit : 4bit	$2^8 = 256$가지	• 표준BCD 코드 확장

(3) 패리티 비트와 해밍 코드

① 패리티 비트(Parity Bit)
  ㉠ 정보의 오류를 검출하기 위해 정보비트에 한 비트를 추가한 것이다.
  ㉡ 짝수(even) parity를 부여하는 방법과 홀수(odd) parity를 부여하는 방법으로 구분한다.

예제 01

```
짝수(even) parity check
   1  0  1  1 │ 1    ← parity bit
   0  1  ■  0 │ 1
   1  1  0  0 │ 0
   0  1  0  1 │ 0
   ─────────────
   0  1  1  0       ← parity word    ∴ 2행 3열에서 오류 발생
```

  ㉢ 홀수(odd) parity를 부여하는 방법

예제 02

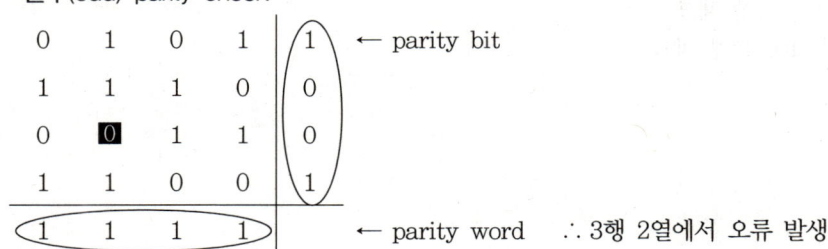

② 해밍 코드(Hamming Code)
  ㉠ 정보의 오류를 검출하여 교정까지 해주는 코드이다.
  ㉡ 형식〈짝수 체크일 경우〉

1	2	3	4	5	6	7
P_1	P_2	8	P_4	4	2	1

☞ P_1 : 1, 3, 5, 7행 짝수 체크
☞ P_2 : 2, 3, 6, 7행 짝수 체크
☞ P_4 : 4, 5, 6, 7행 짝수 체크

  ㉢ 오류 검출방법의 예제

1	2	3	4	5	6	7
0	0	0	1	1	0	1

☞ P_1 : 1, 3, 5, 7행 (0, 0, 1, 1)
☞ P_2 : 2, 3, 6, 7행 (0, 0, 0, 1)
☞ P_4 : 4, 5, 6, 7행 (1, 1, 0, 1)

∴ 1 1 0

보충

Parity bit 구하는 공식

데이터 비트 수가 n비트, Parity bit가 p비트일 때 $2^p \geq n + p + 1$을 만족한다.
예를 들어, 데이터 비트가 7비트일 경우

- 전체 비트

1	2	3	4	5	6	7	8	9	10	11
P_1	P_2		P_4				P_8			

- 패리티 비트
  ☞ P_1 : 1, 3, 5, 7, 9, 11행 체크
  ☞ P_2 : 2, 3, 6, 7, 10, 11행 체크
  ☞ P_4 : 4, 5, 6, 7행 체크
  ☞ P_8 : 8, 9, 10, 11행 체크

예제 03

다음의 Hamming 코드에 대한 물음에 답하시오.

(1) ASCII 코드로 "G" = $(47)_{16}$ 문자를 해밍 코드의 홀수 방식으로 전송하고자 한다. parity bit는 몇 개이며, 전송되는 비트열을 구하시오.

- parity bit : _____
- 비트열   : _____

(2) 정보 bit가 7bit이고 parity bit가 4bit인 $(11110100001)_2$를 해밍 코드의 홀수 방식으로 오류를 검출하면 몇 행이 오류이며, 올바른 비트열을 구하시오.

- 오류가 발생된 행 : _____
- 올바른 비트열   : _____

1 자료의 표현

2 자료의 내부적 표현 방식

(1) 고정 소수점(fixed point) 데이터 표현 방식
  ① 소수점을 포함하지 않은 정수(integer) 표현 방식이다.
  ② 기억형태는 half word(2byte)와 full word(4byte)가 있다.
  ③ 좌단비트(MSB)는 부호비트(sign bit)로서 0일 때는 양수이고, 1일 때는 음수이다.
  ④ 고정 소수점 데이터의 종류

종류	표현 범위(n bit)	장점	단점
부호와 절대치	$-(2^{n-1}-1) \sim (2^{n-1}-1)$ 〈-0과 +0 존재〉	• 표현 방법 가장 쉬움	• H/W비용 많음 • 연산 속도 가장 느림
1의 보수	$-(2^{n-1}-1) \sim (2^{n-1}-1)$ 〈-0과 +0 존재〉	• 감산기 불필요 • 2의 보수보다 표현 방법 쉬움	• 2의 보수보다 연산 속도 느림
2의 보수	$-(2^{n-1}) \sim (2^{n-1}-1)$ 〈+0만 존재〉	• 감산기 불필요 • 1의 보수보다 연산 속도 빠름	• 1의 보수보다 표현 방법 어려움

예제 04

수식 9-3에 대해 1의 보수와 2의 보수로 연산해 보자.

1의 보수 연산	2의 보수 연산
9 - 3 = 9 + (-3) 9 → 1 0 0 1 (-3) → 1 1 0 0 (1의 보수) ------------- ⬜1⬜ 0 1 0 1 end around carry + 1 ------------- 0 1 1 0	9 - 3 = 9 + (-3) 9 → 1 0 0 1 (-3) → 1 1 0 1 (2의 보수) ------------- ☒1☒ 0 1 1 0
∴ 마지막 올림수(end around carry)는 다시 결과에 더한다.	∴ 마지막 올림수(end around carry)는 버린다.

(2) 부동 소수점(floating point) 데이터 표현 방식
① 소수점을 포함하는 실수(read) 표현 방식이다.
② 기억형태는 full word(4byte)와 double word(8byte)가 있다.
③ 대단히 큰 수와 대단히 작은 수를 표현하기 쉽다.
④ 정밀도를 필요로 하는 과학, 공학, 수학적인 응용에 주로 사용한다.
⑤ 표현 방법(32비트일 경우)

㉠ IBM방식 :

부호 (1bit)	지수부 (7bit)	가수부 (24bit)

ⓐ 부호 : 표현하려는 실수가 양수이면 0, 음수이면 1로 표시한다.
ⓑ 지수부 : 7비트를 차지하고, 바이어스(bias) 값은 64이다.
ⓒ 가수부 : 24비트를 차지하고, 정규형($0.XXXXXX_{16}$)으로 표현한다.

예제 05

10진수 −14925를 32비트 부동 소수점 표현으로 나타내시오.

풀이

- $-14925_{10} = -3A4D_{16} = -0.3A4D \times 16^4$
- 부호 : −(1)
- 지수부 : $64+4 = 68 = 1000100_2$
- 소수부 : $3A4D = 0011010010011 01_2$

∴ | 1 | 1000100 | 001110100100110100000000 |

㉡ IEEE 방식 :

부호 (1bit)	지수부 (8bit)	가수부 (23bit)

ⓐ 부호 : 표현하려는 실수가 양수이면 0, 음수이면 1로 표시한다.
ⓑ 지수부 : 8비트를 차지하고, 바이어스(bias) 값은 127이다.
ⓒ 가수부 : 23비트를 차지하고, 정규형($1.XXXXX \cdots X_2$)으로 표현한다.

예제 06

10진수 12.6875를 32비트 부동 소수점 표현으로 나타내시오.

풀이

- $12.6875_{10} = 1100.1011_2 = 1.1001011 \times 2^3$
- 부호 : +(0)
- 지수부 : 127+3 = 130 = 10000010_2
- 소수부 : 1001011_2

∴ | 0 | 10000010 | 10010110000000000000000 |

예제 07

다음과 같은 〈조건〉이 주어질 때 아래의 부동 소수점 표현 방식에 대한 2진수(11011.111101)를 정규화된 부동–소수점 표현 방식의 16진수로 쓰시오.

보기

- IEEE 32–비트 부동–소수점 표현 방식을 사용한다.
- 부호는 1비트를 차지하며, 양수는 0이고 음수는 1이다.
- 지수부는 8비트를 차지하고, Bias 127을 사용한다.
- 가수부는 23비트를 차지하고, 정규형(1.XXXXX⋯X_2)으로 표현한다.

∴ _____

기출 2016 (가)는 어떤 부동 소수점 수(floating-point number)를 (나)에 따라 표현한 것이다. 〈작성 방법〉에 따라 기술하시오. (4점)

(가)

S	E	M
0	1000 0000	001 0000 0000 0000 0000 0000

(나)

○ 부동 소수점 수의 표현은 IEEE 754 표준의 32비트 단일 정밀도(single precision) 형식을 따른다.
- M은 가수(mantissa) 필드로 0번째 비트에서 22번째 비트까지 표현되며, 정규화된 이진수의 가장 앞쪽 1비트는 표현하지 않는다. 예를 들어, 이진수 1.00101에서 가수 필드는 00101에 해당한다.
- E는 지수(exponent) 필드로 23번째 비트에서 30번째 비트까지 표현되며 바이어스(bias)는 127이다.
- S는 부호(sign) 필드로 31번째 비트에 표현된다.
- 부동 소수점으로 표현된 수의 값은 $(-1)^S \times 2^{(E-127)} \times (1.M)$이다. (단, 0, $\pm\infty$, NaN(Not a Number), 비정규화된(denormalized) 수는 예외로 한다.)

작성 방법

(1) (가)에 표현된 부동 소수점 수에 -1을 곱한 값을 (나)에 따라 부동 소수점 수로 표현한다.
(2) (가)에 표현된 부동 소수점 수에 2를 곱한 값을 (나)에 따라 부동 소수점 수로 표현한다.
(3) (나)의 부동 소수점 표현 방식에서 지수 필드의 길이가 줄어들고, 줄어든 만큼 가수 필드의 길이가 늘어난 다면 얻을 수 있는 장점을 1가지 기술한다.

해답

(1)	1	1000 0000	001 0000 0000 0000 0000 0000	1점
(2)	0	1000 0001	001 0000 0000 0000 0000 0000	1점

(3) 유효숫자의 정밀도가 높아진다 — 2점

해설

(1) $-1 \times (-1)^0 \times 2^1 \times (1.001) = -1.001 \times 2^1$
- S : $-(1)$
- E : $127+1 = 128$(1000 0000)
- M : 001 0000 0000 0000 0000 0000

(2) $2 \times (-1)^0 \times 2^1 \times (1.001) = 1.001 \times 2^2$
- S : $+(0)$
- E : $127+2 = 129$(1000 0001)
- M : 001 0000 0000 0000 0000 0000

1 자료의 표현

기출 2010 다음 〈조건〉에서 십진수 A = −1.375와 IEEE 754 표준 단정도(single-precision) 부동 소수점 형식을 사용하는 〈보기〉의 B를 더한 결과인 S를 나타내고자 한다. ㉮와 ㉯에 들어갈 내용으로 옳은 것은?

조건
- IEEE 754 표준 단정도 부동 소수점 형식은 다음과 같다.
$$(-1)^{부호} \times (1+가수) \times 2^{(지수-바이어스)}$$
- 바이어스(bias) 값은 127이며, 부호(sign), 지수(exponent), 가수(fraction)가 상위비트부터 하위비트 순으로 배치된다.

보기

	부호	지수부	가수부	
비트 위치 →	31	30~23	22~15	14~0
B →	1	10000000	11000000	000000000000000
S →	1	㉮	㉯	000000000000000

	㉮	㉯
①	10000000	00111000
❷	10000001	00111000
③	10000001	11000000
④	00000100	11000000
⑤	00000100	01110000

해설
- B = -1.11×2^1 = -0.111×2^2
- A = -1.375 = -1.011×2^0 = -0.01011×2^2
- 가수부 덧셈 : -1.00111×2^2
- 지수부 = 127+2 = 129
- 가수부 : 00111000

(3) 10진수 데이터 표현 방법
  ① ZONE 형식

  | F | D | F | D | …… | S | D |

  ② PACK 형식

  | D | D | D | D | …… | D | S |

  부호 ┌ + : C
       └ − : D

예제 08

10진수 −1579를 ZONE 형식과 PACK 형식으로 표현해 보시오.

풀이

• ZONE 형식 : | F | 1 | F | 5 | F | 7 | D | 9 |

• PACK 형식 : | 0 | 1 | 5 | 7 | 9 | D |

CPU와 기억장치

1 중앙처리장치(CPU)

(1) CPU의 동작원리

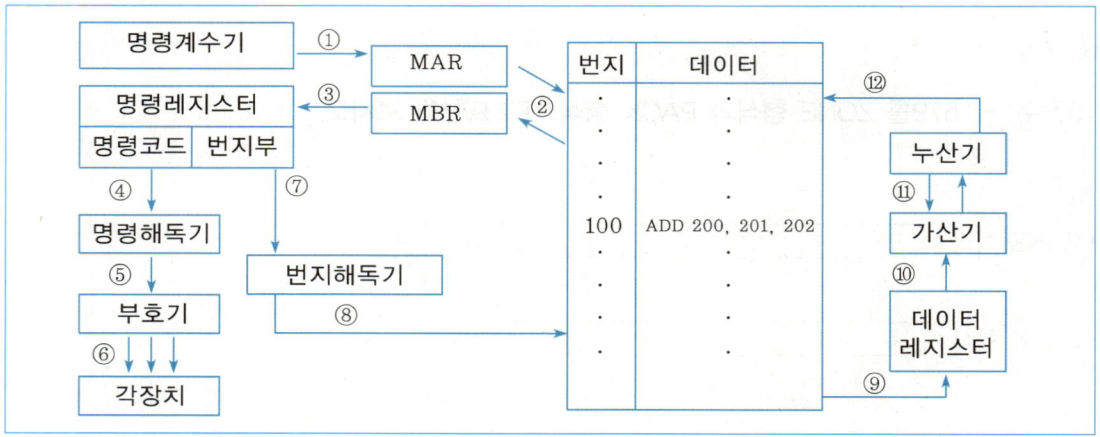

(2) 레지스터의 종류

① 명령계수기(PC, Program Counter) : 하나의 명령이 수행된 후에 다음에 실행할 명령의 번지를 기억하는 레지스터이다.

② 메모리 주소 레지스터(MAR, Memory Address Register) : 번지 레지스터라고도 하며, 주기억장치 내의 데이터를 읽거나 쓰기 위해 주기억장치의 번지를 기억하는 레지스터이다.

③ 메모리 버퍼 레지스터(MBR, Memory Buffer Register) : 기억 레지스터라고도 하며, 주기억장치에 기억될 정보나 주기억장치에서 읽어낸 명령어나 데이터를 임시로 기억하는 레지스터이다.

④ 명령어 레지스터(IR, Instruction Register) : 명령 계수기에 의하여 지정된 기억장치에서 꺼낸 명령을 일시적으로 기억해 두는 레지스터이다.

⑤ 누산기(AC, Accumulator) : 가산기에서 계산된 결과를 저장하는 레지스터이다.

> 주기억장치의 용량 : $2^n \times m$ (단, n은 : MAR이고 m은 MBR이다.)

예제 09

입력번지선이 10개, 출력데이터선이 16개인 ROM의 기억용량은 얼마인가?

- MAR = 10, MBR = 16
- 주기억장치의 용량 : $2^n \times m = 2^{10} \times 16 \text{ bit} = 1024 \times 2\text{Byte} = 2\text{Kbyte}$

예제 10

4096 × 16의 용량을 가진 ROM의 MAR과 MBR의 비트수는 각각 얼마인가?

- $4096 \times 16 = 2^{12} \times 16\text{Bit}$
- MAR = 12Bit, MBR = 16Bit

(3) 명령 레지스터(Instruction Register)

① 명령 레지스터의 형식

번지 모드	명령 코드(OP Code)	번지부(Operand)

㉠ 명령 코드(OP code)의 4대 기능
  ⓐ 함수연산 기능 : 산술적 연산과 논리적 연산
  ⓑ 전달 기능 : 레지스터들의 정보 전달 또는 CPU와 주기억장치 사이의 정보 이동
  ⓒ 제어 기능 : 인스트럭션 수행 순서의 제어
  ⓓ 입출력 기능 : 주기억장치와 입출력 장치 사이의 정보 이동

㉡ 번지 모드 : 1이면 간접 주소(indirect address), 0이면 직접 주소(direct address)를 가리킨다.

② 명령 레지스터의 종류

㉠ 0-번지 명령어(스택구조의 컴퓨터)
  - 형식 : | OP code |

㉡ 1-번지 명령어(단일 누산기 구조의 컴퓨터)
  - 형식 : | OP code | 번지부 |

㉢ 2-번지 명령어(범용레지스터 구조의 컴퓨터)
  - 형식 : | OP code | 번지부 1(결과 주소) | 번지부 2 |

㉣ 3-번지 명령어(범용레지스터 구조의 컴퓨터)
  - 형식 : | OP code | 번지부 1(결과 주소) | 번지부 2 | 번지부 3 |

예제 11

수식 X = (A + B) * (C + D)를 2번지 방식과 3번지 방식으로 표현해 보시오.

0번지 방식	1번지 방식	2번지 방식	3번지 방식
PUSH A PUSH B ADD PUSH C PUSH D ADD MUL POP X	LOAD A ADD B STORE T LOAD C ADD D MUL T STORE X		

예제 12

32비트의 256K 워드를 메모리로 가진 컴퓨터에서 하나의 이진 명령어 코드는 한 메모리 워드에 저장된다. 명령어는 간접 비트(I), 명령 코드(OP-code), 64개 레지스터를 지시하는 레지스터 코드 부분(Register), 주소 부분(Address) 등으로 구성된다.

(1) OP 코드, 레지스터 코드 부분, 주소 부분의 비트 수는 각각 몇 개인가?

    ① OP 코드 : _____
    ② 레지스터 코드 부분 : _____
    ③ 주소 부분 : _____

(2) 명령어 워드 형식을 그리고, 각 부분이 차지하는 비트 수를 명시하시오.

(3) 메모리에서 MAR, MBR 그리고 PC는 각각 몇 비트로 구성되는가?

    ① MAR : _____   ② MBR : _____   ③ PC : _____

기출 2010 다음 〈조건〉을 만족하는 명령어 집합을 설계하고자 한다. 옳은 것을 〈보기〉에서 모두 고른 것은?

조건
- 레지스터 총 개수는 16개이다.
- 명령어 총 개수는 12개이며, 이들 명령어는 3개의 레지스터(소스 레지스터 RA와 RB, 연산 결과 저장 레지스터 RC)를 사용하는 레지스터 연산을 한다.
- 레지스터와 명령 코드(op code)를 이용한 레지스터 연산 명령어 실행의 의미는 다음과 같다.
  $$RC \leftarrow RA \text{ op code } RB$$
- 모든 명령어의 크기는 동일하다.

보기
ㄱ. 명령 코드는 최소 4비트가 필요하다.
ㄴ. 각 레지스터 필드는 모두 동일하며, 최소 5비트가 필요하다.
ㄷ. 명령어 크기는 최소 2바이트가 필요하다.
ㄹ. 각 명령어는 op code, RA, RB, RC 등 최소 4개 필드가 필요하다.
ㅁ. 명령어 내부 필드 형식을 변경하지 않는다면 레지스터 연산을 하는 새로운 명령어를 추가할 수 없다.

① ㄱ, ㄴ, ㄷ   ❷ ㄱ, ㄷ, ㄹ   ③ ㄱ, ㄷ, ㅁ   ④ ㄱ, ㄹ, ㅁ   ⑤ ㄴ, ㄷ, ㄹ, ㅁ

해설 명령어 레지스터의 형식

| mcde | op code(4비트) | RA(4비트) | RB(4비트) | RC(4비트) |

- op code : 12개 명령어($2^4 = 16$)
- 각 레지스터 : 레지스터 총 개수는 16개이므로 4비트가 필요하다.

(4) 컴퓨터 명령어

① 기본 컴퓨터의 명령어 형식

㉠ 메모리 참조 명령어

15	14 12	11 0
I	OP code	Address

㉡ 레지스터 참조 명령어

15			12	11 0
0	1	1	1	Register operation

㉢ 입·출력 명령어

15			12	11 0
1	1	1	1	I/O operation

② 메모리 참조 명령어

Mnemonic	Hexadecimal		마이크로 오퍼레이션
	I = 0	I = 1	
AND	0xxx	8xxx	$D_0T_4 : DR \leftarrow M[AR]$ $D_0T_5 : AC \leftarrow AC \wedge DR, SC \leftarrow 0$
ADD	1xxx	9xxx	$D_1T_4 : DR \leftarrow M[AR]$ $D_1T_5 : AC \leftarrow AC + DR, E \leftarrow COUT, SC \leftarrow 0$
LDA	2xxx	Axxx	$D_2T_4 : DR \leftarrow M[AR]$ $D_2T_5 : AC \leftarrow DR, SC \leftarrow 0$
STA	3xxx	Bxxx	$D_3T_4 : M[AR] \leftarrow AC, SC \leftarrow 0$
BUN	4xxx	Cxxx	$D_4T_4 : PC \leftarrow AR, SC \leftarrow 0$
BSA	5xxx	Dxxx	$D_5T_4 : M[AR] \leftarrow PC, AR \leftarrow AR + 1$ $D_5T_5 : PC \leftarrow AR, SC \leftarrow 0$
ISZ	6xxx	Exxx	$D_6T_4 : DR \leftarrow M[AR]$ $D_6T_5 : DR \leftarrow DR + 1$ $D_6T_6 : M[AR] \leftarrow DR,$ $\quad\quad\quad if(DR = 0) \text{ then } PC \leftarrow PC + 1, SC \leftarrow 0$

기출 2003-11 2바이트 워드 단위로 접근하는 컴퓨터에서 AC(Accumulator)와 PC(Program Counter)의 값은 각각 16진수로 0x532F와 0x62A이며, 메모리의 주소 0x62A, 0x61B, 0x826에는 각각 0x961B, 0x826, 0x700E가 기억되어 있다. 명령어 형식과 기계어 형식은 각각 다음과 같다.

명령어 형식 : op   I   address
기계어 형식 : | I(1비트) | op-code(3비트) | address(12비트) |

I(간접 주소 모드비트)가 1이면 간접 주소(indirect address), 0이면 직접 주소(direct address)를 가리킨다. op-code와 연산자(op)를 나타내는 명령어 표는 다음과 같다. 명령어 동작의 예를 보면, 'ADD 100'은 AC에다 100번지의 내용을 더한 후에 그 결과를 AC에 저장한다. [총 7점]

[명령어 표]

op-code	연산자(op)	명령어 해설
000	AND	AC ← AC AND 피연산자
001	SUB	AC ← AC - 피연산자
010	ADD	AC ← AC + 피연산자
011	ST	피연산자의 주소 ← AC
100	BR	PC ← 피연산자의 주소

11-1. 실행 순서에 의해 다음에 실행될 연산자를 명령어 표에서 고르시오. (2점)

SUB

11-2. 명령어가 실행되었을 때 AC의 결과를 16진수로 쓰시오. (2점)

AC : 0xE321

11-3. 명령어 사이클의 끝에서 PC, AR(Address Register), IR(Instruction Register)의 내용을 각각 16진수로 쓰시오. 단, PC는 다음에 실행될 명령어의 주소, AR은 명령어의 피연산자(operand) 주소, IR은 인출(fetch)된 명령어의 기계어가 기억된다. (3점)

PC : 0x62B
AR : 0x826
IR : 0x961B

CPU와 기억장치

기출 2004-12 명령어는 한 개의 워드에 기억되며 워드 단위로 접근하는 컴퓨터에서 명령어 형식은 다음과 같다.

| 명령어 형식 : | op | I | address |

I(간접 주소 모드비트)가 1이면 간접 주소(indirect address), 0이면 직접 주소(direct address)를 가리킨다. 연산자(op)에 대한 명령어 해설은 아래의 [명령어 표]와 같다.

[명령어 표]

연산자(op)	명령어 해설
CALL	M[AR] ← PC, PC ← AR + 1
LDA	DR ← M[AR], AC ← DR
RET	PC ← AR
STA	M[AR] ← AC

기억장치 100번지에 명령어 CALL 0 200이 기억되어 있고, 서브루틴(subroutine)은 201번지부터 기억되어 있다. PC에는 다음에 실행될 명령어의 주소, AR에는 명령어의 피연산자(operand) 주소, DR에는 데이터가 기억된다. AC는 누산기(accumulator)이며 M[a]는 기억장치 a번지의 워드를 의미한다. 다음 물음에 답하시오. [총 4점]

12-1. CALL 0 200 명령어가 실행된 후에 기억장치 200번지에 기억되는 값을 10진수로 쓰시오. (2점)

101

12-2. 서브루틴의 마지막 명령어를 위의 [명령어 표]에서 선택하여 명령어 형식에 맞추어 쓰시오. (2점)

RET 1 200

③ 레지스터 참조 명령어(r = $D_7'T_3$)

Mnemonic	마이크로 오퍼레이션	기능	IR
CLA	rB_{11} : AC ← 0	AC의 내용을 초기화한다.	7800
CLE	rB_{10} : E ← 0	캐리 플립플롭의 비트를 초기화한다.	7400
CMA	rB_9 : AC ← AC'	AC을 1의 보수화시킨다.	7200
CME	rB_8 : E ← E'	캐리 플립플롭의 비트를 1의 보수화시킨다.	7100
CIR	rB_7 : AC ← shr AC, AC(15) ← E, E ← AC(0)	AC와 E를 오른쪽으로 회전시킨다.	7080
CIL	rB_6 : AC ← shl AC, AC(0) ← E, E ← AC(15)	AC와 E를 왼쪽으로 회전시킨다.	7040
INC	rB_5 : AC ← AC + 1	AC의 내용을 자동 1증가시킨다.	7020
SPA	rB_4 : IF (AC(15) = 0) then (PC ← PC + 1)	AC의 결과가 양수이면 다음 명령어로 skip한다.	7010
SNA	rB_3 : IF (AC(15) = 1) then (PC ← PC + 1)	AC의 결과가 음수이면 다음 명령어로 skip한다.	7008
SZA	rB_2 : IF (AC = 0) then (PC ← PC + 1)	AC의 결과가 '영'이면 다음 명령어로 skip한다.	7004
SZE	rB_1 : IF (E = 0) then (PC ← PC + 1)	E의 비트가 '영'이면 다음 명령어로 skip한다.	7002
HLT	rB_0 : S ← 0	컴퓨터를 중지시킨다.	7001

예제 13

기본 컴퓨터에서 AC에는 16진수로 A937이 들어 있고, 초기에 PC의 값은 021이며, E는 1이다. 아래의 명령이 수행된 후 E, AC, PC, AR, IR 각각의 값을 구하시오.

레지스터 참조 명령어	E	AC	PC	AR	IR
CLA					7800
CLE					7400
CMA					7200
CME					7100
CIR					7080
CIL					7040
INC					7020
SPA					7010
SNA					7008
SZA					7004
SZE					7002
HLT					7001

예제 14

다음의 기본 컴퓨터 구조에 대한 〈조건〉을 보고, 아래의 〈작성 방법〉에 따라 기술하시오.

조건

- 2바이트 워드 단위로 접근하는 컴퓨터에서 AC(Accumulator)와 PC(Program Counter)의 값은 각각 16진수로 0x532F와 0x70A이다.
- 메모리의 주소 0x70A, 0x80B, 0x9E1에는 각각 0xE80B, 0x9E1, 0xFFFF가 기억되어 있다.
- 명령어 형식과 기계어 형식은 각각 다음과 같다.
  - 명령어 형식 : op   I   address
  - 기계어 형식 : | I (1비트) | op-code (3비트) | address (12비트) |
- 명령어표

op-code	연산자(op)
000	ADD
001	AND
010	LDA
011	STA
100	BUN
101	BSA
110	ISZ

작성 방법

(1) fetch되어 수행되는 메모리 참조 명령어를 쓸 것.
(2) 명령어 사이클의 끝난 후 PC값과 AR값을 순서대로 쓸 것.
(3) 명령어 사이클의 끝난 후 DR값과 IR값을 순서대로 쓸 것.

기출 2009 어떤 디지털 컴퓨터의 명령어 형식과 컴퓨터 명령어가 아래와 같다.

명령어 형식

15　　　　12	11　　8	7　　　　　0
OP code	Mode	Address

컴퓨터 명령어(모든 데이터는 16비트 단위로 연산됨)

명령어 코드	OP code 설명	Mode(Hex)	주소지정 방식
0	AND : AC의 값과 AND	0	직접 주소 모드
1	ADD : AC의 값에 더함(Add)	1	간접 주소 모드
2	LDA : AC에 값 입력(Load)	2	상대 주소 모드
3	STA : AC의 값을 저장(Store)	3	인덱스 주소 모드
4	SHL : AC값을 좌로 1비트 이동		
5	SHR : AC값을 우로 1비트 이동		
6	HLT : 컴퓨터를 종료		

16비트의 크기를 가진 프로그램을 카운터(PC), 시스템 레지스터(R1), 인덱스 레지스터(XR), AC에는 각각 0x0030, 0x0010, 0x0020, 0x0000이 들어 있다. 주소 0x0030에서 0x0038까지 저장된 프로그램 실행에 대한 설명으로 옳은 것은? (예 : 명령어 0x109A의 경우 AC의 값과 0x009A의 주소의 값을 ADD하여 결과를 AC에 저장한다.)

레지스터(Hex)	주소(Hex)	메모리(Hex)
PC = 0030	0030	2070
	0032	4000
R1 = 0010	0034	1160
	0036	3360
XR = 0020	0038	6000
	⋮	⋮
AC = 0000	0060	0070
	0062	0072
	0064	0023
	0068	0020
	⋮	⋮
	0070	0004
	0072	0072
	0074	0023
	0076	0020
	⋮	⋮
	0080	0006
	0082	0017
	⋮	⋮
	0098	0101
	⋮	⋮

❶ 실행 과정에서 주소 0x0060을 참조한다.
② 실행 과정에서 주소 0x0080의 값은 변화 없다.
③ 실행 과정에서 XR의 참조는 이루어지지 않는다.
④ 프로그램 실행 후 주소 0x0098의 값은 0x000C이다.
⑤ 0x0032의 명령을 실행한 후 주소 0x0070의 값은 0x0008이다.

해설

- 2070 ⇨ LDA 0 70 ⇒ AC = 0xC004
- 4000 ⇨ SHL ⇒ AC = 0xC008
- 1160 ⇨ ADD 1 60 ⇒ AC = 00C8 + 0004 = 0x000C
- 3360 ⇨ STA 3 60 ⇒ 유효 주소 = 0020 + 0060 = 0x0080번지
  ⇨ 0x0080번지에 AC값 0x000C를 저장한다.
- 6000 ⇨ HLT

④ 입출력 참조 명령어(p = D_7IT_3)

Mnemonic	마이크로 오퍼레이션	기능
INP	pB_{11} : AC(0~7) ← INPR, FGI ← 0	AC로 문자 입력
OUT	pB_{10} : OUTR ← AC(0~7), FGO ← 0	AC로부터 문자 출력
SKI	pB_9 : IF (FGI = 1) then (PC ← PC + 1)	입력 플래그로 스킵
SKO	pB_8 : IF (FGO = 1) then (PC ← PC + 1)	출력 플래그로 스킵
ION	pB_7 : IEN ← 1	인터럽트 허용
IOF	pB_6 : IEN ← 0	인터럽트 허용 않음

Code = 1111				입출력 동작 및 테스트 종류								
1	2	3	4	5	6	7	8	9	10	11	12	13	14	15	16

INP	1111(F)	1000(8)	0000(0)	0000(0)	F800
OUT	1111(F)	0100(4)	0000(0)	0000(0)	F400
SKI	1111(F)	0010(2)	0000(0)	0000(0)	F200
SKO	1111(F)	0001(1)	0000(0)	0000(0)	F100
ION	1111(F)	0000(0)	1000(8)	0000(0)	F080
IOF	1111(F)	0000(0)	0100(4)	0000(0)	F040

(5) 자료 접근방법에 따른 주소지정방식
① 자료자신 주소(Immediate Address) : 명령어 자신이 데이터를 직접 포함하고 있어 명령어의 실행이 바로 이루어지는 방법
② 레지스터 주소(Register Address) : 데이터를 명령문에 표시된 레지스터 내에 포함하고 있는 방법
③ 직접 주소(Direct Address) : 명령문의 일부에 데이터가 저장된 메모리의 번지를 직접 포함하고 있는 방법
④ 레지스터 간접 주소(Register Indirect Address) : 데이터가 존재하는 메모리의 실제번지가 명령문에 표시된 레지스터에 저장된 방법
⑤ 간접 주소(Indirect Address) : 명령문의 번지부분의 값이 나타내는 번지에 기억되어 있는 데이터가 실제 데이터가 기억되어 있는 번지를 저장하는 방법
⑥ 상대 주소(Relative Address) : 프로그램 카운터가 명령어의 주소부분과 더해져서 유효 주소가 결정되는 방법
⑦ 인덱스 주소(Index Address) : 인덱스 레지스터의 내용이 명령어의 주소부분과 더해져서 유효 주소가 결정되는 방법
⑧ 자동 증가 또는 자동 감소 : 자동 증가는 명령어가 실행된 후 레지스터의 값이 하나 증가하고, 자동 감소는 명령어가 실행하기 전에 레지스터의 값이 하나 감소한다.

예제 15

다음의 〈조건〉을 보고 4개 명령어를 순서대로 수행한 후 R1에 저장된 값을 구하시오.

조건
○ 레지스터와 메모리에 저장된 내용이 다음과 같다.

```
PC = 500
R1 = 1000          R2 = 3000
M[1000] = 1500     M[1500] = 3000
M[2000] = 2000     M[2500] = 3500
M[3000] = 2500
```

○ #은 자료자신 주소를 의미하고, @는 간접주소를 의미한다.
○ $는 프로그램 카운터에 대한 상대적 주소를 의미한다.
○ ADD X, Y는 X=X+Y를 의미한다.

명령어

```
ADD    R1,    @R2
ADD    R1,    $500
ADD    R1,    #2000
ADD    R1,    1000(R1)
```

SECTION 2 CPU와 기억장치

예제 16

아래의 그림과 같이 주소 200번지는 AC로의 로드 연산을 표시하는 OP 코드와 주소방식을 나타내고 있고, 201번지는 주소 부분을 나타내고 있다. 현재 PC에는 명령을 fetch하기 위해 200이 저장되어 있고, 프로세서 레지스터(R1)와 인덱스 레지스터(XR)에는 각각 400과 100이 저장되어 있다. 이때 다음의 각 주소지정방식의 유효 주소와 AC값을 해보자.

주소	메모리	
200	LOAD TO AC	MODE
201	Address = 500	
202	Next Instruction	
...	...	
399	450	
400	700	
...	...	
500	800	
...	...	
600	900	
...	...	
702	325	
...	...	
800	300	

PC = 200

R1 = 400

XR = 100

주소지정방식	유효 주소	AC값
(1) 직접 주소방식		
(2) 간접 주소방식		
(3) 자료자신 주소방식		
(4) 상대 주소방식		
(5) 인덱스 주소방식		
(6) 레지스터 주소방식		
(7) 레지스터 간접 주소방식		
(8) 자동 증가 주소방식		
(9) 자동 감소 주소방식		

2 메모리 구조

(1) 주기억 장치

① 전형적 RAM 칩

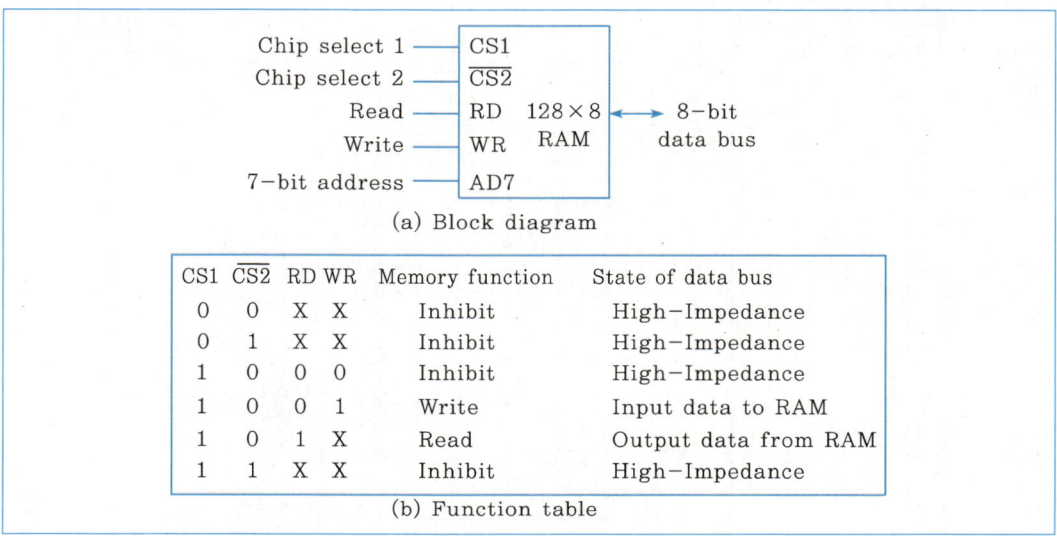

(a) Block diagram

(b) Function table

② 전형적 ROM 칩

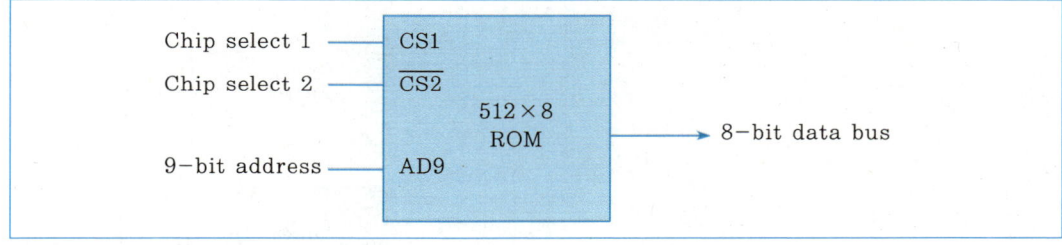

② CPU와 기억장치

③ CPU와 메모리의 연결

1024바이트의 RAM와 1024바이트의 ROM칩이 데이터 버스와 주소 버스를 CPU에 연결한 구조이다.

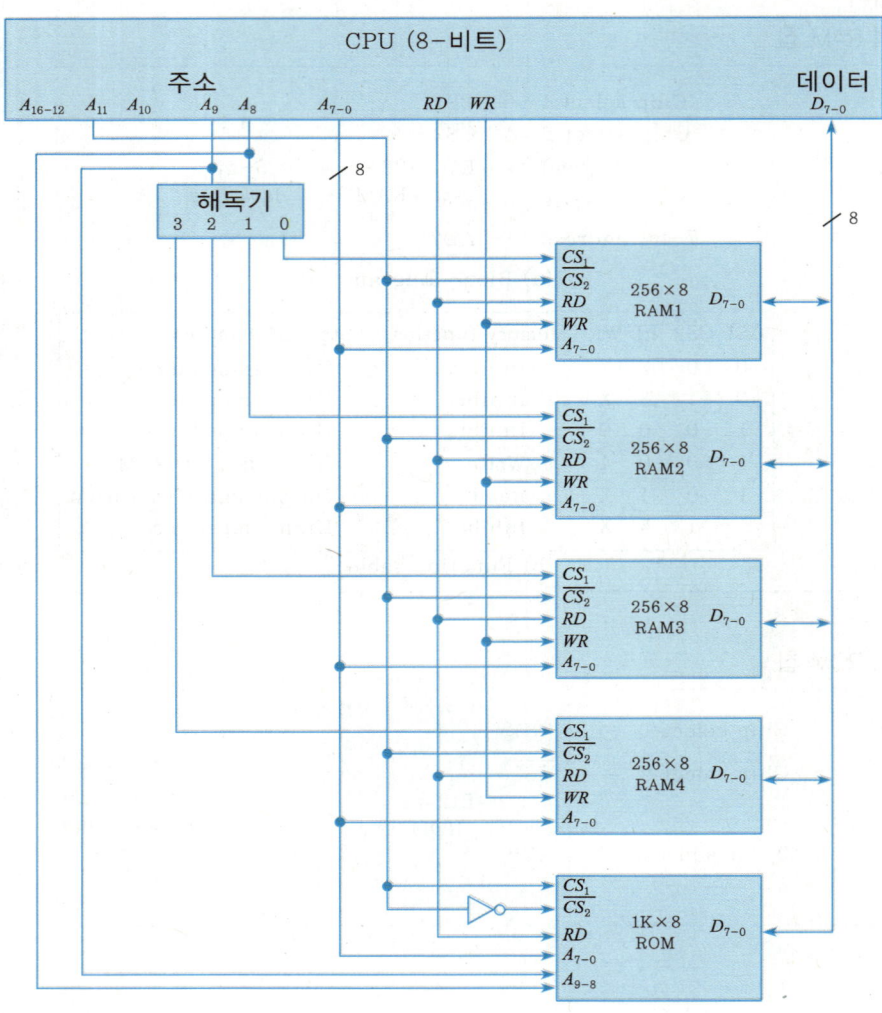

〈메모리 주소 맵〉

Component	Address Bus												Hexadecimal
	11	10	9	8	7	6	5	4	3	2	1	0	
RAM 1	0	0	0	0	x	x	x	x	x	x	x	x	000H ~ 0FFH
RAM 2	0	0	0	1	x	x	x	x	x	x	x	x	100H ~ 1FFH
RAM 3	0	0	1	0	x	x	x	x	x	x	x	x	200H ~ 2FFH
RAM 4	0	0	1	1	x	x	x	x	x	x	x	x	300H ~ 3FFH
ROM	1	0	x	x	x	x	x	x	x	x	x	x	800H ~ BFFH

예제 17

다음의 물음에 답하시오.

(1) 2048바이트의 기억장치 용량을 공급하기 위해 128×8 RAM chip이 몇 개 필요한가?
　　_____

(2) 메모리의 2048바이트를 액세스하기 위해 어드레스 버스는 몇 개의 라인을 사용해야 하는가? 또한 라인 중에 몇 개가 모든 칩에 공통인가?

　　㉠ 전체 라인 : _____
　　㉡ 공통 라인 : _____

(3) 칩 선택을 위한 디코더의 크기를 구하시오.

　　디코더 : _____

예제 18

한 마이크로 프로세서가 256×8의 RAM칩과 1024×8의 ROM칩들을 수용하고 있는 마이크로 컴퓨터는 2KB의 RAM과 4KB의 ROM, 그리고 각각 네 개의 레지스터를 갖는 네 개의 인터페이스 장치를 필요로 한다. 어드레스 버스의 상단부 두 비트는 RAM에 대하여 00, ROM에 대하여 01, 인터페이스 레지스터에 대하여 10으로 지정된다. 다음 물음에 답하시오.

(1) RAM과 ROM은 몇 개씩 필요한가?

　　• RAM : _____
　　• ROM : _____

(2) 각각에 대한 메모리 어드레스 맵을 그리시오.

구분	16	15	14	13	12	11	10	09	08	07	06	05	04	03	02	01
RAM																
ROM																
Interface																

(3) 각각에 대한 어드레스 범위를 16진수로 나타내시오.

구분	범위
RAM	
ROM	
Interface	

예제 19

다음은 12비트 주소 버스(address bus)와 8비트 데이터 버스(data bus)를 가지는 마이크로프로세서 시스템이다. 이 마이크로 프로세서의 주소 공간(메모리 맵 : memory map)에서 ROM 데이터의 시작 주소 (가)와 마지막 주소 (나)를 16진수로 쓰시오. (단, $\overline{CS}$ 와 $\overline{OE}$ 에 논리값 '1'이 입력되면 ROM의 데이터가 데이터 버스로 출력된다. 마이크로프로세서가 읽기 작업을 수행하면 RD의 논리값은 '0'이 된다.)

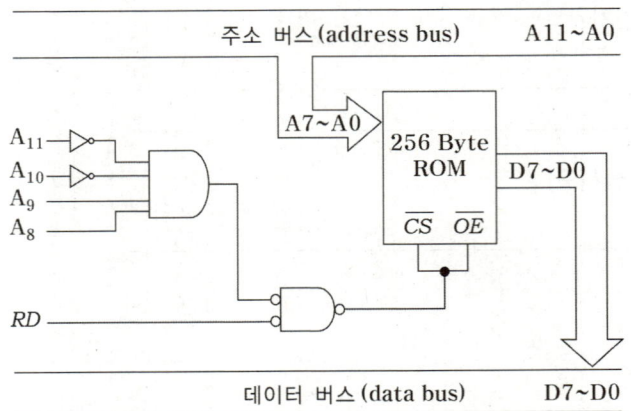

기출 2009 그림은 디지털 컴퓨터의 CPU와 메모리의 연결도 외부이다. ROM과 RAM은 데이터 버스와 주소 버스를 통하여 CPU에 연결된다. 주소 라인의 일부는 칩 선택(CS : Chip Select)을 위하여 디코더에 연결된다. (단위 : 비트)

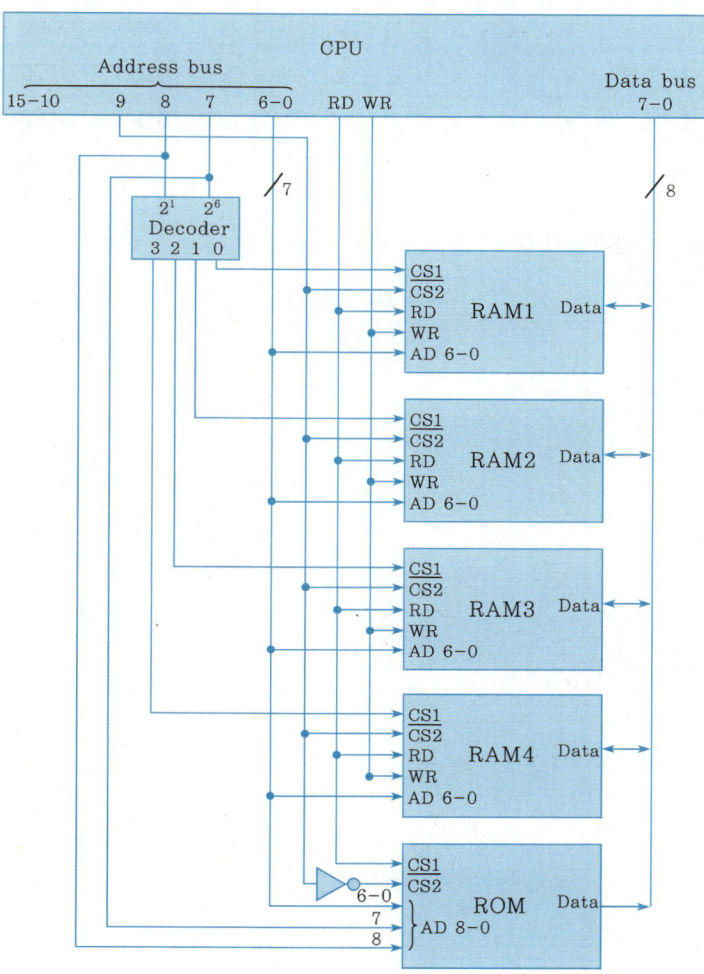

그림의 설명으로 옳은 것을 〈보기〉에서 고른 것은?

보기
ㄱ. 사용된 ROM의 용량은 512 × 8이다.
ㄴ. 사용된 RAM 각각의 용량은 128 × 8이다.
ㄷ. CFU가 메모리 주소 0x015C의 데이터를 읽기 요청하면 RAM2의 데이터가 데이터 버스를 통해 CPU에 전달된다.
ㄹ. 2 × 4 디코더 대신에 3 × 8 디코더를 이용하고 동일한 종류의 RAM을 추가하면 전체 RAM의 크기를 4096 × 8까지 확장할 수 있다.

❶ ㄱ, ㄴ　　② ㄱ, ㄷ　　③ ㄴ, ㄷ　　④ ㄴ, ㄹ　　⑤ ㄷ, ㄹ

SECTION 2 CPU와 기억장치

[해설] 메모리 주소 맵

chip	9	8	7	6	5	4	3	2	1	0	주소 범위
RAM1	0	0	0	x	x	x	x	x	x	x	0000 ~ 007F
RAM2	0	0	1	x	x	x	x	x	x	x	0080 ~ 00FF
RAM3	0	1	0	x	x	x	x	x	x	x	0100 ~ 017F
RAM4	0	1	1	x	x	x	x	x	x	x	0180 ~ 01FF
ROM	1	x	x	x	x	x	x	x	x	x	0200 ~ 03FF

- 3 × 8 디코더 사용 ⇨ [128 × 8] × 8 = 1024 × 8

기출 2017 다음은 주기억장치를 구성하기 위해 n개의 RAM을 직렬로 연결한 블록도의 일부이다. 〈조건〉을 고려하여 〈작성 방법〉에 따라 서술하시오. [5점]

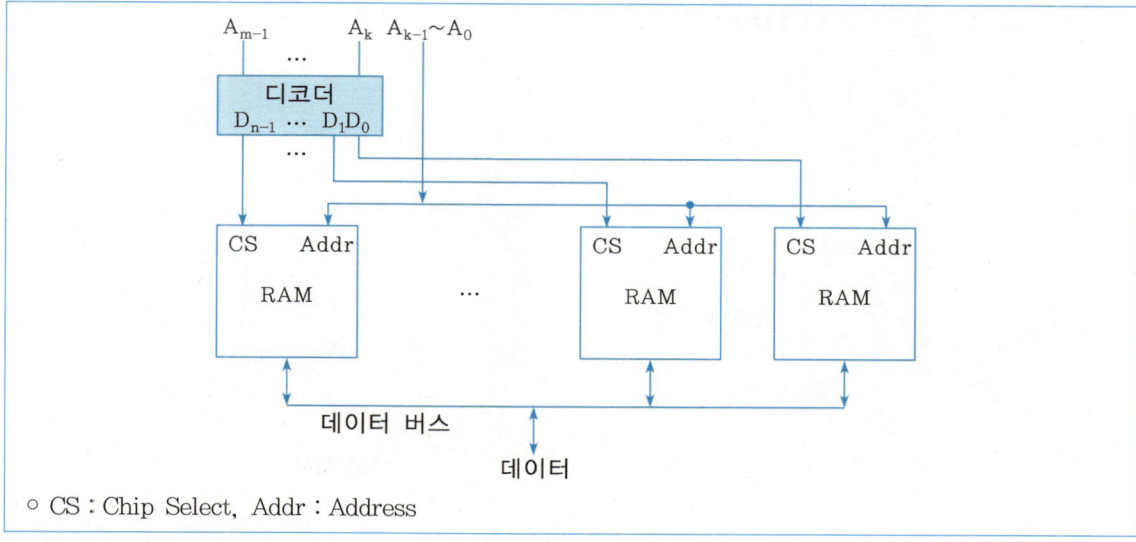

○ CS : Chip Select, Addr : Address

조건
○ 256 × 8비트 RAM을 연결하여 1KByte 용량의 주기억장치를 구성한다.
○ 주기억장치 주소($A_{m-1} \sim A_0$)는 0번지부터 시작하고, LSB(least significant bit)는 A_0이다.
○ 디코더의 입력 비트 수는 최소로 한다.

작성 방법
(1) 디코더의 진리표를 작성할 것. (단, 디코더의 입력 변수는 $A_{m-1} \sim A_k$를 사용할 것.)
(2) 디코더의 입력이 모두 1일 경우 선택되는 RAM에서 12번째 단어(word)의 주소를 16진수로 쓸 것.
(3) (1)에서 사용한 디코더 출력 개수만큼의 RAM을 병렬로 연결하여 주기억장치를 구성하였을 때 데이터 버스는 몇 비트인지 쓸 것.

해답

(1)

입력변수		출력변수			
A_9	A_8	D_0	D_1	D_2	D_3
0	0	1	0	0	0
0	1	0	1	0	0
1	0	0	0	1	0
1	1	0	0	0	1

1.5점
1.5점
2점

(2) 30B
(3) 32

(2) 캐시(Cache)기억 장치

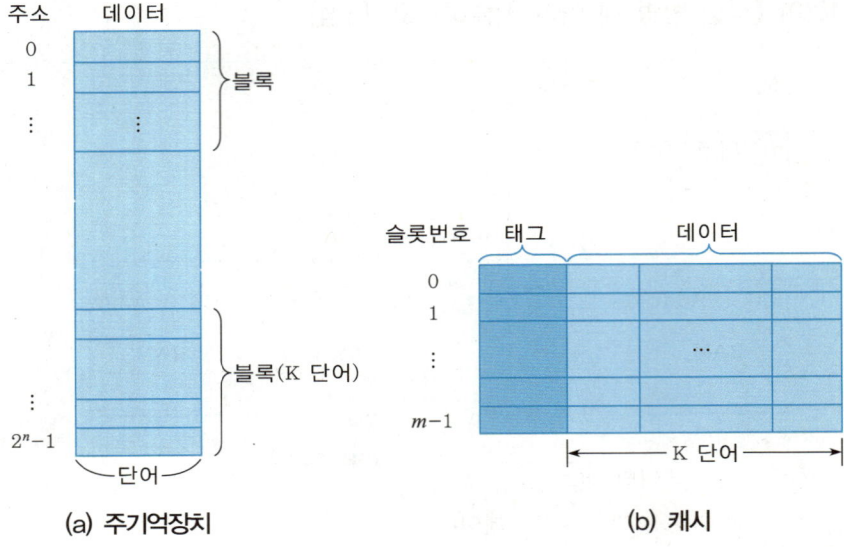

(a) 주기억장치 (b) 캐시

① 적중률(hit ratio)
  ㉠ 적중률(H) = $\dfrac{\text{캐시에 적중되는 횟수}}{\text{전체 기억 장치 액세스 횟수}}$
  ㉡ $Ta = H \times Tc + (1-H) \times (Tc + Tm)$

② 쓰기 정책
  ㉠ write-through 방식 : write 동작이 이루어질 때마다 캐시 메모리와 주기억 장치를 동시에 갱신하는 방법이다.
  ㉡ write-back 방식 : write 동작 동안에는 캐시의 내용만이 갱신된다. 그 다음에 여기에 플래그로 표시하여 워드가 캐시로부터 제거될 때 주기억장치에 복사된다.

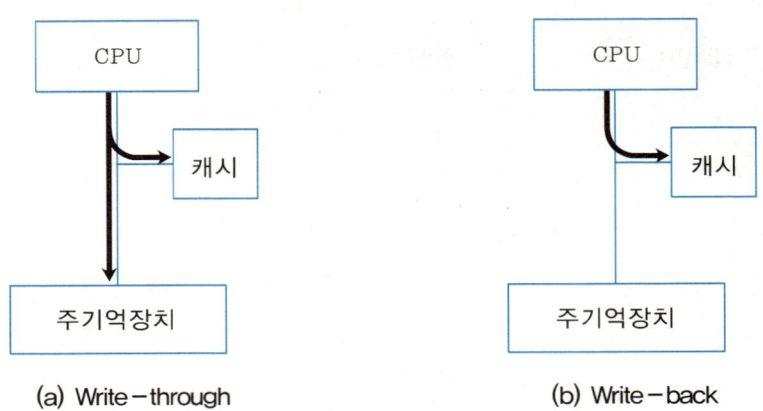

(a) Write-through (b) Write-back

③ 사상 프로세스
  ㉠ 직접사상(direct mapping) : 주기억장치의 각 블록을 캐시의 고정된 위치에 사상(mapping)하는 방법이다.
  ㉡ 연관사상(associative mapping) : 가장 많이 사용될 블록들을 캐시에 저장하기 위해 모든 주기억장치의 블록들은 캐시의 어느 위치에도 사상시킬 수 있다.
  ㉢ 세트-연관사상(set-associative mapping) : 직접사상의 간단성과 연관사상의 높은 캐시 적중률의 효율성의 장점들을 취한 것으로 캐시를 아닌 세트(여러 개 블록)로 나누어, 메모리 주소로부터 그에 해당하는 세트로 사상하고, 다시 세트 내의 블록에 있는 태그값과 물리주소의 태그 항목을 비교해 물리 주소에 해당하는 블록 위치를 찾는다.

예제 20

주기억장치 접근시간이 200ns, 캐시 접근시간이 30ns인 시스템에서 기억장치 액세스가 1000번 수행되었다. 그중의 70%는 읽기 동작이고, 30%는 쓰기 동작이며, 캐시 적중률은 85%이다. 아래의 캐시 쓰기 정책에 대한 읽기, 쓰기, 전체 평균 접근시간을 구하시오.

(1) write - through 정책

- 읽기 평균 접근시간 : _____
- 쓰기 평균 접근시간 : _____
- 전체 평균 접근시간 : _____

(2) write - back 정책 (단, 캐시에서 주기억장치로의 쓰기는 무시한다.)

- 읽기 평균 접근시간 : _____
- 쓰기 평균 접근시간 : _____
- 전체 평균 접근시간 : _____

예제 21

두 계층의 캐시를 가진 시스템에서 첫 번째 계층의 캐시인 L_1 액세스 시간은 20ns, 두 번째 계층의 캐시인 L_2 액세스 시간은 90ns이고, 주기억 장치 액세스 시간은 200ns이다. L_1의 적중률이 70%이고, L_2의 적중률이 80%일 때 평균 기억장치 액세스 시간을 구하시오.

- T_a = _____

(3) 연관기억장치(associative memory)

① 내용에 의해 접근하는 기억장치를 연관기억장치(associative memory) 또는 내용 주소화 기억장치(CAM, Content Addressable Memory)라 한다.
② 연관기억장치는 데이터 내용을 기초로 동시에 병렬로 접근할 수 있고 또한 한 단어를 저장하기 위해 사용하지 않은 빈 공간의 위치를 찾을 수 있다.
③ 연관기억장치는 검색시간이 아주 중요하고 짧아야 하는 곳에 주로 이용된다.
④ 연관기억장치는 각 셀(cell)이 저장능력뿐만 아니라 외부인수와 자신의 내용을 비교하는 논리기능을 가지고 있다.

(4) 복수 모듈 기억장치와 인터리빙

① 모듈화 구성

CPU의 유휴 시간을 이용하여 단위 시간당 명령 처리 수를 증가시키기 위해 모듈(module or bank)화하는데 CPU가 연속적으로 주소의 데이터를 액세스하는 경우 n(≥2)개의 모듈을 동시에 동작시킬 수 있다.

② 인터리빙

모듈마다 주소를 주는 시간과 데이터를 읽는 시간을 오버랩(overlap) 시킴으로써 연속 액세스가 이루어지는 경우 CPU에의 데이터 전송이 고속화 된다. 통상 인터리브(interleave) 수 n은 2~16정도이다.

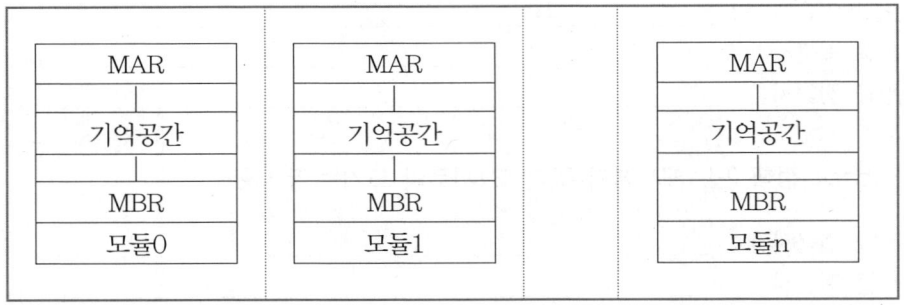

(5) RAID(Redundant Arrays of Inexpensive Disks)

① RAID의 개요
- 데이터를 분할해서 복수의 자기디스크 장치에 대해 병렬로 데이터를 읽는 장치 또는 읽는 방식이다.
- 여러 디스크를 병렬로 연결하여 사용하는 기법으로서 접근(access)속도와 데이터 보존 신뢰가 우수할수록 높은 등급을 받는 5단계로 구분된다.

② RAID의 종류

㉠ RAID 0
- 여러 개의 하드 디스크를 하나로 연결하여 사용한다. (분산 저장)
- 디스크 스트라이핑(disk striping)방식이다.
- 단점은 하나의 하드가 고장 났다면 분산 저장되어 있게 때문에 파일을 사용할 수 없는 치명적 결함이 존재한다.

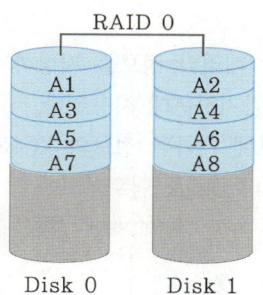

ⓛ RAID 1
- 안전성을 생각하여 저장된 내용을 다른 하드에 똑같이 저장해 놓는다. (Backup)
- 디스크 미러링(disk mirroring)방식이다.
- 단점은 두 배의 저장공간을 요구한다는 것이다.

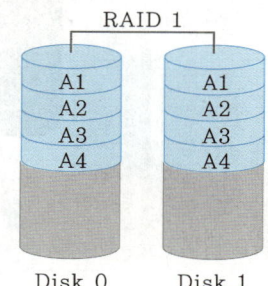

ⓒ RAID 2
- RAID의 병렬 접속 기술을 사용하며, 여분의 디스를 추가하여 오류검사를 통해 신뢰성을 높이는 방법이다.
- 4개의 볼륨 구성에 3개의 볼륨을 추가한 구조이다.
- 추가된 3개의 볼륨은 패리티 정보가 기억되며, 패리티 정보는 해밍코드를 사용하기 때문에 오류의 검출과 정정이 가능하다.

볼륨 1	볼륨 2	볼륨 3	볼륨 4	볼륨 1	볼륨 2	볼륨 3
디스크 스트립 0	디스크 스트립 1	디스크 스트립 2	디스크 스트립 3			
디스크 스트립 4	디스크 스트립 5	디스크 스트립 6	디스크 스트립 7			
디스크 스트립 8	디스크 스트립 9	디스크 스트립 10	디스크 스트립 11	p1	p2	p3
디스크 스트립 12	디스크 스트립 13	디스크 스트립 14	디스크 스트립 15			
디스크 스트립 16	디스크 스트립 17	디스크 스트립 18	디스크 스트립 19			

데이터 디스크   검사 디스크(패리티 비트)

ⓐ RAID 3 & 4
- 스트라이핑 방식을 사용하며, 패리티 정보를 저장하기 위해 별도의 드라이브 한 개를 쓴다.
- 내장된 ECC 정보가 에러를 감지하는데 사용된다.
- 데이터 복구는 다른 드라이브에 기록된 정보의 XOR를 계산하여 수행된다.
- RAID 3 : Byte단위, RAID 4 : Block 단위

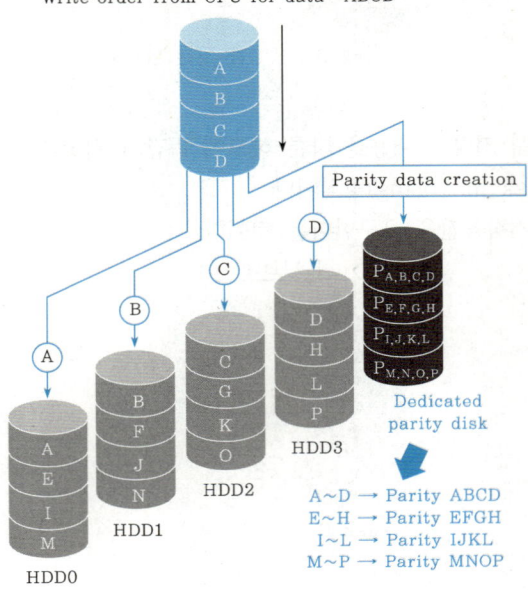

ⓑ RAID 5
- 패리티 블록들을 여러 디스크에 분산 저장하는 방식이다.
- 패리티는 하드의 일부분을 복구용 정보를 저장할 수 있는 용량을 할애한다.
- 복구를 위해 RAID 5로 설정하면 분산 저장하고 복구용 정보를 저장까지 하므로 복구가 가능한 RAID 0으로 생각하면 된다.

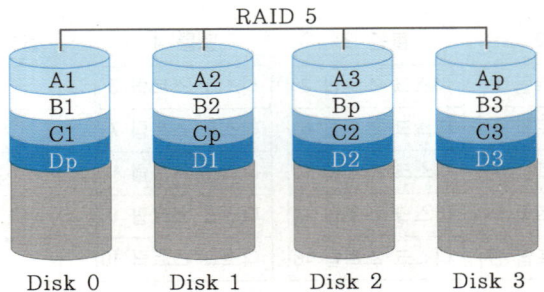

MEMO

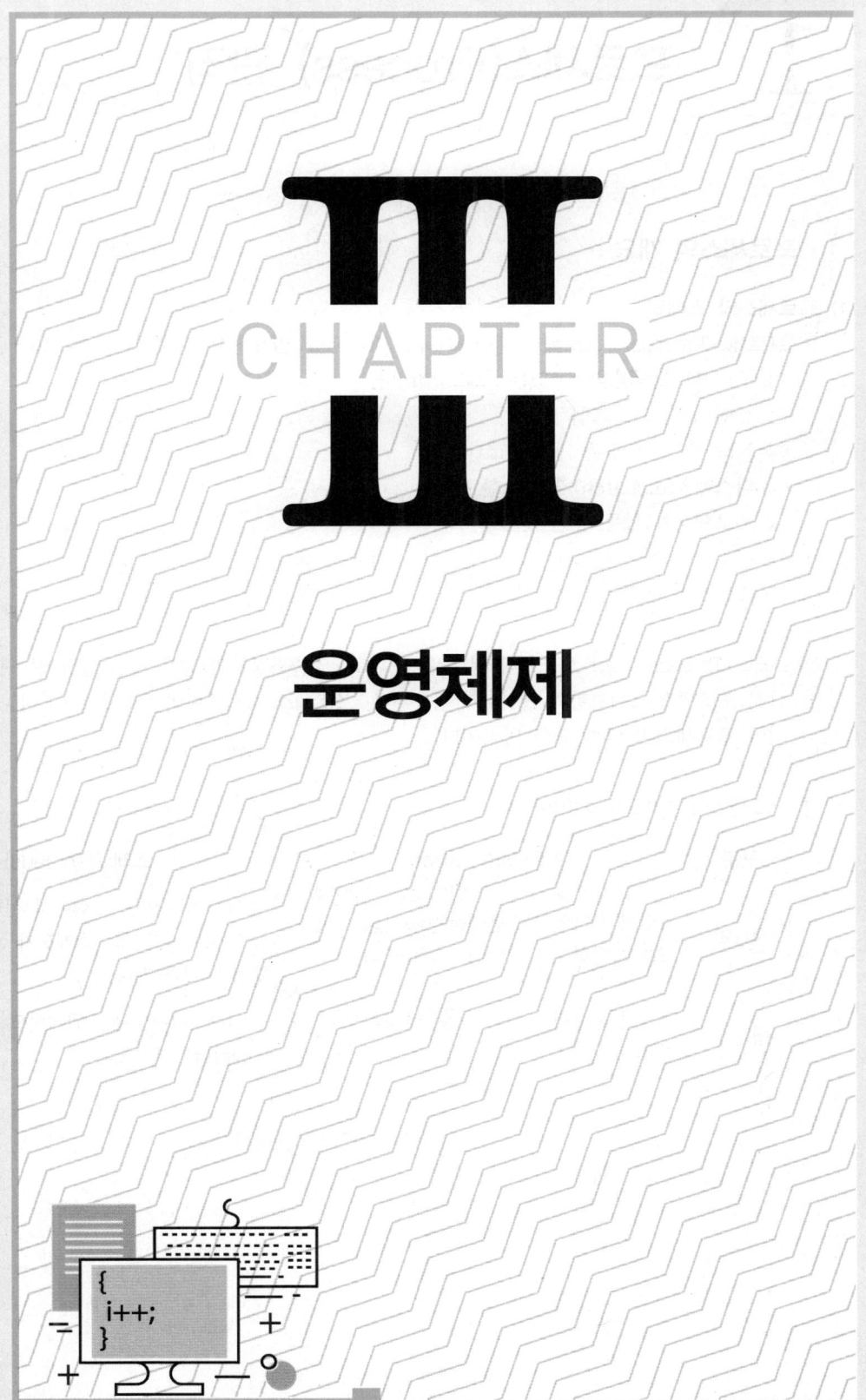

CHAPTER III

운영체제

SECTION 1 프로세스(Process) 관리

1 프로세스의 개요

(1) 프로세스와 스레드

① 프로세스(Process) : 프로세스 제어 블록(PCB)을 갖고 있으면서, 현재 실행 중이거나 곧 실행 가능하며, CPU를 할당받을 수 있는 프로그램이다.
  ㉠ 실행 중인 프로그램
  ㉡ 프로세서가 할당된 개체(entity)
  ㉢ 디스패치(dispatch)가 가능한 단위
  ㉣ 프로세서가 활동 중인 것
  ㉤ 프로세스 제어 블록(PCB)이 명백히 존재하는 것
  ㉥ 비동기적 행위

② 스레드(Threads) : 프로세스보다 더 작은 단위로, 입출력장치와 같은 자원 할당에는 관계하지 않고, 단지 프로세스 스케줄링의 단위로서 사용된다. 프로세스 스케줄링의 부담을 줄여 성능을 향상시키기 위한 프로세스의 다른 표현 방식이다.

③ 프로세스와 스레드의 차이점

구분	프로세스(Process)	스레드(Threads)
실행점	CPU가 하나인 시스템에서는 하나의 프로세스만 실행되므로 실행점이 하나이다.	CPU가 하나인 시스템에서 실행 중인 프로세스에는 여러 개의 스레드가 존재하므로 실행점이 여러 개다.
병행성	CPU가 하나인 시스템에서는 순차적으로 실행된다.	CPU가 하나인 시스템에서도 병행 실행이 가능하다.

(2) 프로세스의 상태

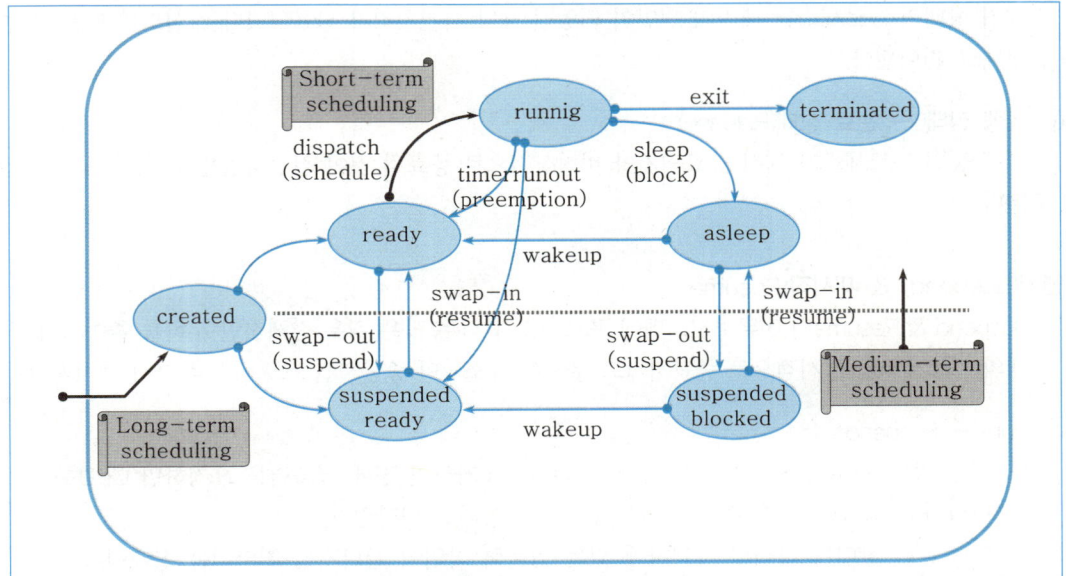

① 준비(ready) 상태 : 프로세스가 프로세서를 사용하고 있지는 않지만 언제든지 사용 가능한 상태
② 실행(running) 상태 : 프로세스가 프로세서를 사용하고 있는 상태
③ 대기(asleep) 상태 : 프로세스가 어떤 사건이 일어나기를 기다리는 상태
④ 생성(create) 상태 : 프로세스가 최초로 생성되는 상태
⑤ 완료(terminated) 상태 : 프로세스의 수행이 완료된 상태

(3) 프로세스의 상태 전이

① 생성 상태 → 준비 상태(Admit)
새로운 프로세스가 만들어져서 생성 상태로 들어가면, 시스템이 가질 수 있는 제한된 준비 프로세스의 수를 고려하여 준비 상태로 이동되며, 상태 전이는 작업 스케줄러가 담당한다.

② 준비 상태 → 실행 상태(Dispatch)
준비 상태에 있는 프로세스 중에서 어느 한 프로세스를 선택하여 CPU를 사용할 수 있도록 하는 것으로 상태 전이는 프로세스 스케줄러가 담당한다.

③ 실행 상태 → 준비 상태(Time out)
CPU를 할당받아 실행 중인 프로세스는 CPU의 제한된 할당 시간량을 모두 쓴 경우에 다른 프로세스가 CPU를 할당받을 수 있도록 하기 위해서 준비 상태로 전이된다.

④ 실행 상태 → 대기 상태(Block)
실행 중인 프로세스가 CPU에 할당된 규정시간을 모두 사용하기 전에 입출력 요구나 또 다른 자원의 요구 등, CPU 작업이 아닌 어떤 다른 사건을 요구하게 되면 대기 상태로 전이된다.

⑤ 대기 상태 → 준비 상태(Wake up)
  대기 상태의 프로세스는 대기의 원인이 되었던 해당 사건처리가 완료되었다는 신호를 받을 때 준비 상태로 전이된다.

⑥ 실행 상태 → 완료 상태(Release)
  실행 중인 프로세스가 정상 종료되거나 비정상적으로 종료될 것이 결정되었을 때 종료 상태로 전이된다.

(4) 연기(Suspend) & 재시작(Resume)
  ① Suspend & Resume의 이유 : 시스템에 프로세스가 너무 많은 경우 전체적인 부하를 줄이기 위해 몇 개의 프로세스를 일시적으로 중단시키고 부하가 해소되면 중단시킨 프로세스를 다시 재시작시킨다.

  ② Run → Suspend
    ㉠ 실행 중인 프로세스가 자신의 시간 할당량을 초과하기 전에 입출력을 요청하면 CPU를 스스로 반납하고 입출력이 종료될 때까지 Suspend 상태로 변환된다.
    ㉡ Suspend 상태는 자신의 제어하에 있는 입출력 작업이 끝나기를 기다리는 상태이다.

  ③ Run → Block
    ㉠ 이미 다른 프로세스가 프로세스들 간에 상호배제해야 될 임계구역에 들어가 있는데 여기를 접근하려는 프로세스가 발생하면 Block 상태로 변환된다.
    ㉡ Block 상태는 현재 사용이 불가능한 자원에 대해 사용이 가능할 때까지 기다려야 하는 상태이다.

(5) 프로세스 제어블록(Process Control Block)
  ① 프로세스 상태(process state) : 프로세스의 현대 상태(생성, 준비, 실행, 대기, 완료)가 기록된다.
  ② 프로그램 카운터(program counter) : 프로세스가 다음에 수행해야 할 명령어의 주소가 기록되어 있다.
  ③ CPU 레지스터 : 누산기(accumulator), 색인(index) 레지스터, 스택 레지스터, 범용(general) 레지스터 등의 정보를 가진다.
  ④ CPU 스케줄링 정보 : 프로세스 우선순위, 스케줄링 큐에 대한 포인터, 스케줄링 정책에 대한 정보를 가진다.
  ⑤ 메모리 관리 정보 : 메모리 관리를 위한 기준(base) 레지스터와 경계(bound) 레지스터, 페이지 테이블과 세그먼트 테이블의 정보를 가진다.
  ⑥ 계정에 대한 정보 : 실제 CPU 사용시간, 프로세스 번호 등에 관한 정보를 가진다.
  ⑦ 입출력 상태 정보 : 프로세스에 할당된 입출력장치들의 리스트, 열려있는 파일의 리스트 등에 관한 정보를 가진다.

기출 2019-04 운영체제 S의 프로세스 관리와 관련하여 (가)는 프로세스 A, B, C에 대한 스케줄링 상황을, (나)는 관리 대상 프로세스들의 상태 전이도를 보여준다. 〈조건〉을 고려하여 〈작성 방법〉에 따라 쓰시오. [2점]

(가)

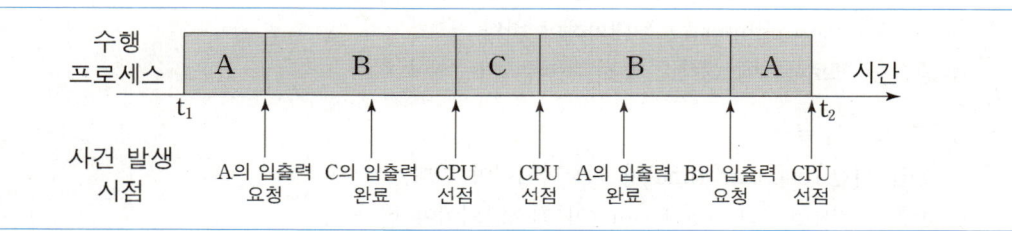

(나)

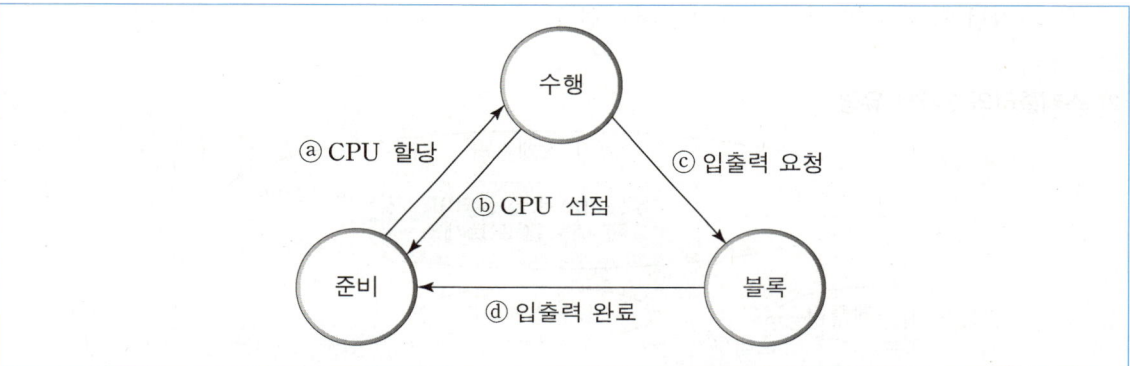

조건

- (가)는 시점 t_1부터 t_2까지 발생한 사건들과 수행된 프로세스들을 시간순으로 보여준다.
- (가)에 표시된 사건 이외에 프로세스의 상태를 전이시키는 사건은 시점 t_1과 t_2 사이에 발생하지 않는 것으로 가정한다.
- (나)에 제시된 프로세스의 상태는 다음을 의미한다.
  - 수행 상태 : CPU가 할당되어 수행되고 있는 상태
  - 준비 상태 : CPU 할당을 기다리고 있는 상태
  - 블록 상태 : 입출력을 요청한 후 완료되기를 기다리고 있는 상태
- 시점 t_1에 프로세스 A와 B는 준비 상태에 있고, 프로세스 C는 블록 상태에 있다.

작성 방법

- (가)의 상황에서, 시점 t_1부터 t_2까지 (나)의 4가지 상태 전이(ⓐ, ⓑ, ⓒ, ⓓ)를 모두 거치는 프로세스의 이름과, 시점 t_2에 블록 상태에 있게 되는 프로세스의 이름을 순서대로 쓸 것.

해설

- 프로세스 A : ⓐ, ⓑ, ⓒ, ⓓ
- 프로세스 B : ⓐ, ⓑ, ⓒ
- 프로세스 C : ⓐ, ⓑ, ⓓ

1 프로세스(Process) 관리

2 프로세스 스케줄링

(1) CPU 스케줄링의 목적

① 시스템 측면의 목적
  ㉠ 모든 프로세스에 대해서 공정성을 유지해야 한다.
  ㉡ 처리능력(throughput)을 최대화해야 한다.
  ㉢ 중요한 프로세스에 대해서 우선 처리가 가능해야 한다.

② 사용자 측면의 목적
  ㉠ 응답 시간(response time)이 최소화되어야 한다.
  ㉡ 반환 시간(turn-around time)이 최소화되어야 한다.
  ㉢ 무한 대기되지 않아야 한다.
  ㉣ 작업의 완료 시간의 예측이 가능해야 한다.

(2) 스케줄러의 3가지 유형

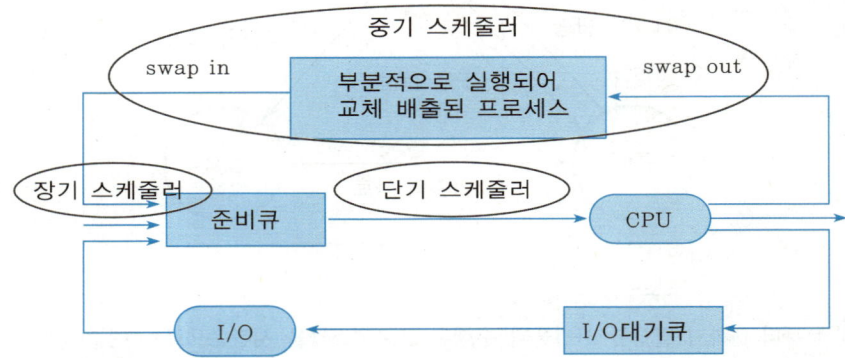

① 장기 스케줄러 : 보조 기억장치에 저장되어 처리를 원하는 여러 작업들 중에서 어떤 작업을, 몇 개나 시스템 내의 주기억장치에 적재시킬 것인가를 담당한다.
② 중기 스케줄러 : 프로세스를 교체하여 주기억 공간 내에 들어오게 하거나(swap in), 나가게 하는 (swap out) 일을 담당한다.
③ 단기 스케줄러 : 주기억 장치 내의 준비 상태 큐에 들어와 있는 프로세스들 중에서, 다음에 실행시킬 프로세스를 선택하여 CPU를 할당시켜 주는 일을 담당한다.

(3) 스케줄링 알고리즘

① FIFO(First In First Out)
  ㉠ 프로세스들은 대기 큐에 도착한 순서대로 적재되어 차례로 CPU를 할당 받는다.
  ㉡ 공평성을 갖고 있으며, 완료 시간을 예측하기 용이하다.
  ㉢ 각 프로세스 간에 있어서 응답 시간의 편차가 적다.
  ㉣ CPU 사용시간이 긴 프로세스에게 유리하다.

② SJF(Shortest Job First)
   ㉠ 작업할 시간이 가장 적은 프로세스에게 먼저 CPU를 할당한다.
   ㉡ 평균 대기시간이 최소가 되는 최적의 알고리즘이다.
   ㉢ CPU 버스트 시간이 긴 프로세스는 기아상태에 빠질 수 있다.
   ㉣ 일괄처리 시스템의 장기 스케줄링(Job 스케줄링)에는 유리하지만 단기 스케줄링에는 적용하기 어렵다.

③ SRT(Shortest Remaining Time) : SJF기법의 변형으로 새로 도착한 프로세스를 비롯하여 대기 큐에 남아 있는 프로세스의 작업이 완료되기까지의 수행 시간 추정치가 가장 적은 프로세스에게 먼저 CPU를 할당한다.

④ RR(Round Robin)
   ㉠ 프로세스는 FIFO 형태로 대기 큐에 적재되지만 주어진 시간 할당량(time slice) 안에 작업을 마쳐야 하며, 할당량을 다 소비하고도 작업이 끝나지 않은 프로세스는 다시 대기 큐의 맨 뒤로 되돌아간다.
   ㉡ 대화식 사용자를 위한 시분할 시스템(TSS)을 위하여 고안되었다.
   ㉢ 시간 할당량이 매우 크면 FIFO와 동일하며, 매우 적으면 문맥교환이 빈번히 발생한다.

⑤ HRRN(Highest Response-Ratio Next)
   ㉠ Brinch Hansen이 SJF기법의 약점인 긴 작업과 짧은 작업의 지나친 불평등을 보완한 기법이다.
   ㉡ 우선순위 = $\dfrac{\text{대기시간} + \text{CPU 요구시간}}{\text{CPU 요구시간}}$
   ㉢ 분자에 대기시간이 있기 때문에 똑같은 CPU 요구시간을 가진 작업 사이에는 대기시간이 긴 것에 높은 우선순위를 부여한다.

SECTION 1 프로세스(Process) 관리

예제 01

다음과 같은 상황에서 FIFO, SJF, SRT, RR, HRN 스케줄링을 적용하였을 때의 갠트 차트(Gantt Chart)를 그리고, 평균 대기시간과 평균 반환시간을 각각 구하시오. (단, 시간 할당량은 10분이다.)

프로세스	도착시간	CPU 요구시간
P_1	12:00	24분
P_2	12:05	7분
P_3	12:10	16분
P_4	12:18	5분

① FIFO 알고리즘

프로세스		대기시간	반환시간
P_1			
P_2			
P_3			
P_4			

Gantt Chart : _____

∴ 평균 대기시간 = _____   평균 반환시간 = _____

② SJF 알고리즘

프로세스		대기시간	반환시간
P_1			
P_2			
P_3			
P_4			

Gantt Chart : _____

∴ 평균 대기시간 = _____   평균 반환시간 = _____

③ SRT 알고리즘

프로세스		대기시간	반환시간
P_1			
P_2			
P_3			
P_4			

Gantt Chart :

∴ 평균 대기시간 = _____   평균 반환시간 = _____

④ RR 알고리즘

프로세스		대기시간	반환시간
P_1			
P_2			
P_3			
P_4			

Gantt Chart :

∴ 평균 대기시간 = _____   평균 반환시간 = _____

⑤ HRRN 알고리즘

프로세스		대기시간	반환시간
P_1			
P_2			
P_3			
P_4			

Gantt Chart :

∴ 평균 대기시간 = _____   평균 반환시간 = _____

프로세스(Process) 관리

기출 2014 - 03 〈조건〉의 프로세스들을 대상으로 CPU 스케줄링 알고리즘을 적용하고자 한다. 〈작성 방법〉에 따라 기술하시오. (5점)

조건

프로세스	CPU 요구시간(ms)	우선순위
P_1	7	2
P_2	2	3
P_3	1	1
P_4	4	3
P_5	3	4

○ 단일 프로세서 시스템의 대기 큐에 프로세스들이 P_1, P_2, P_3, P_4, P_5의 순서로 들어가있다.
○ 우선순위의 값이 작을수록 우선순위가 높다.

작성 방법

(1) 라운드 로빈(Round-Robin) 스케줄링 알고리즘과 비선점 우선순위(Priority) 스케줄링 알고리즘을 적용할 경우, 프로세스 P_1, P_2, P_3, P_4, P_5의 평균 대기시간을 각각 계산하여 순서대로 쓴다. [단, 라운드 로빈 스케줄링 알고리즘 적용 시, CPU 시간 할당량(timequantum)은 5ms이다.]
(2) 라운드 로빈 스케줄링 알고리즘을 적용할 때, CPU 시간 할당량을 무한대로 설정할 경우 프로세스 P_1, P_2, P_3, P_4, P_5의 평균 반환시간을 계산하여 쓴다.
(3) 선점 우선순위 스케줄링 알고리즘을 적용할 경우, 우선순위가 낮은 프로세스들이 CPU 할당을 무한 대기하는 기아상태(starvation)에 빠질 수 있다. 이러한 문제점을 해결하기 위한 방안을 1가지만 기술한다.

정답

(1) RR 스케줄링의 평균 대기시간 : 8.4,
    비선점 우선순위 스케줄링의 평균 대기시간 : 6.6
(2) RR 스케줄링의 평균 반환시간 : 11.4
(3) 에이징(Aging) 기법 : 기아상태을 해결하기 위한 기법으로 오랫동안 기다린 프로세스에게 우선순위를 높여주는 방식

⑥ 다단계 피드백 큐(MFQ, Multilevel Feedback Queue)
  ㉠ 새로운 프로세스가 들어오면 높은 우선순위를 할당해 주어 단계 1에서 즉시 수행해 주고, 점차 낮은 우선순위를 부여하며 단계 n에서는 그 작업이 완료될 때까지 RR방식으로 순환한다.
  ㉡ 상위 준비 큐가 모두 비어야 하위 큐에 있는 프로세스가 실행되기 때문에 하위 준비 큐의 작업은 기아상태에 빠질 수 있다.
  ㉢ 각 큐에서 대기한 시간이 임계치를 넘을 경우 하위 큐에서 상위 큐로 이동할 수 있다.
  ㉣ priority aging : 특정 큐에서 오래 기다린 프로세스나 I/O버스트 주기가 큰 프로세스를 우선순위가 높은 단계의 준비 큐로 이동시키는 것
  ㉤ CPU 사용시간이 짧은 프로세스에게 CPU 사용의 우선권을 주거나, 입출력 위주로 되어 있는 프로세스에게 우선권을 주는 기법이다.

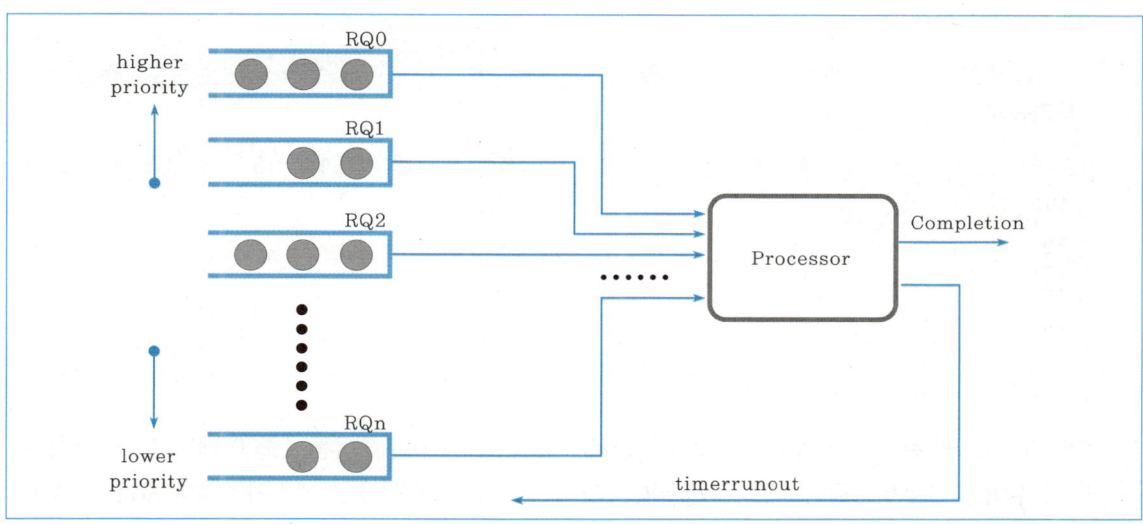

기출 20C5 - [10 - 11] 다음은 다단계 피드백 큐(MFQ) 스케줄링을 위한 〈가정〉이다. 물음에 답하시오.

작성 방법
(가) 대기큐의 번호 i는 0부터 시작되고, 최상위 대기큐의 번호는 0이다.
(나) 각 대기큐의 i에 대한 시간 할당량은 2^i이다.
(다) 새로 생성되는 프로세스는 최상위 대기큐에 들어온다.
(라) 프로세스가 수행 중에 더 높은 우선순위의 프로세스가 들어올 경우, 현재 남아있는 시간 할당량을 모두 사용하고 CPU를 반환한다.
(마) 시스템에 1개의 프로세스만 존재할 경우 시간 할당량을 모두 사용한 후 하위 단계의 대기큐로 이동한다.
(바) 최상위 대기큐를 제외한 각 대기큐는 프로세스들의 대기시간에 대한 임계치로 2^{2i}을 가지며, 프로세스의 대기시간이 이 임계치보다 크면 프로세스는 상위 단계의 큐로 이동한다. 대기큐에서 프로세스가 CPU를 할당받을 순서가 되더라도 그 시점에서 대기시간이 임계치보다 크면 상위 단계 큐로 이동한다.

프로세스(Process) 관리

10. 다음 표에 주어진 프로세스들이 위의 〈가정〉 중 (바)를 제외한 나머지 조건에 따라 수행되었을 경우, 각 프로세스가 대기하였던 큐의 수를 구하시오. (2점)

프로세스	도착시간	실행시간
P_1	0	5
P_2	2	3
P_3	4	5
P_4	5	4
P_5	7	3

• 대기하였던 큐의 수

프로세스	P_1	P_2	P_3	P_4	P_5
대기큐의 수	3	2	3	3	2

프로세스	1	2	3	4	5	6	7	8	9	10	11	12	13	14	15	16	17	18	19
P_1																			
P_2																			
P_3																			
P_4																			
P_5																			

11. 다단계 피드백 큐 스케줄링에서 에이징(aging) 기법이 적용되는 이유를 1줄 이내로 쓰고, 문항 10에서 주어진 프로세스들이 위의 〈가정〉에 따라 수행되었을 때 각 프로세스의 반환시간과 대기시간을 각각 구하시오. (단, 각 프로세스에 주어진 실행시간의 1단위는 10ms이다.) (4점)

• 이유 : <u>기아상태</u>

• 프로세스의 반환시간과 대기시간

프로세스	P_1	P_2	P_3	P_4	P_5
반환시간(ms)	180	60	160	110	70
대기시간(ms)	130	30	110	70	40

프로세스	1	2	3	4	5	6	7	8	9	10	11	12	13	14	15	16	17	18	19
P_1																			
P_2																			
P_3																			
P_4																			
P_5																			

기출 2017-14 〈조건〉과 같은 다단계 피드백 큐 기법을 이용하여 단일 CPU 스케줄링을 하고자 한다. 프로세스 P_2의 최초 시작 시각과 최종 종료 시각을 쓰고, Q_3에서 종료되는 프로세스 2개를 종료되는 순서대로 쓰시오. [4점]

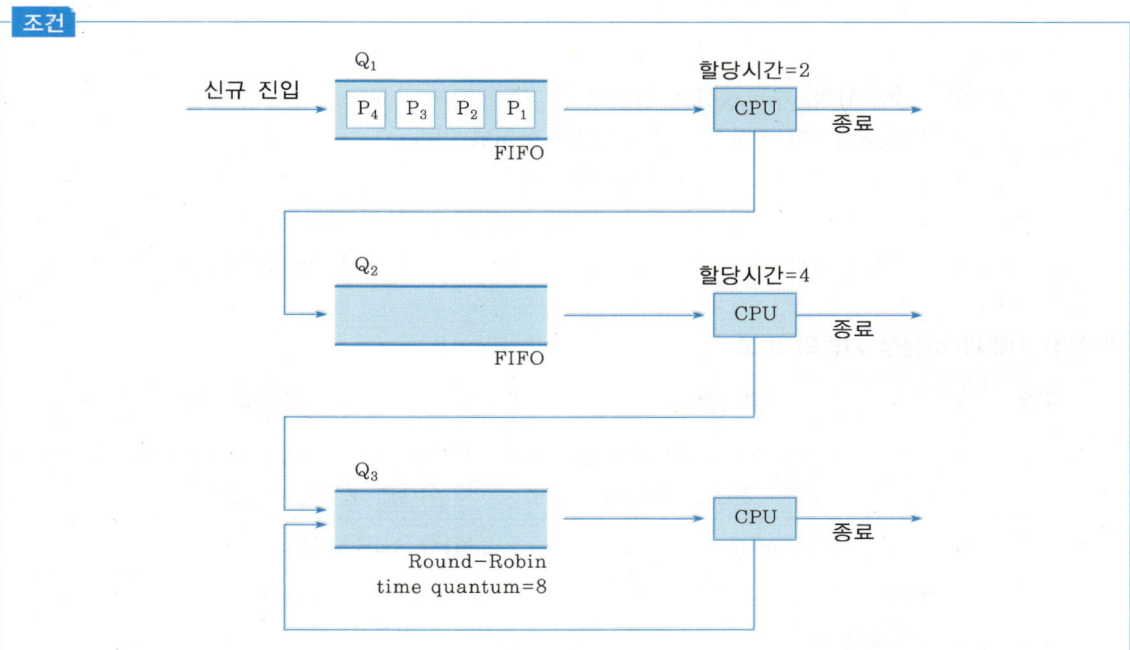

- 다단계 피드백 큐는 Q_1, Q_2, Q_3의 3단계로 구성되며, 신규 진입하는 프로세스는 Q_1으로 진입한다.
- 각 큐의 우선순위는 $Q_1 > Q_2 > Q_3$ 이다.
- Q_1, Q_2에서 프로세스의 CPU 할당시간은 각각 2, 4이다.
- Round-Robin 알고리즘의 time quantum은 8이다.
- Q_1, Q_2에서 CPU를 할당받은 프로세스는 수행 도중 제어를 빼앗기지 않으며, 할당시간을 모두 소비한 후에도 종료되지 못할 경우 낮은 우선순위의 큐로 이동된다.
- 프로세스가 수행되는 동안에 입출력은 고려하지 않는다.
- 4개의 프로세스는 시각 0에 모두 도착하며, 도착순서는 P_1, P_2, P_3, P_4라고 가정한다.
- 각 프로세스의 CPU 요구 시간은 다음과 같다.

프로세스	CPU 요구 시간
P_1	10
P_2	6
P_3	5
P_4	8

| 해답 | · 최초 시작 시각 : 2   최종 종료 시각 : 16
 · P_1, P_4 | 2점
 2점 |

⑦ 다단계 큐(MLQ, Multi Level Queue) 스케줄링
  ㉠ 의미 : 작업들의 성격에 따라서 준비 큐를 여러 종류의 큐로 나누어 이용하는 스케줄링 기법으로서, 처리를 원하는 작업들은 각각의 준비 큐에 넣어 두고 각 큐의 독자적인 스케줄링 알고리즘에 따라서 CPU를 할당받는 방법이다.
  ㉡ 특징
    ⓐ 준비 상태 큐를 여러 종류로 분할해 둔다.
    ⓑ 각 큐는 자신만의 독자적인 스케줄링을 가지고 있다.
    ⓒ 한 큐에서 다른 큐로의 이동이 불가능하다.
    ⓓ 각각의 서로 다른 작업들이 성격에 따라 분류될 수 있을 때 사용된다.
    ⓔ 하위 단계 큐에서 실행 중이라도 상위 단계에 작업이 들어오면 선점 현상이 발생된다.

(4) 선점 기법과 비선점 기법의 비교

구분	선점 기법	비선점 기법
정의	실행 중인 프로세스라도 우선순위가 높은 프로세스에 의해 실행이 중단될 수 있다.	실행 중인 프로세스는 어떤 프로세스에 의해서도 실행이 중단될 수 없다.
종류	SRT, RR, MFQ, MLQ	FIFO, SJF, HRN
특징	① 반환시간의 예측이 불가능하다. ② 공정성이 없다. ③ 문맥교환에 따른 오버헤드가 크다. ④ 실시간 시스템에 적합하다.	① 반환시간의 예측이 가능하다. ② 공정성이 있다. ③ 문맥교환 발생치 않는다. ④ 일괄처리 시스템에 적합하다.

3 교착상태(deadlock)

(1) 교착상태의 정의
둘 이상의 프로세스들이 다른 프로세서가 차지하고 있는 자원을 서로 무한정 기다리고 있어 프로세스의 진행이 중단된 상태를 의미한다.

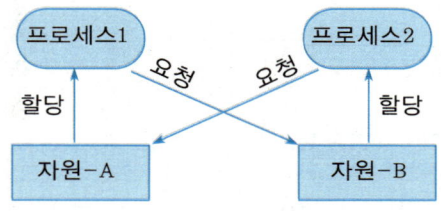

(2) 교착상태의 필수 조건
　① 상호 배제(mutual exclusion) 조건 : 프로세스들이 그들이 필요로 하는 자원에 대해 배타적인 통제권을 요구하는 것으로, 한 프로세스가 사용 중이면 다른 프로세스는 반드시 기다려야 하는 경우이다.
　② 점유와 대기(hold and wait) 조건 : 프로세스가 적어도 하나 이상의 자원을 할당받은 채로 다른 프로세스의 자원이 해제되기를 기다리는 경우이다.
　③ 비선점(nonpreemption) 조건 : 프로세스가 점유한 자원은 사용이 끝날 때까지 해제할 수 없는 경우이다.
　④ 환형 대기(circular wait) 조건 : 프로세스의 환형 사슬이 존재해서 이를 구성하는 각 프로세스는 사슬 내의 다음에 있는 프로세스가 요구하는 하나 또는 그 이상의 자원을 갖고 있는 경우이다.

(3) 자원할당 그래프(System Resource Allocation Graph)
　① 자원할당 그래프는 G = (V, E)로 나타내며, V는 꼭지점의 집합을 E는 간선의 집합을 나타낸다. V는 프로세스의 집합 P와 모든 유형의 자원들의 집합 R로 양분된다.
　② 요구 간선 : $(P_i, R_j) \in E$이면 P_i로부터 R_j로의 방향 간선이 존재함을 말하며, 프로세스 P_i가 자원 R_j를 요청하여 대기중임을 의미한다.
　③ 할당 간선 : $(R_j, P_i) \in E$이면 R_j로부터 P_i로의 방향 간선이 존재함을 말하며, 자원 R_j가 프로세스 P_i에 할당되었음을 의미한다.
　④ 자원할당 그래프에서 환형대기를 나타내는 사이클(Cycle)이 있으면 교착상태가 존재할 수 있고, 없으면 교착상태는 존재하지 않는다.

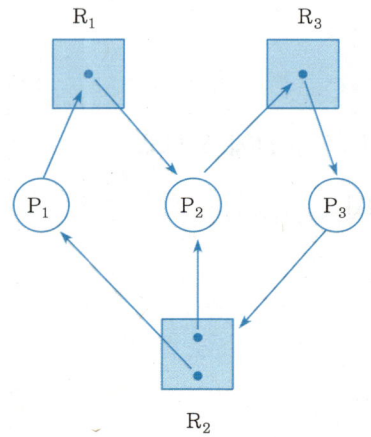

〈교착상태인 자원할당 그래프〉

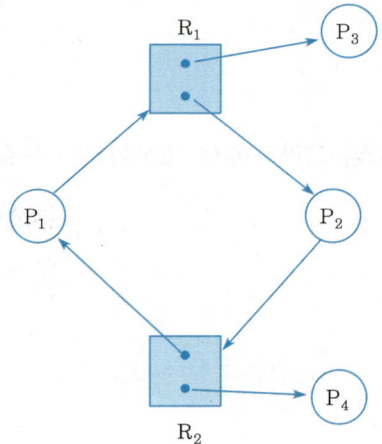

〈교착상태가 아닌 자원할당 그래프〉

SECTION 1 프로세스(Process) 관리

예제 02

다음의 자원할당 그래프는 교착상태인지 여부를 나타낸다. (   ) 안에 들어갈 용어를 쓰시오.

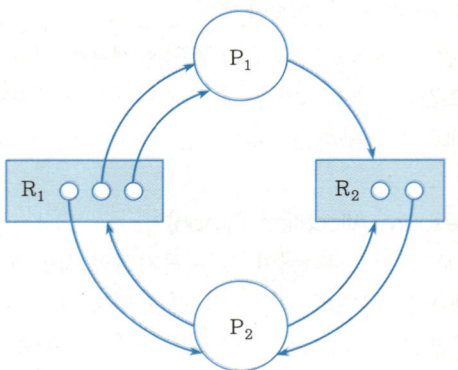

[자원할당 그래프]

(1) 현재 봉쇄된(blocked) 프로세스는 (   )이다.

(2) P_2의 요구를 P_1보다 먼저 수용하였을 경우 시스템은 (   ).

(3) P_1의 요구를 P_2보다 먼저 수용하였을 경우 시스템은 (   ).

예제 03

다음의 자원할당 그래프에서 교착상태인 프로세스를 (   ) 안에 쓰시오.

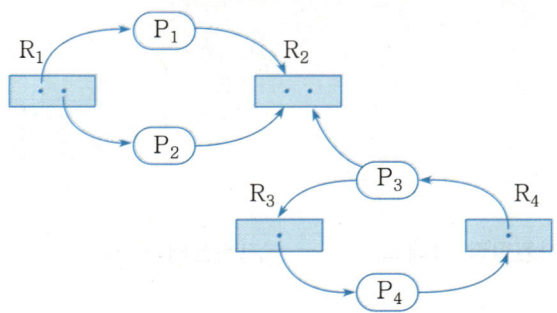

[자원할당 그래프]

(1) 교착상태인 프로세스는 (   )이다.

(2) 교착상태가 아닌 프로세스는 (   )이다.

기출 2005-10 다음의 주어진 상태를 보고 물음에 답하시오. [총 5점]

- 프로세스 : P_1, P_2 (단, P_1, P_2의 우선순위는 동일함.)
- 자원 : R_1, R_2
- 단위 자원의 개수 : R_1(3개), R_2(2개)
- A : 자원 할당 행렬 (A_{ij} : 자원 R_j의 단위 자원들 중 프로세스 P_i에게 할당된 단위 자원의 수)
- B : 자원 요구 행렬 (B_{ij} : 프로세스 P_i가 자원 R_j에 대해 요구하고 있는 단위 자원의 수)

$$A = \begin{bmatrix} 2 & 1 \\ 1 & 1 \end{bmatrix} \quad B = \begin{bmatrix} 0 & 1 \\ 1 & 1 \end{bmatrix} \quad 1 \leq i \leq 2, \ 1 \leq j \leq 2$$

10-1. 위의 상태에 맞는 자원할당 그래프를 그리시오. (3점)

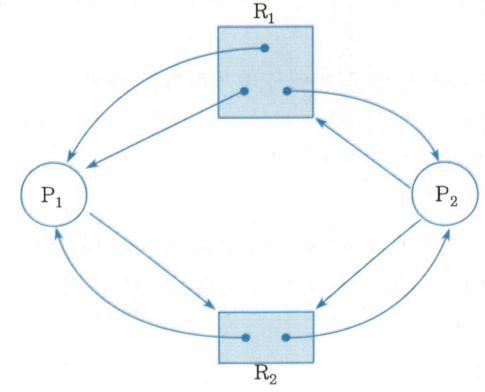

10-2. 위의 자원할당 그래프에서, 현재 상태가 교착상태(deadlock)인지 여부를 판별하시오. 교착상태이면 교착상태로부터 회복하기 위한 방법을, 교착상태가 아니면 그 이유를 1가지만 40자 이내로 쓰시오. (2점)

- 교착상태 여부 : 교착상태
- 방법 혹은 이유 : P_1와 P_2의 종료, 자원(R_1, R_2)의 선점

(4) 교착상태의 해결책

① 교착상태의 예방(Prevention)
  ㉠ 상호배제 조건의 제거
    여러 개의 프로세스가 공유 불가능한 전용 자원인 경우에 발생하며, 읽기 전용파일처럼 공유할 수 있는 자원에서는 발생하지 않는다.
  ㉡ 점유와 대기 조건의 제거
    ⓐ 프로세스가 수행되기 전에 필요한 모든 자원을 할당시켜 주는 방법이다.
    ⓑ 자원을 점유하지 않을 때만 자원을 요구하도록 하는 방법이다.
  ㉢ 비선점 조건의 제거
    ⓐ 어떤 자원을 점유하고 있는 프로세스가 또 다른 자원을 할당받기를 요청하였고, 만일 시스템에 이 자원이 가용하지 않을 경우, 운영체제가 강제로 이 프로세스가 점유했던 자원을 선점하는 것이다.
    ⓑ 어떤 프로세스가 가용하지 않은 자원을 요청하였을 때에 운영체제가 다른 대기 중인 프로세스들이 그 자원을 점유하고 있는지 조사한 후, 만약 요청한 자원이 있다면 이를 선점하여 요청했던 프로세스에게 돌려주는 방법이다.
  ㉣ 환형 대기 조건의 제거
    어떤 프로세스가 특정 형태의 자원들을 할당받고 있다면 다음에 요구할 수 있는 자원은 현재 할당받고 있는 자원 형태의 순서번호 이후의 자원이 되도록 한다.

② 교착상태의 회피(Avoidance)
  ㉠ 교착상태 예방에서의 장치 이용률과 시스템 성능이 저하되는 부작용을 해결하는 것이다.
  ㉡ 환형 대기상태가 되지 않도록 자원의 할당 상태를 조사한다.
  ㉢ 교착상태를 일으키지 않으면서 각 프로세스에게 필요한 자원을 할당해 줄 수 있는 상태를 안전상태(Safe state)라 한다.
  ㉣ 교착상태는 불안전상태에서만 발생할 수 있다.
  ㉤ 은행원 알고리즘의 자료 구조
    ⓐ 가용자원(Available) : 각 자원의 형태별로 사용 가능한 자원의 수를 표시하는 길이가 m인 벡터이다.
    ⓑ 최대요구(Max) : 각 프로세스의 최대 자원의 요구를 표시하는 n × m 행렬이다.
    ⓒ 할당자원(Allocation) : 현재 각 프로세스에게 할당되어 있는 자원의 수를 정의하는 n × m 행렬이다.
    ⓓ 추가요구(Need) : 각 프로세스의 남아있는 자원의 요구를 표시하는 n × m 행렬이다.

기출 2003 - 09 4개의 프로세스들 A, B, C, D와 3가지 유형의 자원들(테이프 드라이브 8대, 프린터 5대, 디스크 드라이브 6대)로 구성된 시스템에서, 임의의 시간 t에 전체 시스템의 상태가 다음의 표와 같다고 하자(단, 현재 가용한 자원은 테이프 드라이브 2대, 프린터 3대, 디스크 드라이브 1대이다). 표에서 할당된 자원의 수는 현재 각 프로세스에게 할당된 자원의 수를 의미하고, 필요한 최대 자원의 수는 각 프로세스의 생성 시 요구되는 최대 자원의 수를 의미한다. [총 6점]

자원의 유형 프로세스	할당된 자원의 수			필요한 최대 자원의 수		
	테이프 드라이브	프린터	디스크 드라이브	테이프 드라이브	프린터	디스크 드라이브
프로세스 A	0	1	2	7	5	3
프로세스 B	1	0	1	2	2	1
프로세스 C	3	0	2	7	0	2
프로세스 D	2	1	0	3	2	2

9-1. 시스템의 상태가 안정상태(safe state)인지 여부를 판단하시오. (2점)

안전상태

9-2. 안정 상태이면 프로세스의 처리 순서를 구하고, 안정 상태가 아니면 그 이유를 설명하시오. (4점)

프로세스 B, 프로세스 D, 프로세스 C, 프로세스 A

기출 2016 - 04 〈조건〉의 프로세스와 자원 현황을 대상으로 '은행원 알고리즘'을 적용하고자 한다. 〈작성 방법〉에 따라 기술하시오. (4점)

조건

○ 프로세스 P_0, P_1, P_2, P_3, P_4에 대한 자원 A, B, C의 현재 할당량과 수행에 필요한 최대 요구량은 다음과 같다.

	현재 할당량(Allocation)			최대 요구량(Max)			추가 요구량(Need)		
	A	B	C	A	B	C	A	B	C
P_0	0	1	1	1	2	2			
P_1	1	0	1	1	0	3			
P_2	0	2	0	1	5	0			
P_3	0	1	0	2	1	1			
P_4	0	1	0	1	6	0			

○ '은행원 알고리즘'을 채택한 시스템은 교착상태를 회피하기 위해, 새로운 자원 요청에 대하여 시스템이 안전상태를 유지할 수 있는 경우에만 자원을 할당한다.

프로세스(Process) 관리

작성 방법

(1) 〈조건〉의 표와 같은 상황에서 각 프로세스가 수행을 완료하기 위해 필요한 각 자원의 추가 요구량을 쓴다.
(2) 자원 (A, B, C)의 잔여량(Available)이 (1, 1, 1)일 때 안전상태인지의 여부를 쓴다. 안전상태라면 모든 작업이 완료될 수 있는 안전순서를 쓴다. 그렇지 않다면 상태가 불안전한 이유를 쓴다.

예제 04

다음의 알고리즘과 〈조건〉을 보고 물음에 해당하는 것을 쓰시오.

알고리즘

1. $Request_i \leq Need_i$라면 2단계로 간다. 그렇지 않으면, 프로세스가 최대 요구값을 초과하기 때문에 <u>오류</u> 상태로 된다.
2. $Request_i \leq Available$이면 3단계로 간다. 그렇지 않으면, <u>자원이 부족</u>하기 때문에 P_i는 대기한다.
3. 시스템은 상태를 다음과 같이 수정해 요청된 자원을 P_i에게 할당한다.
   Available := Available − Request ;
   $Allocation_i$:= $Allocation_i$ + $Request_i$;
   $Need_i$:= $Need_i$ − $Request_i$;
   로 수정 후 은행원 알고리즘 수행한다.(승인 또는 거절 수행)

조건

- 프로세스의 개수 : 4개 (P_0, P_1, P_2, P_3)
- 자원형의 개수 : 3개 (A, B, C)
- 각 자원형에 대한 단위자원의 개수 : A(8 units), B(10 units), C(5 units)
- 각 프로세스의 자원에 대한 최대 요구량과 현재 할당량이 다음 표의 상태 S와 같다.

	최대 요구량			현재 할당량		
	A	B	C	A	B	C
P_0	5	5	3	2	1	2
P_1	5	8	5	2	3	2
P_2	3	4	1	1	3	0
P_3	6	9	3	1	1	0

(1) 안전 순서열은 (   )이다.

(2) 상태 S에서 프로세스 P_0가 자원 (A, B, C)를 (0, 1, 0)만큼 요청하면 이를 (   )한다.

(3) 상태 S에서 프로세스 P_1이 자원 (A, B, C)를 (2, 0, 0)만큼 요청하면 이를 (   ) 한다.

(4) 상태 S에서 프로세스 P_2가 자원 (A, B, C)를 (2, 1, 2)만큼 요청하면 (   )(이)가 발생한다.

(5) 상태 S에서 프로세스 P_3가 자원 (A, B, C)를 (2, 2, 2)만큼 요청하면 (   )(이)가 부족하다.

③ 교착상태의 탐지(Detection)
  ㉠ 자원할당 그래프의 소거를 이용하여 교착상태가 존재하는지를 검사한다.
  ㉡ 그래프에서 모든 프로세스에 대하여 간선을 소거시킬 수 있다면 교착상태가 없으며, 그렇지 않으면 교착상태이다.
  ㉢ 탐지 알고리즘의 자료 구조
    ⓐ 가용자원(Available) : 각 자원의 형태별로 가용한 자원의 수를 표시하는 길이가 m인 벡터이다.
    ⓑ 할당자원(Allocation) : 현재 각 프로세스에게 할당되어 있는 자원의 수를 정의하는 n × m 행렬이다.
    ⓒ 요청자원(Request) : 주어진 시점에서 프로세스가 요청한 자원의 수를 정의하는 n × m 행렬이다.

예제 05

5개의 프로세스(P_0, P_1, P_2, P_3, P_4)와 3개의 자원(A, B, C)을 갖고 있는 시스템을 가정하고, 자원 A는 10개, B는 4개, C는 5개의 자원을 갖고 있다. 탐지 알고리즘을 사용했을 때 교착상태인 프로세스를 나열하시오.

프로세스	ALLOC A	ALLOC B	ALLOC C	REQUEST A	REQUEST B	REQUEST C	AVAIL A	AVAIL B	AVAIL C
P_0	1	0	1	3	0	1	0	0	0
P_1	4	0	1	0	0	0			
P_2	2	2	3	0	1	0			
P_3	3	2	0	0	1	0			
P_4	0	0	0	2	3	1			

∴ _____

1 프로세스(Process) 관리

기출 2009-16 현재 시스템의 상태를 나타내는 아래의 〈자원할당 그래프〉와 〈가정〉을 참조하자.

[자원할당 그래프]

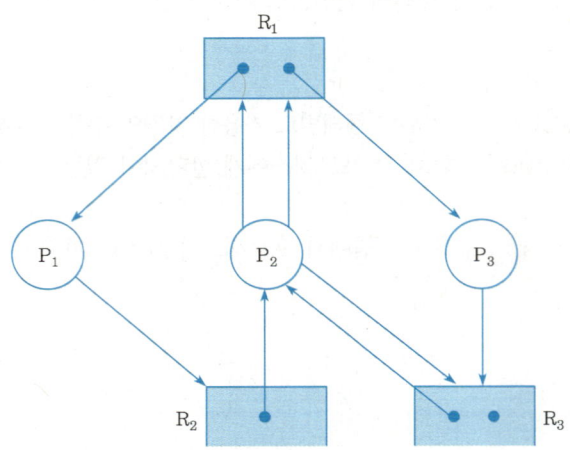

가정
- 현재 시스템에는 프로세스 3개(P_1, P_2, P_3)와 3가지 종류의 자원(R_1, R_2, R_3)이 존재한다.
- R_1, R_2, R_3은 각각 2개, 1개, 2개의 자원을 가지고 있다.
- 사각형 내의 원(●)의 수는 자원 수를 나타낸다.
- 간선(edge) $P_i \rightarrow R_j$는 프로세스 P_i가 R_j 자원을 1개 요구하는 것을 나타낸다.
- 간선 $R_j \rightarrow P_i$는 R_j 자원 1개가 프로세스 P_i에 할당된 것을 나타낸다.

교착상태 발견(detection)에 대한 설명으로 옳은 것을 〈보기〉에서 모두 고른 것은?

보기
ㄱ. 현재 상태에서 추가적으로 사용가능한 자원의 수는 R_1 0개, R_2 0개, R_3 1개이다.
ㄴ. 교착상태 발견은 각 프로세스들이 사용할 최대 자원 요구량을 미리 알고 있어야 한다.
ㄷ. 교착상태 발견은 교착상태 회피에 비해 자원 선점과 프로세스 수행의 롤백이 필요없는 기법이다.
ㄹ. 경로 $P_1 \rightarrow R_2 \rightarrow P_2 \rightarrow R_1 \rightarrow P_3 \rightarrow R_3 \rightarrow P_2 \rightarrow R_1 \rightarrow P_1$에는 사이클이 존재하므로 P_1, P_2, P_3은 교착상태에 있다.
ㅁ. 교착상태 발견은 현재 시스템에서 교착상태에 있는 프로세스가 있는가를 검사하며 이후의 상태에 대해서는 관심과 대응이 없는 기법이다.

❶ ㄱ, ㅁ ② ㄱ, ㄴ, ㅁ ③ ㄱ, ㄷ, ㄹ ④ ㄱ, ㄷ, ㅁ ⑤ ㄴ, ㄷ, ㄹ

④ 교착상태의 회복(Recovery)
  ㉠ 프로세스의 종료
    ⓐ 모든 교착상태 프로세스들을 종료시킨다.
    ⓑ 교착상태 사이클이 제거될 때까지 하나씩 프로세스를 종료시킨다.
  ㉡ 자원의 선점(Resource Preemption)
    ⓐ 희생자(Victim) 선택 : 교착상태에 놓인 프로세스들을 회복시키기 위하여 어느 프로세스를 희생시킬 것인가를 최소 비용에 기준해서 결정해야 한다. 최소 비용에 기준해서 결정하는 요인은 다음과 같다.
      ㉮ 프로세스들의 우선순위
      ㉯ 지금까지 프로세스가 수행된 시간과 종료하는 데 필요한 시간
      ㉰ 프로세스가 사용한 자원 유형과 자원의 수
      ㉱ 프로세스 종료를 위해 더 필요한 자원의 수
      ㉲ 프로세스가 대화식 처리 또는 일괄처리인지 여부
    ⓑ 복귀(Rollback) : 프로세스로부터 자원을 선점하면 어떤 필요한 자원을 잃어버린다. 그리고 그 프로세스를 안전한 상태로 되돌려 놓아야 하며, 그 상태로부터 재시작해야 한다.
    ⓒ 기아상태(Starvation) : 희생자 선택에서 주로 비용 요소에 기초하기 때문에 기아상태가 발생할 수 있는데 이러한 문제의 해결책은 비용 요소에 복귀(rollback) 횟수를 포함시킨다.

4 프로세스 동기화

(1) 임계구역(Critical section)
  ① 3가지 조건
    ㉠ 상호배제(mutual exclusion) : 어떤 프로세스가 임계구역에서 실행 중이면, 다른 프로세스는 임계구역에서 실행될 수 없다.
    ㉡ 진행(progress) : 임계구역에서 실행 중인 프로세스가 하나도 없고 임계구역에 들어가기를 원하는 프로세스들이 존재하면, 이 임계구역에 들어가기를 원하는 프로세스만이 어떤 프로세스가 임계구역으로 진입할지에 대한 결정에 참여할 수 있다.
    ㉢ 제한대기(bounded waiting) : 어떤 프로세스가 임계구역에 진입 요청을 하고 나서 진입이 허용될 때까지, 다른 프로세스들에게 허용되는 횟수에 제한이 있어야 한다.

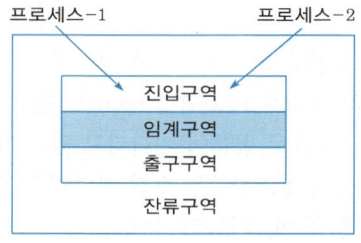

② 임계구역의 소프트웨어적 해결
　㉠ 알고리즘 1
　　처음에 접근은 프로세스가 0(혹은 1)으로 초기화된 공통정수변수 turn을 공유하도록 하는 데서 시작한다. 만약 turn = i이면 프로세스 P_i가 임계구역에 들어갈 수 있다.

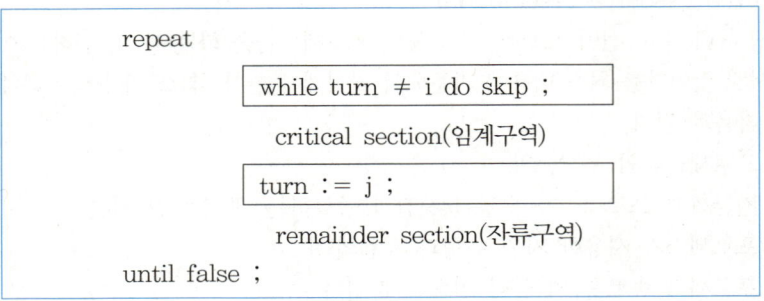

이 방법은 한 프로세스만이 임계구역 내에 있을 수 있게 한다.
그러나 이것은 임계구역의 수행에 엄격한 프로세스의 교대를 요구하기 때문에 <u>진행(progress)</u>을 만족시키지 못한다.

　㉡ 알고리즘 2
　　알고리즘 1에 의한 문제는 각 프로세스(Process)의 상태를 기억하지 않고 어떤 프로세스만이 임계구역(Critical Section)에 들어갈 수 있는지만을 기억하는 데 있다. 이 문제를 해결하기 위해 변수 turn을 다음 배열로 대치한다.

$$\text{var flag : array } [0..1] \text{ of boolean ;}$$

배열의 요소는 false로 초기화된다. 만약 flag[i]가 true이면 프로세스 P_i가 임계구역에서 수행 중이다. 프로세스 P_i의 일반적인 구조는 다음과 같다.

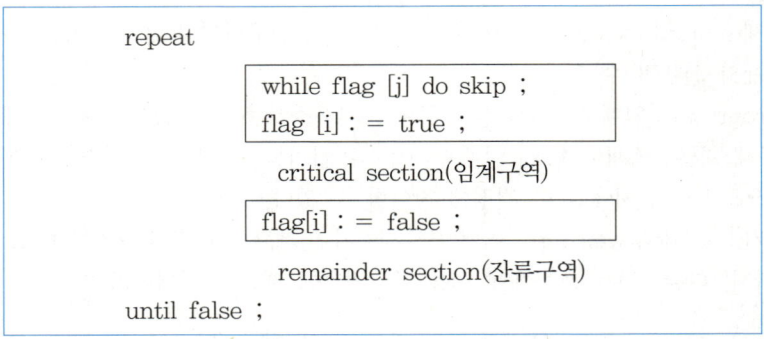

여기에서는 처음에 다른 프로세스가 임계구역에 있는지를 검사하여 (flag[j]=true)만일 있을 경우에는 기다린다. 그렇지 않을 경우 flag[i]를 true로 만들어 주고 임계구역에 들어간다. 임계구역을 벗어날 때에는 flag를 false로 만들어 기다리고 있는 다른 프로세스들로 하여금 임계구역을 수행할 수 있도록 허락한다. 이 알고리즘은 오직 하나의 프로세스만이 그 임계구역을 수행한다는 것을 보장하지 못한다. 예를 들어, 다음의 수행순서를 생각해 보자.

T_0 : P_i이 while문을 수행하여 flag[j]=false임을 안다.
T_1 : P_j이 while문을 수행하여 flag[i]=false임을 안다.
T_2 : P_j이 flag[j]=true로 하고 임계구역에 들어간다.
T_3 : P_i이 flag[i]=true로 하고 임계구역에 들어간다.

여기서 P_i과 P_j가 <u>상호배제(Mutual Exclusion)</u> 요구를 깨고 둘 다 임계구역에 들어감을 알 수 있다.

ⓒ 알고리즘 3
알고리즘 2에 의한 문제는 프로세스는 P_i에서 프로세스 P_j가 변수 flag[j]의 상태를 변경하기 전에 P_j의 상태에 대한 검사를 하는 데 있다. 이 문제를 해결해 보자. 알고리즘 2에서와 같이 배열 flag는 그대로 둔다. 그러나 여기서 flag[i]=true는 단지 P_i가 임계구역에 들어가고자 함을 표시한다.

```
repeat
        flag [i] : = true ;
        while flag[j] do skip ;
            critical section(임계구역)
        flag[i] : = false ;
            remainder section(잔류구역)
until false ;
```

이 알고리즘에서는 flag[i]를 true로 만들어 임계구역에 들어가고자 하는 신호를 보낸다. 그런 후 다른 프로세스 또한 임계구역에 들어가기를 원하지 않는지를 검사한다. 만일 원하는 다른 프로세스가 있는 경우에는 기다린다. 다음에 임계구역을 수행하고, 이곳에서 벗어날 때 flag를 false로 만들어 다른 프로세스로 하여금 임계구역을 수행할 수 있도록 허락한다. 이 해결방법은 알고리즘 2와는 달리 상호배제의 요구조건을 만족한다.
그러나 불행히도 진행요구를 만족하지 못한다. 이 문제를 설명하기 위하여 다음 수행순서를 생각해 보자.

T_0 : P_i이 flag[0]=true로 한다.
T_1 : P_j이 flag[1]=true로 한다.

P_i과 P_j은 각각의 while 문장에서 영원히 루핑(Looping)을 수행하게 되어 <u>진행(progress)</u>을 만족하지 못한다.

ⓓ 알고리즘 4(perterson 알고리즘)
어떤 해결책이건 하나의 결함을 고칠 때마다 새로운 결함이 발생하는 것처럼 보인다. 그러나 이제 마지막으로 타당한 해결책을 보여주겠다. 이 해결책은 기본적으로 알고리즘 3과 알고리즘 1의 약간 수정된 형태를 조합한 것이다.

프로세스(Process) 관리

```
var flag : array [0,1] of boolean ;
turn : 0..1 ;
```

초기에는 flag[0]=flag[1]=false이고, turn의 값은 어떻든지 상관이 없다. 그러나 0 또는 1의 값이어야 한다. 프로세스 P_i의 구조는 다음과 같다.

```
repeat
    flag [i] : = true ;
    turn : =j;
    while( flag[j] and turn=j ) do skip ;
        critical section(임계구역)
    flag[i] : = false ;
        remainder section(잔류구역)
until false ;
```

P_i가 임계구역에 들어가기 위해서는 flag[i]를 true로 만들어 준다. 또 다른 프로세스가 임계구역에 들어가기를 원하는 경우에는 그 프로세스의 차례(turn)라고 단정한다(turn=j). 만일 2개의 프로세스가 동시에 들어가려고 시도하는 경우에는 turn이 동시에 i와 j에게 주어질 것이다. 그러나 이 두 가지 할당 가운데 하나만이 유효하며, 다른 하나는 할당되자마자 곧바로 고쳐지게 된다. turn의 결과값은 둘 중의 어떤 프로세스가 임계구역에 처음 들어갈 수 있는 권리를 갖는지 결정한다.

③ 임계구역의 하드웨어적 해결
  ㉠ Test-and-Set(2개 프로세스)

알고리즘
```
procedure Pi ;
var mylock : boolean ;
begin
 mylock : =true ;
 while mylock : =true
    test-and-set(mylock, active) ;
 [임계구역] ;
 active : = false ;
 [잔류구역] ;
end
```

∴ 위반 : _____
∴ 이유 : _____

ⓒ Burns의 알고리즘(n개 프로세스)

알고리즘

```
         Program burns
  var waiting : array[0..n-1]of boolean ;   <공용변수>
      lock : boolean ;                       <공용변수>
procedure Pi
   var key : boolean ;          <지역변수>
       i, j   : 0..n-1 ;         <다른 프로세스의 waiting 검사용>
begin
  repeat
     waiting[i] := true ;
     key := true ;
     while ( waiting[i] and key) do Test-and-Set(key, lock) ;
     waiting[i] := false ;
     critical section
     j := i + 1 mod n ;
     while ((j != i) and (not waiting[j])) do j = j+1 mod n ;
     if j=i  then  lock = false ;
             else waiting[j] = false ;
     remainder section
  until false ;
end .
```

(2) 세마포어(Semaphore)

세마포어를 이용한 상호 배제

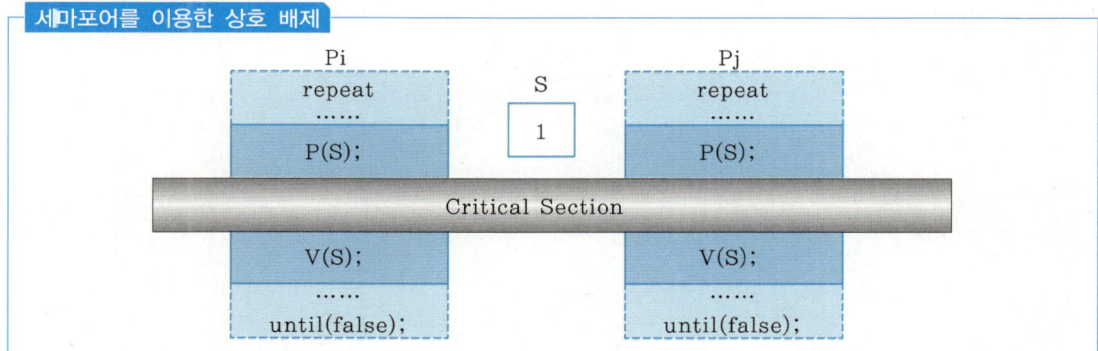

① P연산과 V연산의 정의

```
P(S) : while S<=0 do no-op ;
       S := S - 1 ;
V(S) : S := S + 1 ;
```

프로세스(Process) 관리

② 바쁜 대기(busy wait)
　㉠ 정의 : 프로세스가 공유자원에 접근하고자 할 때, 진입구역에서 공유자원과 다른 프로세스들의 상태를 판단하는 루프를 돌면서 계속 기다리는 것
　㉡ 바쁜 대기를 해결하기 위한 세마포어 P(S)와 V(S)연산

> **알고리즘**
>
> ```
> P(S) : begin
>         s.count := s.count - 1 ;
>         if s.count<0 then
>           begin
>             [호출한 프로세스를 s.queue에 넣는다] ;
>             block ;
>           end ;
>      end ;
>
> V(S) : begin
>         s.count := s.count + 1 ;
>         if s.count<=0 then
>           begin
>             [s.queue로부터 프로세스를 제거한다] ;
>             wakeup ;
>           end ;
>      end ;
> ```

③ 생산자-소비자 문제

> **알고리즘**

```
program producer_consumer;
var mutex : semaphore;
var producer : semaphore;
var consumer : semaphore;
procedure producer; // 생산자 프로세스
begin
 while true do
 begin
   [정보 생산] ;
   p(consumed);
   p(mutex) ;
   [생산한 정보를 유한 버퍼에 넣는다] ;
   v(mutex);
   v(produced) ;
 end;
end;

procedure consumer; // 소비자 프로세스
begin
 while true do
 begin
   p(produced);
   p(mutex) ;
   [유한 버퍼에서 정보 하나를 가져온다] ;
   v(mutex) ;
   v(consumed) ;
   [정보 소비] ;
 end;
end;
```

④ 판독자-기록자 문제

> **알고리즘**
>
> ```
> program read_writer;
>  var readers: integer;
>  var s, writing: semaphore;
>  procedure reader; // 판독자 프로세스
>  begin
>    P(s) ;
>    readers := readers + 1 ;
>    if readers=1 then P(writing);
>    V(s);
>        [데이터 읽음] ;
>    P(s) ;
>    readers := readers -1 ;
>    if readers = 0 then V(writing) ;
>    V(s);
>  end;
>
> procedure writer; // 기록자 프로세스
> begin
>  P(writing) ;
>     [데이터 기록] ;
>  V(writing) ;
> end;
> begin
>   readers := 0 ;
>   S := 1 ;
>   writing := 1 ;
>   [reader와 writer를 병행하여 실행한다] ;
> end ;
> ```

∴ 기록자 프로세스가 가아상태에 빠질 수 있다.

기출 2007-10 읽기 또는 쓰기를 수행하는 프로세스들 간의 동기화를 위해 세마포어(semaphore)를 사용한다고 할 때, 사용하는 데이터 구조는 다음과 같다고 가정하자.

```
semaphore   mutex, w_smp;    //초기값: mutex = w_smp = 1
int         read_cnt;         //초기값: read_cnt = 0
```

Reader 프로세스의 문장 ㉮에서 조건을 만족할 때 'w_smp'의 값을 구하고, 'wait(w_smp)'의 역할을 설명하시오. 또한 이와 같은 프로세스들의 구조에서 발생할 수 있는 문제점을 기술하시오. (단, 주어진 밑줄 부분 내에 작성할 것) (6점)

Reader 프로세스
```
do {
    wait(mutex) ;
    read_cnt = read_cnt +1 ;
㉮  if (read_cnt==1) wait(w_smp) ;
    signal(mutex) ;

    // 읽기가 수행된다

    wait(mutex) ;
    read_cnt = read_cnt − 1 ;
    if (read_cnt==0) signal(w_smp) ;
    signal(mutex) ;
} while (true);
```

Writer 프로세스
```
do {
    wait(w_smp) ;

    //쓰기가 수행된다

    signal(w_smp) ;
} while (true):
```

- 'w_smp'의 값 : <u>0</u>

- 'wait(w_smp)'의 역할 : <u>한 자원에 대해서 판독자와 기록자가 동시에 읽기와 쓰기를 수행할 수 없기 때문에 Reader 프로세스가 읽기를 수행하면 Writer 프로세스가 쓰기를 수행할 수 없도록 하고, Writer 프로세스가 쓰기를 수행하면 Reader 프로세스가 읽기를 수행할 수 없도록 하기 위해서이다.</u>

- 발생할 수 있는 문제점 : <u>Writer 프로세스가 기아상태가 발생할 수 있다.</u>

SECTION 1 프로세스(Process) 관리

기출 2010 하나의 데이터베이스를 다수의 병행 프로세스들이 공유할 때, 운영체제의 프로세스 동기화 문제가 발생하는데 이를 '읽기-쓰기 문제(readers-writers problem)'라 한다. 다음은 세마포어 제어 함수(wait( ), signal( )), 세마포어(mutex, wrt), 변수(readcount)를 사용한 C언어 유형의 읽기 프로 세스 알고리즘이다. 이 알고리즘의 ㉮, ㉯, ㉰, ㉱, ㉲에 들어갈 세마포어 제어 함수로 옳은 것은?

```
typedef struct {
        int value;
        struct process *list;
} Semaphore;
Semaphore mutex = {1}; /* readcount 변경 시 상호배제용으로
                                    사용한다. */
Semaphore wrt = {1}; /* 임계구역으로 진입하는 첫 번째 읽기
                            프로세스와 임계구역을 빠져나오는 마지막
                            읽기 프로세스에 의해 사용된다. */
int readcount = 0; /* 읽기에 참여하고 있는 프로세스 개수 */
void wait(Semaphore *s) {
    s->value--;
    if (s->value < 0) {
        이 프로세스를 대기 큐(waiting queue)에 넣는다;
        자기를 호출한 프로세스를 중지시킨다;
    }
}

void signal(Semaphore *s) {
    s->value++;
    if (s->value <= 0) {
        대기 큐(waiting queue)로부터 하나의 프로세스 P를 꺼낸다;
        봉쇄된 프로세스 P의 실행을 재개시킨다;
    }
}

 void readers() {
    while (1) {
            ... /* 다른 계산이 실행된다. */
        wait(&mutex);
        readcount++;
        if (readcount == 1)   [   ㉮   ]   ;
              [   ㉯   ]   ;
            ... /* 읽기 연산이 실행된다. */
              [   ㉰   ]   ;
         readcount--;
        if (readcount == 0)   [   ㉱   ]   ;
              [   ㉲   ]   ;
    }
}
```

	㉮	㉯	㉰	㉱	㉲
❶	wait(&wrt)	signal(&mutex)	wait(&mutex)	signal(&wrt)	signal(&mutex)
②	wait(&wrt)	wait(&mutex)	signal(&mutex)	signal(&wrt)	signal(&mutex)
③	wait(&wrt)	signal(&mutex)	wait(&mutex)	signal(&mutex)	signal(&wrt)
④	signal(&mutex)	wait(&wrt)	signal(&wrt)	wait(&mutex)	wait(&wrt)
⑤	signal(&mutex)	signal(&wrt)	wait(&mutex)	signal(&mutex)	wait(&wrt)

⑤ 식사하는 철학자 문제

알고리즘

```
procedure philosopher(i:integer)
 begin
   생각한다 ;
   P(forks[i]) ;
   P(forks[(i+1) mod 5]) ;
   먹는다 ;
   V(forks[i]) ;
   V(forks[(i+1) mod 5]) ;
 end

 begin
   forks[0] := 1; forks[1] := 1; forks[2] := 1;
   forks[3] := 1; forks[4] := 1;
   [philosopher(0), (1), (2), (3), (4)를 병행하여 실행한다] ;
 end ;
```

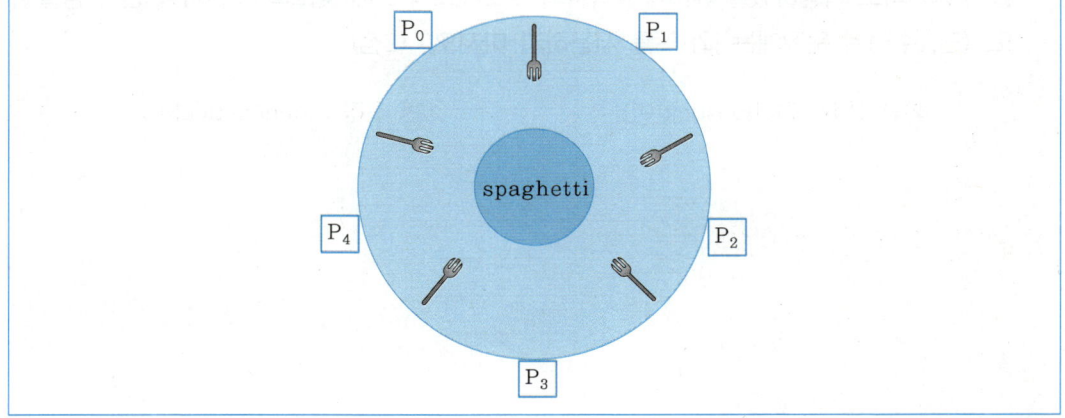

.. 식사하는 철학자의 문제점 : 교착상태

SECTION 1 프로세스(Process) 관리

기출 2006 [9-10] 다음은 딕스트라(Dijkstra)의 식사하는 철학자(Dining Philosophers) 문제에서 철학자 i(0≤i≤4)에 대한 프로세스 구조를 정의한 것이다. 프로세스 구조를 보고 물음에 답하시오.

문장번호	프로세스 구조
—	semaphore chopstick[5] = {1, 1, 1, 1, 1};
—	philosopher(int i) {
—	while (TRUE) {
①	think( );
②	P(chopstick[i]);
③	P(chopstick[(i+1) % 5]);
④	eat( );
⑤	V(chopstick[(i+1) % 5]);
⑥	V(chopstick[i]);
—	}
—	}

9. 위의 프로세스 구조에서 교착상태 문제를 해결하기 위하여 동시에 4명의 철학자만이 테이블에 앉도록 하고자 한다. 이를 위하여 새로운 세마포어(semaphore) 변수를 선언하고 프로세스 구조를 변경해야 한다. 새로 선언할 세마포어 변수의 초기값을 쓰고, 세마포어의 P와 V의 연산이 각각 어느 문장 다음에 들어가야 하는지 문장번호를 쓰시오. (3점)

    • 초기값 : 4   • P 연산 : ①   • V 연산 : ⑥

10. 위의 프로세스 구조에서 발생되는 교착상태를 예방(prevention)하기 위하여 순환대기(circular wait) 조건이 성립되지 않도록 하고자 한다. 이를 위하여 다섯 번째 철학자(i = 4)의 프로세스 구조를 수정한다고 가정하였을 때, 이 철학자의 프로세스 구조에 맞도록 ②번과 ③번 문장을 수정하시오. (단, 수정된 문장에는 j와 %를 사용하지 마시오.) (2점)

    ②번 문장 : P(chopstick[0])   ③번 문장 : P(chopstick[4])

예제 06

생각하면서 먹으면서 그들의 생애를 보내는 5명의 철학자가 있다고 가정하자. 철학자들은 원형 테이블을 공유하며 5개의 의자로 둘러싸여 있다. 테이블에는 5개의 젓가락이 놓여있고, 철학자가 생각할 때는 다른 동료들과 상호작용하지 않는다. 가끔은 철학자들은 배고파서 자신에게 가장 가까이 있는 두 개의 젓가락을 집으려고 시도한다. 〈작성 방법〉에 따라 기술하시오. (4점)

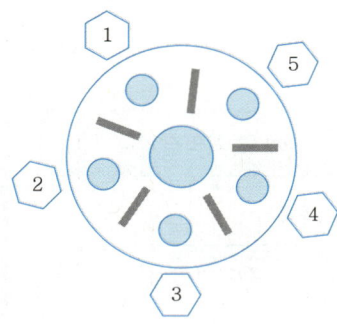

(가) 알고리즘	(나) 알고리즘

semaphore chopstick[5]={1,1,1,1,1} ;
whie(true)
{
    wait(chopstick[i]) ;
    wait(chopstick[i+1]%5) ;
    // eat
    signal(chopstick[i]) ;
    signal(chopstick[i+1]%5) ;
    // think
}
	semaphore chopstick[5] ={1,1,1,1,1} ;
	whie(true)
	{
	  if(i%2==0)
	  {
	    wait(chopstick[i]) ;
	    wait(chopstick[i+1]%5) ;
	  }
	  else
	  {
	    wait(chopstick[i+1]%5) ;
	    wait(chopstick[i]) ;
	  }
	  // eat
	  signal(chopstick[i]) ;
	  signal(chopstick[i+1]%5) ;
	  // think
	}

작성 방법
(1) (가) 알고리즘에서 발생하는 문제점을 기술한다.
(2) (나) 알고리즘은 (가) 알고리즘의 문제점을 어떻게 해결하는지를 기술한다.

 기억장치 관리

1 **주기억장치 관리**

(1) 기억장치의 계층구조

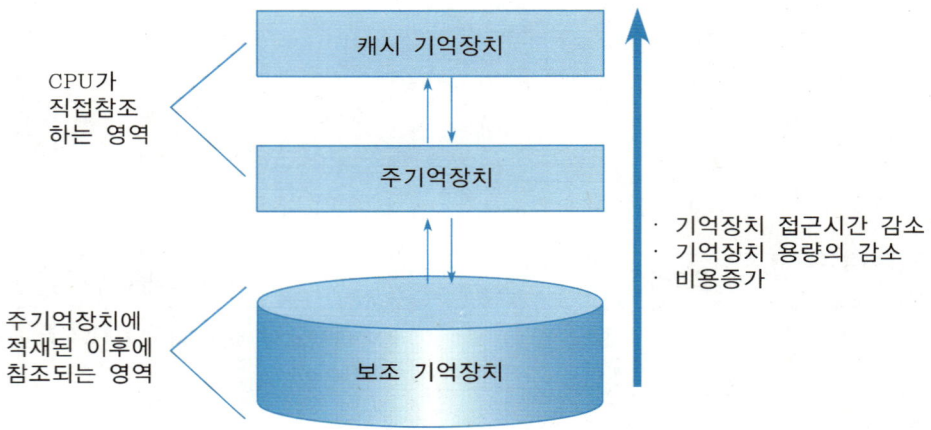

(2) 주기억장치의 관리기법
　① 연속 및 분산 적재 방법

연속 적재 방법						분산 적재 방법		
주기억장치						가상 기억장치		
단일 사용자			다중 사용자(다중 프로그래밍)					
상주 모니터	오버레이 (overlay)	교체 (swapping)	고정 분할		동적 분할	페이징	세그멘테이션	페이징/ 세그멘테이션
			절대 번역	재배치 번역				

　② 기억장치 관리전략
　　㉠ 반입(fetch)전략 : CPU에 의해 실행되거나 참조되기 위해 주기억장치로 적재할 다음 프로그램이나 자료를 언제(When) 가져올 것인가를 결정하는 전략이다.
　　　ⓐ 요구 반입전략 : 실행 중인 프로그램에 의해 어떤 프로그램이나 자료가 참조될 때 그것을 주기억장치로 옮기는 전략이다.
　　　ⓑ 예상 반입전략 : 현 프로그램 수행 중에 앞으로 요구될 가능성이 큰 프로그램이나 자료를 예상하여 주기억장치로 미리 옮기는 전략이다.

㉡ 배치(Placement)전략 : 새로 반입된 자료나 프로그램을 주기억장치의 어디(Where)에 위치시킬
      것인가를 결정하는 전략이다.
      ⓐ 최적 적합(best-fit) 기법 : 입력된 작업은 주기억장치 내의 공백 중에서 그 작업에 가장 잘
         맞는 공백 즉, 사용되지 않는 공간을 가장 적게 남기는 공백에 배치된다.
      ⓑ 최초 적합(first-fit) 기법 : 입력된 작업은 주기억장치 내에서 그 작업을 수용할 수 있는 첫
         번째 공백에 배치된다.
      ⓒ 최악 적합(worst-fit) 기법 : 입력된 작업은 주기억장치 내의 공백 중 가장 잘 맞지 않는 공
         백 즉, 가장 큰 공백에 배치된다.

예제 C7

메모리가 100KB, 500KB, 200KB, 300KB, 600KB 크기의 다섯 부분으로 분할되어, 이 순서로
배열되었다고 하자. 각기 212KB, 417KB, 112KB, 426KB의 크기를 가진 프로세스가 이 순서대로
들어온다고 가정할 때 다음 물음에 답하시오.

(1) 각 배치 알고리즘은 어떻게 할당되는지 빈칸을 채우시오.

① First fit

분할	크기	할당
1	100KB	
2	500KB	
3	200KB	
4	300KB	
5	600KB	

② Best fit

분할	크기	할당
1	100KB	
2	500KB	
3	200KB	
4	300KB	
5	600KB	

③ Worst fit

분할	크기	할당
1	100KB	
2	500KB	
3	200KB	
4	300KB	
5	600KB	

(2) (1)에서 기억장치를 가장 적절하게 사용하는 알고리즘은 무엇이며, 이유는 무엇인가?
   ① 알고리즘 : _____
   ② 이유 : _____

   ㉢ 교체(Replacement)전략 : 새로 들어온 프로그램이 들어갈 장소를 마련하기 위해서 어떤(Who)
      프로그램이나 자료를 주기억장치로부터 제거할 것인가를 결정하는 전략이다.

(3) 단일 분할 할당

① **상주 모니터(resident monitor)** : 운영체제에 해당하는 모니터가 적재되는 부분과 사용자 프로그램이 적재되는 부분으로 나누어 사용하는 기법이다. 상주 모니터 부분과 사용자 프로그램 부분에 경계 레지스터(bound register)를 둔다.

② **오버레이(Overlay)** : 주기억장치의 크기보다 큰 프로그램을 수행하기 위한 것으로서, 디스크에 프로그램을 유지하고 운영체제에 의해서 주기억장치로 교체시키는 방법이다. 프로그램을 몇 개의 조각으로 분할하여 프로그램이 시작되면 각 단계별로 차례로 적재하여 실행함으로써 여러 단계를 거치면서 커다란 프로그램을 실행한다.

③ **교체(Swapping)** : 사용자 프로그램에 대한 기억장치 크기를 수용할 수 있을 만큼 충분히 크고, 직접적인 접근을 허용하는 자기 디스크와 같은 보조기억 장치를 이용하여 2개의 사용자 프로그램이 주기억장치 공간을 이용할 수 있게 하는 방법이다.

(4) 고정 분할 할당

① 고정 분할 할당(MFT)은 다중 프로그래밍 작업을 위해 주기억 장치를 여러 개의 고정된 크기의 부분으로 분할하여 사용자 프로그램이 이 중 하나를 차지하여 실행하게 하는 방법이다.

② 사용할 수 없는 낭비된 공간인 내부 단편화가 발생한다.

(5) 동적 분할 할당

① 동적 분할 할당(MVT)은 주기억장치의 다중 프로그래밍 기법으로서 고정 분할 다중 프로그래밍 기법의 단점을 보완한 것으로서, 미리 고정된 경계를 없애고 각 프로그램에서 필요로 하는 만큼의 기억장치를 프로그램 실행 시 할당받는 기법이다.

② 동적 분할 할당도 영역과 영역 사이에 외부 단편화가 발생한다.

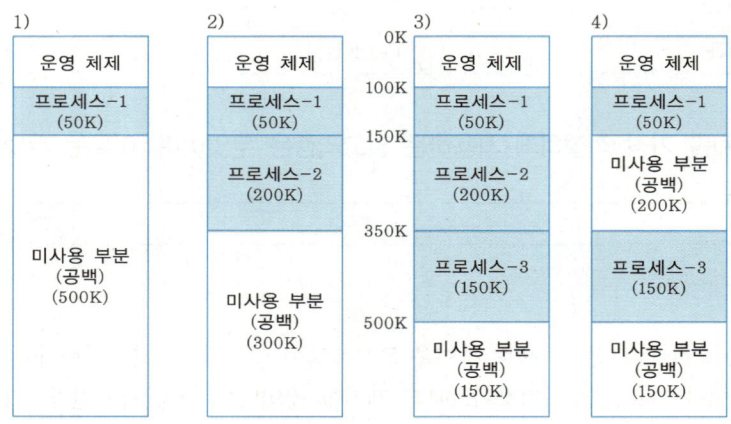

[동적 할당의 예]

1) 50k 크기의 프로세스-1을 배당한다.
2) 200k 크기의 프로세스-2를 프로세스-1 다음에 연속적으로 배당한다.
3) 150k 크기의 프로세스-3를 프로세스-2 다음에 연속적으로 배당한다.
4) 프로세스-2가 실행을 종료하여 기억장소 중간에 미사용 부분이 발생한다.

(6) 기억장치 관리의 문제
  ① 단편화(fragmentation) 현상
    ㉠ 단편화의 정의
       단편화(fragmentation)란 주기억장치 상에서 프로그램에 의해 사용되지 않고 낭비되는 부분적인 기억 공간을 말한다.
    ㉡ 단편화의 종류
      ⓐ 내부 단편화(internal fragmentation) : 정적으로 할당된 고정 크기의 영역 내에서, 어떤 작업이 할당된 후 남게 되는 공간을 말한다.

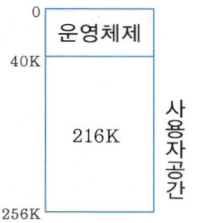

[내부 단편화 할당의 예]

      ⓑ 외부 단편화(external fragmentation) : 어떤 영역이 사용되지 않고 남아 있지만, 대기 중인 작업의 크기에 비해 기억 장소가 적은 경우를 말한다.

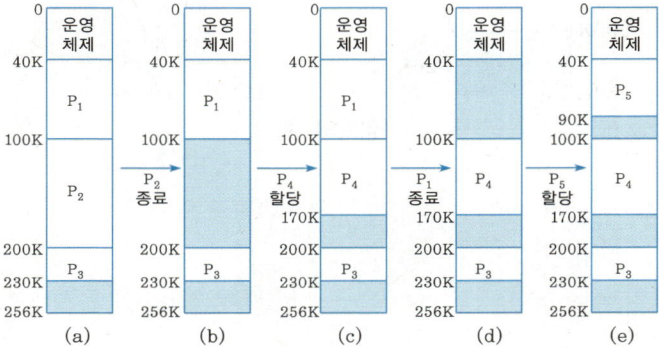

[외부 단편화 할당의 예]

② 통합(coalescing) 기법

통합 기법이란 다중 프로그래밍(multi-programming) 시스템에서 하나의 작업이 끝났을 때 그 기억 장소가 다른 비어 있는 기억 장소와 인접되어 있는지를 점검하여, 만약 인접되어 있다면 이 두 공백을 통합하여 하나의 공백으로 합치는 작업이다.

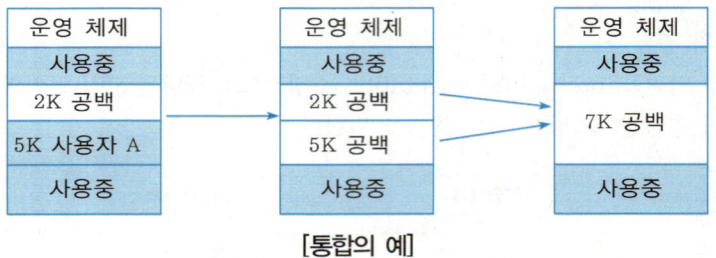

[통합의 예]

③ 압축(compaction) 기법

압축 기법이란 현재 사용하고 있는 모든 기억 장소를 주기억장치의 한 쪽 끝으로 옮기는 작업을 말한다. 이렇게 하면 동적 분할 기억장치에서 발생하는 수많은 작은 공백들 대신에, 하나의 커다란 공백이 생기게 되므로 큰 프로그램도 적재하여 실행할 수 있다. 일반적으로 기억 장소 압축 기법을 '쓰레기 수집(garbage collection)'이라고도 한다.

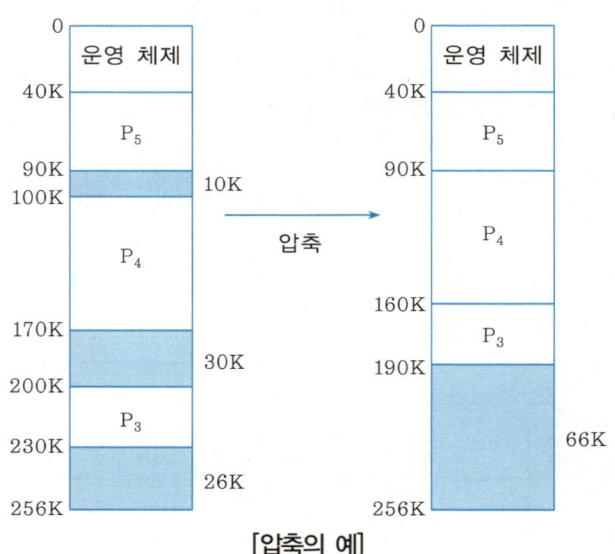

[압축의 예]

예제 08

다음과 같이 메모리가 분할되어 사용된다. 아래의 〈작성 방법〉에 따라 압축 비용을 구하시오. (단, 내용이 e면 빈 공간을 의미한다)

시작주소	크기	내용
0	300KB	OS
300KB	200KB	P1
500KB	100KB	P2
600KB	400KB	e
1000KB	200KB	P3
1200KB	300KB	e
1500KB	400KB	P4
1900KB	200KB	e

작성 방법

(1) 빈 공간을 모아서 메모리의 끝 부분에 900KB 만들 수 있는 두 가지 압축 방법에 대한 압축 비용을 각각 계산한다.
(2) 빈 공간을 P1과 P2는 그대로 놓아두고 P2 바로 밑에 빈 공간을 만드는 경우의 압축 비용을 계산한다.

2 가상 기억장치 관리

(1) 가상 기억장치의 개요
① 가상 기억장치의 정의 : 프로세스 전체가 메모리에 있지 않더라도 실행할 수 있도록 하는 기법으로 용량이 작은 주기억장치는 실제 수행에 필요한 부분만 적재하고 나머지는 용량이 큰 보조 기억장치에 저장이 필요할 때만 가져다 쓸 수 있는 방식이다. 이를 통해 프로그래머는 실기억장치의 이용공간보다 훨씬 큰 주소를 지정할 수 있다.
② 동적 주소 변환(DAT, Dynamic Address Translation) : 프로세스가 수행될 때 논리적인 가상주소를 실제 물리적 주소로 변환하는 기법이다.

(2) 가상 기억장치의 구현방법
① 요구 페이징(demand paging) 기법
  ㉠ 요구 페이징의 개요
    ⓐ 가상 기억장치 내의 프로그램과 데이터를 일정하게 분할한 용량을 주기억장치의 분산된 공간에 적재되어 수행시키는 기법이다.
    ⓑ 페이징에서 외부 단편화는 발생하지 않으나 고정 분할 할당처럼 내부 단편화 현상이 발생한다.
    ⓒ 실제 공간은 페이지 크기(page size)와 같은 페이지 프레임(page frame)으로 나누어 사용한다.

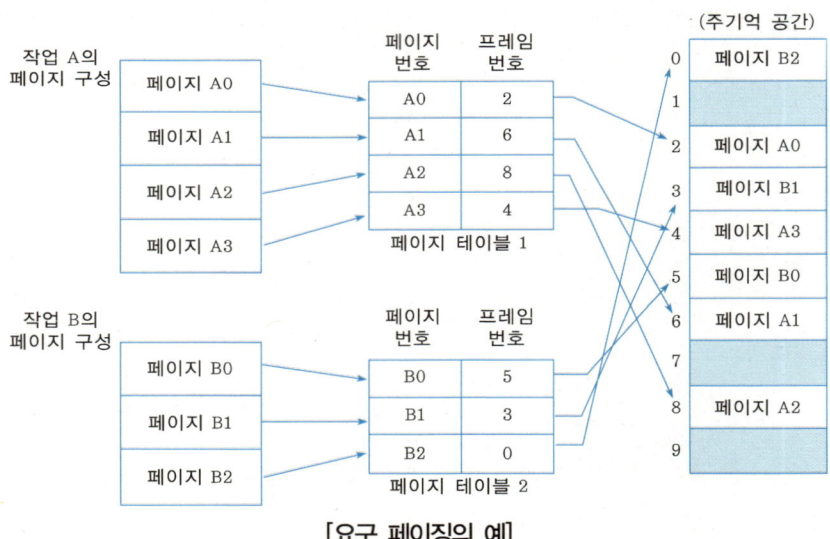

[요구 페이징의 예]

  ㉡ 페이지 사상 테이블(PMT)의 구현
    ⓐ 직접사상(direct mapping) : 주기억장치 내에 페이지 사상 테이블(PMT, Page Mapping Table)을 유지시키는 방법이다.
    ⓑ 연관사상(associative mapping) : 연관 기억장치에 PMT를 유지시키는 방법이다.
    ⓒ 혼합사상 : PMT의 모든 항목을 주기억장치에 유지시킨 후, 그 중에서 최근에 참조된 일부의 PMT 내용을 연관 기억장치에 유지시키는 절충된 구현기법이다. 여기서 연관 기억장치의 테이지 테이블을 AMT(Associative Mapping Table)이라 한다.

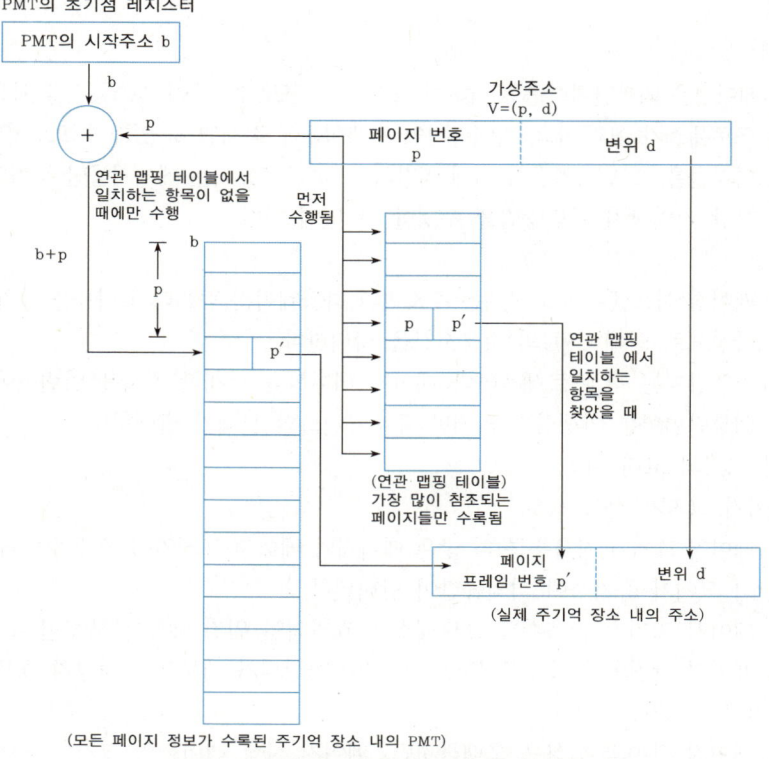

[혼합사상에 의한 동적주소 변환과정의 예]

예제 09

페이징 기법에서 PMT를 '주기억장치 및 연관 기억장치'로 한다. AMT에 대한 접근시간이 20ns이고 주기억장치에 대한 접근시간이 400ns일 때, CPU 논리주소에 따른 유효 접근시간은 얼마인가? (단, AMT에 대한 적중률은 80%이다.)

∴ 유효 접근시간 = _____

ⓒ 장·단점
  ⓐ 장점
    ㉮ 페이징은 외부단편화를 제거하여 보다 많은 프로세스들이 주소공간을 활용할 수 있게 한다.
    ㉯ 프로세스가 여러 개의 비연속적인 프레임들에 적재될 수 있게 함으로써 사용되지 않는 페이지들은 보조 기억장치 내에 저장하고 자주 사용되는 페이지들만 주기억장치에 할당하는 가상 기억장치 관리방법을 수행할 수 있게 한다.
  ⓑ 단점
    ㉮ 페이징 시스템에서 요구되는 주소변환 하드웨어는 컴퓨터의 비용을 증가시키며, 주소변환 과정으로 인해 CPU의 사용시간을 낭비한다.
    ㉯ 기억장치는 각 프로세스마다 페이지 테이블을 적재할 공간을 마련해야 한다.
    ㉰ 외부단편화는 발생하지 않지만 내부단편화의 문제가 발생한다.
ⓔ 페이지 크기의 고려 사항
  ⓐ 페이지 크기가 작을 경우
    ㉮ 페이지 크기가 작을수록 더 많은 페이지와 페이지 프레임이 존재하여 페이지 사상 테이블의 크기가 증가하여 기억공간이 낭비된다.
    ㉯ 페이지 크기가 적을수록 프로세스가 효과적인 워킹 세트를 확보할 수 있다.
    ㉰ 페이지 단편화를 감소시키고, 지역성이 향상되기 때문에 기억장치 효율은 좋을 수 있다.
  ⓑ 페이지 크기가 클 경우
    ㉮ 페이지 단편화 현상은 초래하지만, 페이지 사상 테이블의 크기는 줄어든다.
    ㉯ 디스크로부터 입출력 전송은 페이지 크기가 클수록 효과적이다.
    ㉰ 페이지 부재의 수를 최소화하기 위해서는 페이지 크기를 크게 하는 것이 필요하다.

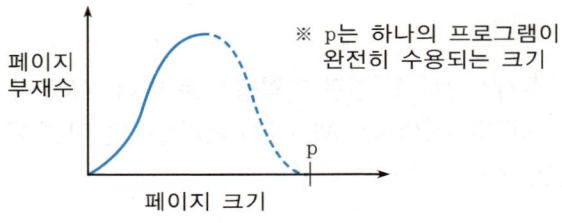

[페이지 크기와 페이지 부재수의 관계]

기출 2003-08 기억장치 관리 기법들 중 하나인 페이징(paging) 기법을 사용하는 시스템의 논리적 주소 공간(logical address space)의 크기가 2^m, 페이지 크기(page size)가 2^n이라고 하자. 여기서 페이지 크기를 2^k(단, k<n)로 변경하는 경우, ① 페이지 테이블(page table)의 크기, ② 내부 단편화(internal fragmentation), ③ 입·출력(input/output) 시간, ④ 페이지 부재(page fault)의 수에 미치는 영향에 대해 설명하시오. (4점)

① 페이지 테이블의 크기가 증가한다.
② 내부 단편화가 감소한다.
③ 입·출력시간이 증가한다.
④ 페이지 부재수가 증가한다.

기출 2004-09 페이지의 크기가 1K바이트이고 주기억장치 용량이 0.5M 바이트인 시스템에 9000 바이트 크기의 프로그램 A가 실행된다고 가정한다. 페이지 관리 테이블(Page Management Table)이 다음과 같을 때 물음에 답하시오. (단, 첫 번째 페이지 프레임(0번 프레임)은 주기억장치의 절대주소 0번지부터 시작되고, 페이지 번호는 0번부터 시작된다고 가정한다.) [총 6점]

[페이지 관리 테이블]

페이지 번호	0	1	2	3	4	5	...
존재 비트*	1	0	1	0	1	1	...
페이지 프레임 번호	22		6		?	15	...

* 존재 비트는 주기억장치에 해당 페이지가 적재되어 있는지를 표시
  (1 : 적재됨, 0 : 적재되지 않음)

9-1. 프로그램 A는 몇 개의 페이지로 구성되며, 주기억장치에는 몇 개의 페이지 프레임이 있는지 쓰시오. (2점)

• 페이지 개수 : 9   • 페이지 프레임 개수 : 512

9-2. 프로그램 A의 상대주소 2407번지에 대한 실주소(물리주소)를 쓰고, 실주소가 8451번지이고 상대주소가 4355번지일 때 4번 페이지는 몇 번 페이지 프레임에 적재되는지 쓰시오. (4점)

• 실주소 : 6503   • 페이지 프레임 번호 : 8

SECTION 2 기억장치 관리

기출 2006 [12-13] 다음 조건을 만족하는 시스템에서 요구 페이징(demand paging) 기법을 사용하여 프로그램을 수행한다. 현재 페이지 테이블과 TLB(Translation Look-aside Buffers)의 내용이 아래와 같다고 가정하고 물음에 답하시오.

그림
㉠ 가상 기억장치는 64KB, 주기억장치는 32KB, 페이지 크기는 4KB이다.
㉡ 주기억장치 접근시간은 10μ sec(microsec)이며, TLB 접근시간은 200nsec(nanosec)이다.
㉢ 페이지 테이블은 연관(associative) 메모리로 구성된 TLB와 주기억장치에 저장되며, 주기억장치에서 페이지 테이블의 시작주소는 0이다.

페이지 테이블

페이지 번호	0	1	2	3	4	5	6	7	8	…
프레임 번호	010	100	110			011		101		…
존재비트	1	1	1	0	0	1	0	1	0	…

⟨Translation Look-aside Buffers⟩

페이지 번호	0000	0010	0101	0111
프레임 번호	010	110	011	101

12. 현재 상태에서 명령어를 처리하면 가상주소 8198과 물리주소 12287이 발생한다고 가정한다. 이 때, '가상주소 8198에 대한 물리주소'와 '물리주소 12287에 대한 가상주소'가 무엇인지 각각 10진수로 쓰시오. (2점)

- 물리주소 : 24582
- 가상주소 : 4095

13. 다음 표의 명령어들을 수행하였을 때 TLB 접근 시 적중(hit)한 경우의 명령어 번호를 모두 나열하고, 실제(유효) 기억장치 접근시간(effective memory access time)을 구하시오. (단, 접근시간은 ns(nanosec) 단위로 나타낸다.) (3점)

명령어 번호	명령어	명령어 설명
①	MOV R0, 8198	메모리 8198 번지의 내용을 R0로 전송함
②	MOV R1, 1010	메모리 1010 번지의 내용을 R1로 전송함
③	MOV R2, 4196	메모리 4196 번지의 내용을 R2로 전송함
④	MOV R3, 28672	메모리 28672 번지의 내용을 R3로 전송함

- 적중한 명령어 번호 : ①, ②, ④
- 실제 기억장치 접근시간 : 50800ns

예제 10

페이지와 페이지 프레임의 크기가 8워드이고 다음과 같이 페이지 사상 테이블(Page Map Table)이 구성되어 있을 때 아래의 〈작성 방법〉에 따라 기술하시오.

페이지	0	1	2	3	4
페이지 프레임	2	3	4	5	1

작성 방법
(1) 가상주소 35번지의 물리주소를 계산하여 쓴다.
(2) 물리주소 27번지의 가상주소를 계산하여 쓴다.
(3) 작업1의 크기가 61워드이고, 작업2의 크기가 28워드일 때 내부 단편화로 낭비되는 메모리의 합을 계산하여 쓴다.

예제 11

페이지의 크기가 2KB이고 주기억장치 용량이 4MB인 시스템에 24KB 크기의 프로그램 A가 실행된다고 가정한다. 페이지 관리 테이블(Page Management Table)이 다음과 같다. (단, 첫 번째 페이지 프레임(0번 프레임)은 주기억장치의 절대주소 0번지부터 시작되고, 페이지 번호는 0번부터 시작된다고 가정한다.)

〈페이지 관리 테이블〉

페이지 번호	0	1	2	3	4	5	...
존재 비트*	0	1	0	1	1	1	...
페이지 프레임 번호		7		12	5	3	...

* 존재 비트는 주기억장치에 해당 페이지가 적재되어 있는지를 표시
  (1 : 적재됨, 0 : 적재되지 않음)

위에 주어진 페이징 테이블을 보고 아래 〈작성 방법〉에 따라 기술하시오.

작성 방법
(1) 페이지의 개수와 페이지 프레임의 개수를 구하여 순서대로 쓴다.
(2) 프로그램 A의 상대주소 7607번지에 대한 물리주소를 계산하여 쓴다.
(3) 물리주소가 6216번지에 대한 상대주소를 계산하여 쓴다.

예제 12

⟨16개의 4KB 페이지를 갖는 MMU의 내부 동작⟩를 보고 ㉠가상주소 45,100에 대한 물리적 주소, ㉡물리적 주소 20,496에 대한 가상주소를 구한 후 ㉠과 ㉡의 합이 얼마인지 쓰시오.

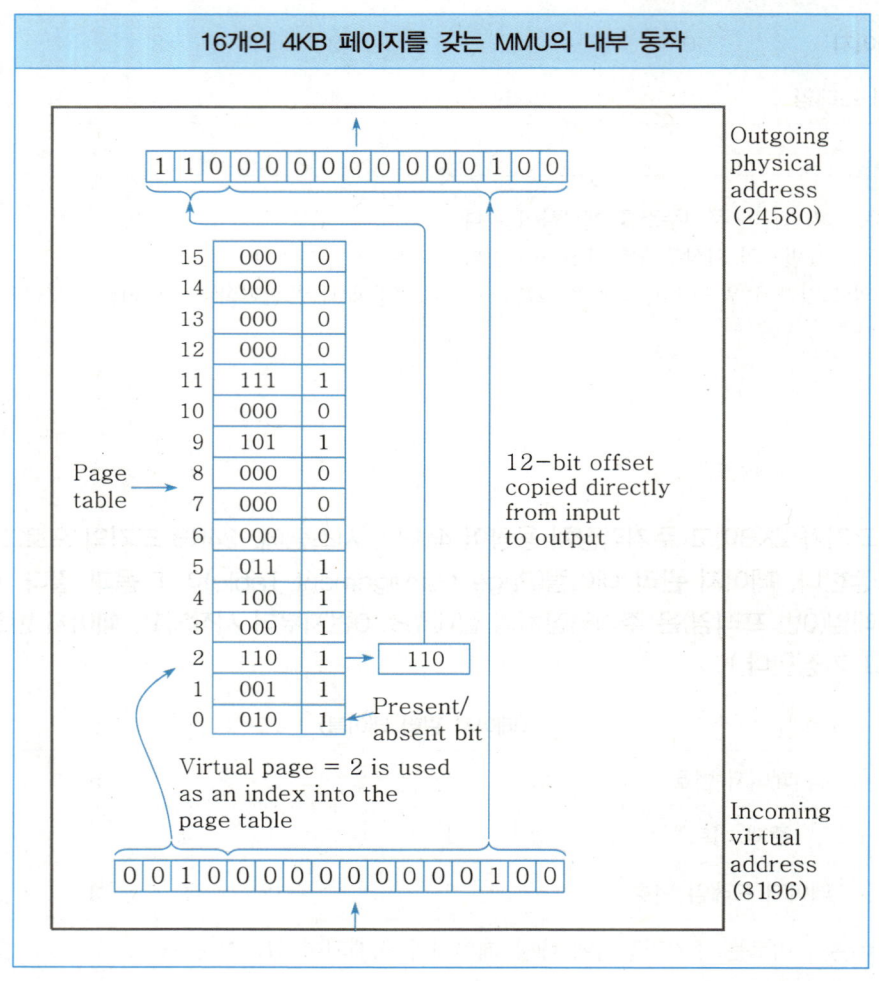

② 요구 세그먼테이션(demand segmentation) 기법
　㉠ 요구 세그먼테이션의 개요
　　ⓐ 하나의 작업을 서로 다른 크기를 갖는 논리적인 단위로 나누어 주기억장치에 적재시키는 방법이다.
　　ⓑ 하나의 프로그램을 서브루틴이나 함수 등의 단위로 나누거나 행렬이나 스택 등의 대단위 자료구조 등에 이름을 부여하여 이들을 주기억장치에 적재시키는 방법이다.
　㉡ 세그먼트 테이블을 사용한 주소변환

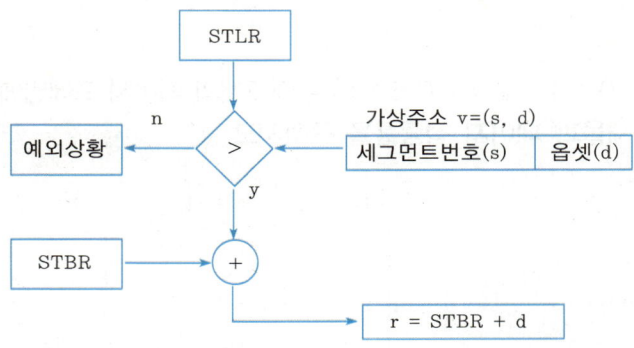

예제 13

세그먼트 테이블이 다음과 같을 때, 논리주소인 ① ～ ④의 물리적 주소를 구하시오.

세그먼트	시작주소	세그먼트 길이
0	2219	50
1	270	1000
2	1500	300

논리적 주소	물리적 주소
① V = (0, 34)	
② V = (1, 240)	
③ V = (2, 200)	
④ V = (2, 340)	

2 기억장치 관리

(3) 페이지 교체 알고리즘
  ① FIFO(First In First Out) 알고리즘
    ㉠ 주기억장치에 가장 오랫동안 있었던 페이지를 교체시킨다.
    ㉡ 프로세스당 더 많은 페이지 프레임이 할당될수록 더 많은 페이지 부재가 발생하는 FIFO 변칙 (anomaly)현상이 일어난다.

예제 14

참조열 (0 3 1 3 2 3 6 0 4 1 4 2 4 7 0 5 1 5)일 때 3개의 페이지 프레임에 의한 선입선출(FIFO) 알고리즘의 페이지 부재율과 페이지 적중률을 구하시오.

참조열	0	3	1	3	2	3	6	0	4	1	4	2	4	7	0	5	1	5
페이지 프레임																		
부재																		

∴ 페이지 부재율 : _____   ∴ 페이지 적중률 : _____

예제 15

다음과 같은 참조열에 대하여 3개의 페이지 프레임과 4개의 페이지 프레임에 의한 선입선출(FIFO) 교체 알고리즘을 적용했을 경우의 페이지 부재수를 각각 구해보고, 여기에서 무슨 현상이 발생되는지 설명하시오.

참조열 : 1, 2, 3, 4, 1, 2, 5, 1, 2, 3, 4, 5

〈3개의 페이지 프레임의 경우〉

참조열	1	2	3	4	1	2	5	1	2	3	4	5
페이지 프레임												
부재												

∴ 페이지 부재수 : _____

⟨4개의 페이지 프레임의 경우⟩

참조열	1	2	3	4	1	2	5	1	2	3	4	5
페이지 프레임												
부재												

∴ 페이지 부재수 : _____

• 설명 : _____
_____

② LRU(Least Recently Used) 알고리즘
LRU는 가장 오랫동안 사용되지 않는 페이지를 교체시킨다.

예제 16

참조열 (0 3 1 3 2 3 6 0 4 1 4 2 4 7 0 5 1 5)일 때 3개의 페이지 프레임에 의한 LRU 알고리즘의 페이지 부재율과 페이지 적중률을 구하시오.

참조열	0	3	1	3	2	3	6	0	4	1	4	2	4	7	0	5	1	5
페이지 프레임																		
부재																		

∴ 페이지 부재율 : _____   ∴ 페이지 적중률 : _____

③ OPT(OPTimal) 알고리즘(=최적화 교체, MIN 페이지 교체)
현 페이지가 참조된 시점에서 그 이후로도 가장 오랫동안 사용되지 않은 페이지를 교체시킨다.

SECTION 2 기억장치 관리

예제 17

참조열 (0 3 1 3 2 3 6 0 4 1 4 2 4 7 0 5 1 5)일 때 3개의 페이지 프레임에 의한 OPT 알고리즘의 페이지 부재율과 페이지 적중률을 구하시오.

참조열	0	3	1	3	2	3	6	0	4	1	4	2	4	7	0	5	1	5
페이지 프레임																		
부재																		

∴ 페이지 부재율 : _____   ∴ 페이지 적중률 : _____

④ LFU(Least Frequently Used) 알고리즘
　사용 횟수가 가장 적은 페이지를 교체할 페이지로 선택한다.

예제 18

참조열(A B C F B A C D E B A C) 일 때 4개의 페이지 프레임에 의한 LFU 알고리즘의 페이지 부재율과 페이지 적중률을 구하시오.

참조열	A	B	C	F	B	A	C	D	E	B	A	C
페이지 프레임												
부재												

∴ 페이지 부재율 : _____   ∴ 페이지 적중률 : _____

⑤ NUR(Not Used Recently) 알고리즘
　㉠ 최근에 쓰이지 않는 페이지는 나중에도 쓰이지 않을 가능성이 높기 때문에 교체될 페이지로 선택한다.
　㉡ 각 페이지당 2개의 하드웨어 비트인 참조 비트(Referenced Bit)와 변형 비트(Modified Bit)가 필요하다.
　　ⓐ 참조 비트 = 0 : 그 페이지가 참조되지 않았을 때, 1 : 그 페이지가 참조된 적이 있을 때
　　ⓑ 변형 비트 = 0 : 그 페이지 내용이 변형되지 않았을 때, 1 : 그 페이지 내용이 변형되었을 때

ⓒ 참조 비트와 변형 비트의 조합

	참조 비트	변형 비트
그룹 1	0	0
그룹 2	0	1
그룹 3	1	0
그룹 4	1	1

⑥ SCR(Second Chance Replacement) 알고리즘

FIFO 방식의 단점인 가장 오랫동안 주기억장치에 있던 가장 자주 사용하는 페이지가 대체될 수도 있다는 것을 막기 위한 방법으로, 모든 페이지들에 대한 참조 비트를 두어 참조 비트가 1이면 피드백시켜 유지하고, 0인 페이지만 교체하는 방법이다.

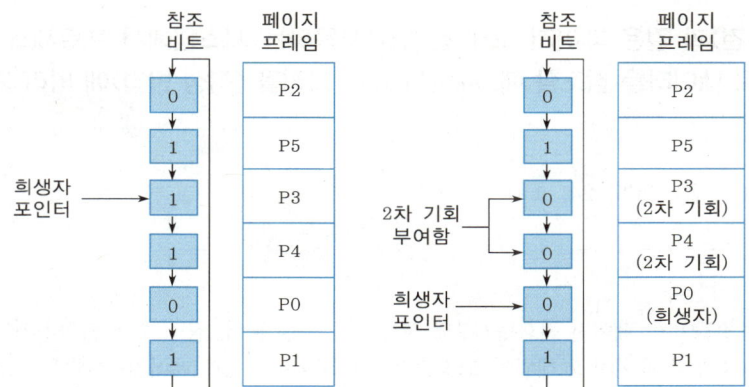

[SCR 알고리즘의 예]

예제 19

각 페이지에 반입시간, 참조시간, 그리고 M, R 비트가 다음과 같을 때, 다음 페이지 교체 알고리즘 적용 시 각각 선택되는 페이지는 무엇인가? (단, 시간은 프로세스가 처음 시작할 때부터 이벤트의 발생까지 시간이다.)

페이지 프레임	반입시간	참조시간	R	M
0	126	279	0	1
1	230	280	1	0
2	120	282	1	1
3	160	290	0	0

(1) FIFO 알고리즘 : _____ (2) LRU 알고리즘 : _____
(3) NUR 알고리즘 : _____

SECTION 2 기억장치 관리

예제 20

세 개의 프로세스 A, B, C는 수행 가능한 프로세스의 집합이고, 프로세스 A가 페이지 부재가 발생하였다. 이때 LRU 페이지 교체 알고리즘을 적용했을 때, 지역 교체와 전역 교체 시 교체되는 페이지는 무엇인가?

주기억장치	A0	A1	A2	A3	A4	A5	B0	B1	B2	B3	B4	B5	B6	C1	C2	C3
사용 시간	7	6	5	8	4	3	9	10	11	2	15	7	4	14	12	9

(1) 지역 교체 : _____
(2) 전역 교체 : _____

기출 2016 - 14 〈조건〉과 같은 페이지 교체 정책을 사용하는 시스템에서 프로세스 A가 〈참조 주소 열〉과 같은 순서로 데이터를 참조할 때, 페이지 교체 과정을 〈작성 방법〉에 따라 기술하시오. (4점)

〈참조 주소 열〉
212, 36, 48, 256, 128, 365, 24, 400

조건
- 주소는 0부터 시작한다.
- 페이지의 크기는 100이며, 페이지 번호는 0부터 시작한다. 예를 들어, 참조 주소 615의 페이지 번호는 6이다.
- 프로세스 A에는 3개의 페이지 프레임이 고정적으로 할당되며, 초기 페이지 프레임은 모두 비어 있다.
- 페이지 교체는 LRU(Least Recently Used) 알고리즘을 따른다.

작성 방법
(1) 〈참조 주소 열〉에서 페이지 부재가 일어나는 주소를 순서대로 쓴다.
(2) 페이지 프레임에 최종적으로 남아 있는 페이지 번호를 모두 쓴다.

해답	(1) 212 36 128 365 24 400 (2) 0 3 4	각 2점

기출 2020 - 08 (가)는 어떤 컴퓨터 시스템에서 프로세스와 관련된 현재 메모리 상태이고 (나)는 앞으로의 페이지 참조 순서이다. 〈조건〉을 고려하여 〈작성 방법〉에 따라 서술하시오. [4점]

(가)

- 프로세스 Pa와 Pb만 현재 실행 중이다.
- a1, a2, a3, a4, a5는 Pa의 페이지이다.
- b1, b2, b3, b4, b5는 Pb의 페이지이다.
- 현재 시스템의 물리 메모리 상태는 다음 표와 같다. (단, 참조시점이 클수록 최근 참조된 페이지를 의미한다.)

프레임 번호	적재된 페이지	참조시점
1	a2	1
2	a3	2
3	b2	3
4	b3	4
5	b5	5

(나)

- 프로세스 Pa와 Pb가 다음과 같은 순서로 페이지를 참조한다.

참조시점 프로세스	6	7	8	9	10	11	12	13
Pa	a5		a2	a3	a5			a2
Pb		b2				b3	b2	

조건
- 반입 정책은 요구 페이징(demand paging)을 사용한다.
- 교체 정책은 LRU(Least Recently Used)를 사용한다.
- 적재 집합 관리는 전역 교체이다. 즉, 교체 대상 페이지를 선택할 때 프로세스를 구분하지 않는다.
- 프로세스의 페이지 적재를 위한 시스템의 물리 메모리 프레임 수는 5이다.
- 1개의 프레임에는 1개의 페이지만 적재 가능하다.
- 프로세스가 참조하려는 페이지가 물리 메모리에 없으면 페이지 폴트(page fault)가 발생하고 이때 페이지 교체가 이루어진다.
- 페이지를 물리 메모리 프레임에 적재하는 데 소요되는 시간은 0이라고 가정한다.

작성 방법
- 참조시점 6에서 Pa가 페이지 a5를 참조할 때 페이지 교체가 이루어진다. 이때 a5와 교체되는 페이지를 쓰고, 그 이유를 서술할 것.
- Pa와 Pb가 (가)의 상태에서 (나)와 같은 순서로 페이지 참조를 하는 동안 발생한 Pa의 페이지 폴트 횟수와 Pb의 페이지 폴트 횟수를 순서대로 쓸 것. (단, 〈조건〉에서 설명하지 않은 페이지 폴트는 고려하지 않음.)

해답	a2, 참조시점 1로 가장 오랫동안 참조되지 않았기 때문 3, 1	2점 2점

(4) 스래싱(Thrashing)
  ① 정의 : 너무 자주 페이지 교환이 일어나는 경우를 말하는 것으로서, 어떤 프로세스가 프로그램 수행에 소요되는 시간보다 페이지 교환에 소요되는 시간이 더 큰 경우를 말한다.
  ② 원인 : 일반적으로 다중 프로그래밍의 정도가 높아짐에 따라 CPU의 이용률도 최댓값이 될 때까지는 높아지게 된다. 그러나 다중 프로그래밍의 정도가 점점 커지면서 어느 한계에 이르면 스래싱 현상이 발생하여 CPU의 이용률은 급격히 감소하게 된다. 이 경우 CPU의 이용률을 높이고 스래싱을 방지하기 위해서는 다중 프로그래밍의 정도를 낮추어야 한다.

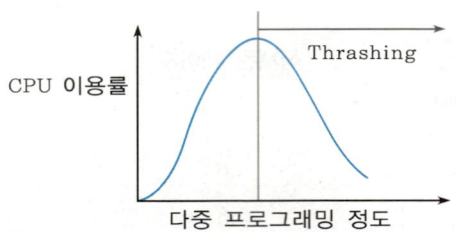

[다중 프로그래밍 정도와 CPU 이용률의 관계]

  ③ 해결방법
    ㉠ 워킹 세트(Working set) : 일정한 시간 간격 사이에 하나의 프로세스가 참조하는 페이지들의 집합으로 하나의 프로그램이 효율적으로 실행되기 위해서는 워킹 세트가 주기억장치 내에 유지되어야 한다.

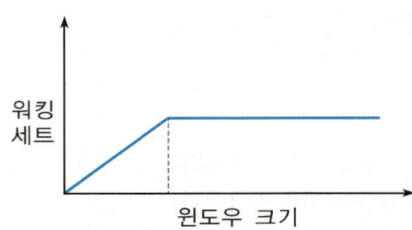

[윈도우 크기와 워킹 세트 크기의 관계]

예제 21

워킹 세트(working sets)는 실행 중인 프로세스가 일정 시간 동안에 자주 참조하는 페이지의 집합을 의미한다. 윈도우 크기를 $\delta = 10$으로 가정한 워킹 세트인 경우 ws(t1)과 ws(t2)를 구하시오.

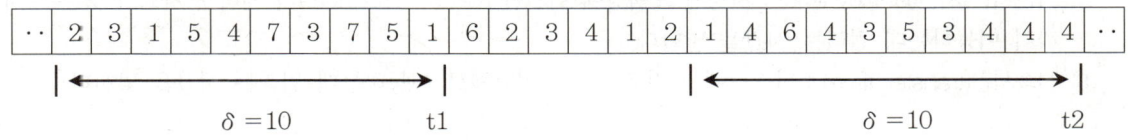

⟨페이지 참조열⟩

(1) ws(t1) = _____

(2) ws(t2) = _____

  ⓛ 국부성(Locality) : 프로세스들은 기억장치 내의 정보를 균일하게 액세스하는 것이 아니라 어느 한 순간에 특정 부문을 집중적으로 참조하는 것을 말한다.
    ⓐ 시간적 국부성(tempoal locality) : 처음에 참조된 기억장소가 가까운 미래에도 계속 참조될 가능성이 높다는 것을 말한다.
      ㉮ 순환(Looping) ㉯ 서브루틴(Subroutine) ㉰ 스택(Stack)
    ⓑ 공간적 국부성(spatial locality) : 일단 하나의 기억장소가 참조되면 그 근처의 기억장소가 계속 참조되는 경향이 있다는 것을 말한다.
      ㉮ 배열 순회(Array Traversal)
      ㉯ 순차적 코드 실행(Sequential Code Execution)
      ㉰ 프로그래머들이 관련된 변수들을 서로 근처에 선언하는 경향
  ⓒ 페이지 부재 빈도(PFF, Page Fault Frequency)
    ⓐ 실행 프로세스의 페이지 부재율을 측정하여 그 프로세스의 PCB에 기록하고 프로세스가 페이지 부재 임계값의 상한선을 넘으면 물리적 페이지를 더 많이 할당하여 페이지 부재율을 낮춘다.
    ⓑ 프로세스의 페이지 부재 임계값이 하한선에 도달하면 프로세스에 너무 많은 페이지가 할당되어 있다는 것을 의미하므로 새로운 페이지 프레임의 할당을 중지하고 페이지 프레임을 회수한다.

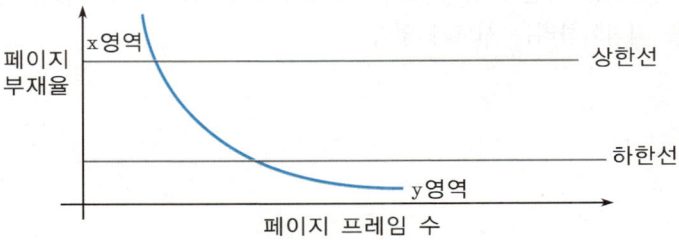

[페이지 부재율과 페이지 프레임 수의 관계]

3 보조 기억장치 관리

(1) 디스크 동작 속도

① 탐색시간(seek time) : 디스크상의 원하는 정보를 액세스하기 위하여 Read/Write head를 트랙(실린더)상에 위치시키는데 걸리는 시간을 말한다.

② 회전지연 시간(latency time) : 지정된 트랙상에 위치한 Read/Write head가 원하는 자료가 있는 위치까지 이동하는데 걸리는 시간을 말한다.

③ 전송시간(transfer time) : 디스크에서 자료를 주기억장치로 이동하는데 걸리는 시간을 말한다.

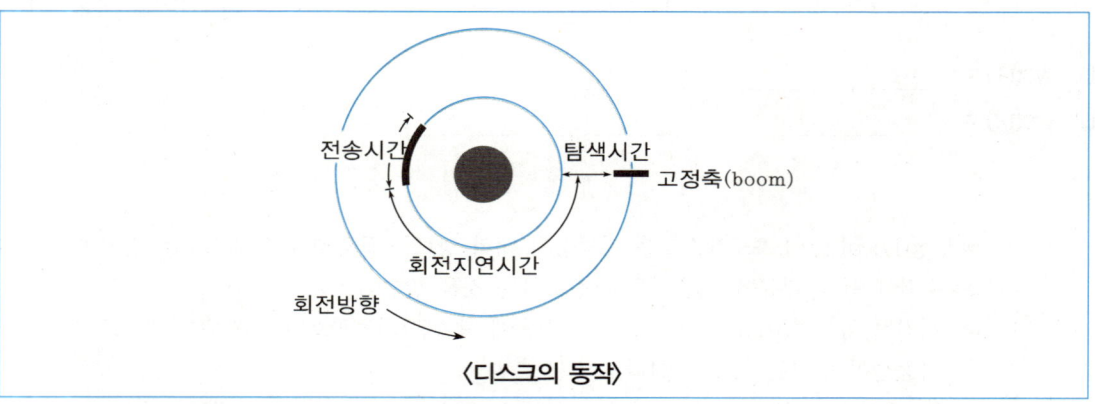

〈디스크의 동작〉

(2) 디스크 스케줄링의 목표

① 처리량(Throughput) : 단위 시간당 처리되는 요구의 수를 극대화해야 한다.

② 평균 응답시간(Mean Response Time) : 평균 대기시간과 평균 서비스 시간을 최소화해야 한다.

③ 응답시간의 편차(Variance of Response Time) : 편차는 각각의 항목이 평균에서 얼마만큼 벗어나 있는가를 나타내는 수학적 측정기준으로 편차를 최소화해야 한다.

(3) 디스크 스케줄링의 종류

① FCFS(First-Come First-Served) 스케줄링

㉠ 요청 대기 큐에 먼저 들어온 요청이 먼저 서비스를 받는다.

㉡ 일단 요청이 도착하면 실행 예정 순서가 고정된다는 점에서 공평하다.

㉢ 더 높은 우선순위를 가진 요청이 도착해도 요청의 순서는 바뀌지 않는다.

㉣ 탐색 시간을 최적화하려는 시도가 없다.

예제 22

디스크 스케줄링 중에서 FIFO 스케줄링 방식에 의해 헤드가 이동할 때, 요청을 처리하는 순서를 보기의 데이터를 사용하여 그림으로 그리고, 전체 탐색길이와 평균 탐색길이를 구하시오.

> **보기**
> - 작업 큐 = 65, 112, 40, 16, 90, 170, 165, 35, 180
> - 헤드의 현재 위치 = 100

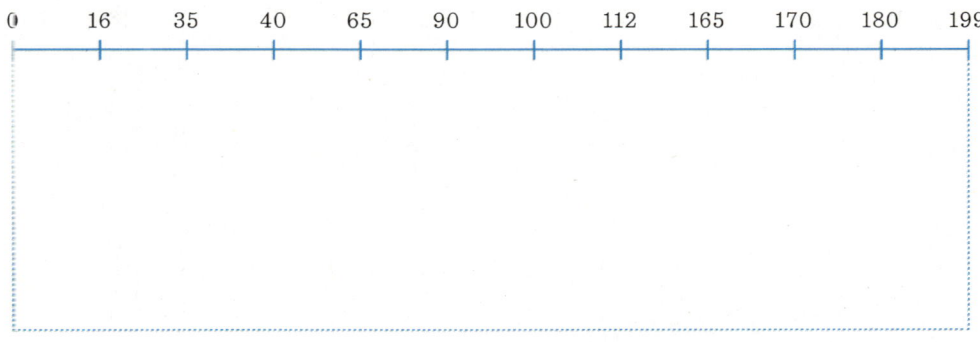

트랙 접근 순서									
헤드 이동 거리									

∴ 전체 탐색길이 : _____   ∴ 평균 탐색길이 : _____

② SSTF(Shortest Seek Time First) 스케줄링
  ㉠ 탐색 거리가 가장 짧은 요청이 먼저 서비스를 받는다.
  ㉡ 비록 요청 대기 큐의 제일 앞에 있지 않아도 탐색거리가 짧으면 먼저 서비스를 받는다.
  ㉢ 탐색 시간이 편중되어 안쪽이나 바깥쪽 트랙이 가운데 트랙보다 서비스를 덜 받는 경향이 있다.
  ㉣ FCFS보다 처리량이 높고 평균 응답시간은 짧다.

SECTION 2 기억장치 관리

예제 23

디스크 스케줄링 중에서 SSTF 스케줄링 방식에 의해 헤드가 이동할 때, 요청을 처리하는 순서를 〈보기〉의 데이터를 사용하여 그림으로 그리고, 전체 탐색길이와 평균 탐색길이를 구하시오.

보기
- 작업 큐 = 65, 112, 40, 16, 90, 170, 165, 35, 180
- 헤드의 현재 위치 = 100

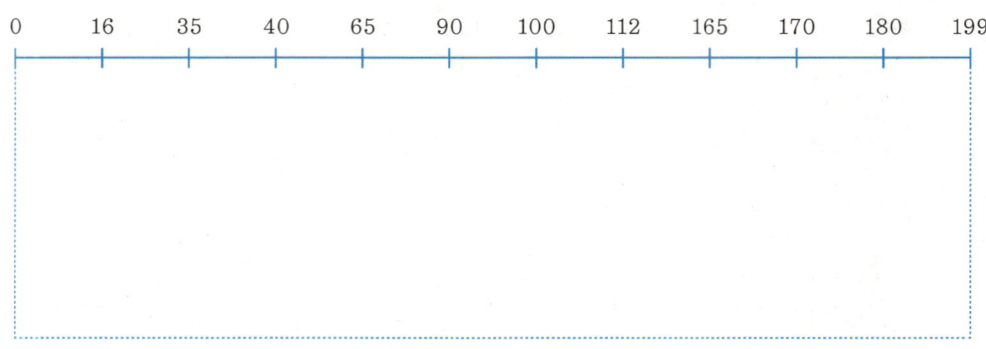

트랙 접근 순서									
헤드 이동 거리									

∴ 전체 탐색길이 : _____   ∴ 평균 탐색길이 : _____

③ SCAN과 LOOK 스케줄링
 ㉠ SCAN은 입출력 헤드가 디스크의 한쪽에서 다른 한쪽으로 움직여 나가며, 다른 한쪽 끝에 도달하게 되면 다시 반대 방향의 한쪽 끝으로 이동해 가면서, 요청된 트랙에 대한 서비스를 하게 된다. 그리고 한쪽 방향의 끝으로 움직일 때, 그 방향으로 더 이상의 트랙 요청이 없다 하더라도 계속해서 한쪽 끝으로 이동한 후에 방향을 바꾸어 헤드를 이동해 나간다.
 ㉡ LOOK은 입출력 헤드를 디스크의 양쪽 끝을 왕복하면서 동작시키지만, 움직이고 있는 방향 쪽으로 더 이상의 트랙 요청이 있는가를 검사하여, 그 방향으로 더 이상의 트랙 요청이 없으면, 그쪽 끝까지 가지 않고 그 자리에서 방향을 바꾸어 다른 한쪽으로 움직여 나가게 된다.
 ㉢ SCAN과 LOOK은 SSTF가 갖는 응답시간의 편차에 있어서의 차별 대우와 큰 편차를 극복하기 위해서 개발한 것이다.

예제 24

디스크 스케줄링 중에서 SCAN과 LOOK 스케줄링 방식에 의해 헤드가 이동할 때, 요청을 처리하는 순서를 〈보기〉의 데이터를 사용하여 그림으로 그리고, 전체 탐색길이와 평균 탐색길이를 구하시오. (단, 트랙 0번 방향으로 이동한다.)

보기
- 작업 큐 = 65, 112, 40, 16, 90, 170, 165, 35, 180
- 헤드의 현재 위치 = 100

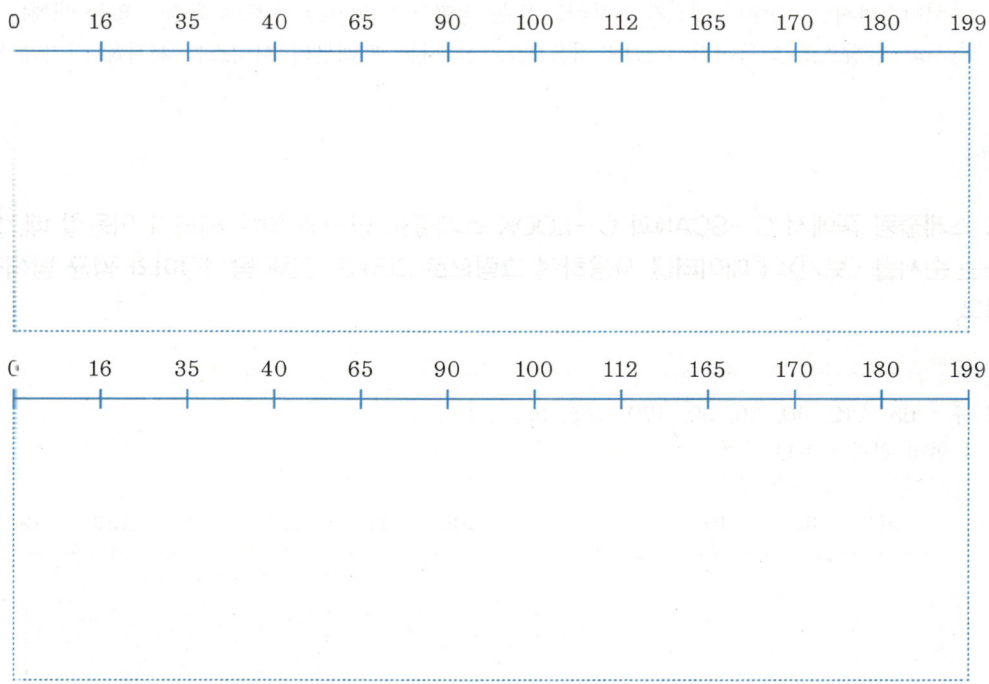

(1) SCAN 스케줄링

트랙 접근 순서										
헤드 이동 거리										

∴ 전체 탐색길이 : _____   ∴ 평균 탐색길이 : _____

(2) LOOK 스케줄링

트랙 접근 순서									
헤드 이동 거리									

∴ 전체 탐색길이 : _____   ∴ 평균 탐색길이 : _____

④ N-Step SCAN 스케줄링
  ㉠ 진행 도중 도착한 요구는 한데 모아져서 다음의 반대방향 진행 때 최적의 서비스를 위해 정렬된다.
  ㉡ 디스크 암이 특정한 방향의 진행이 시작될 때 대기 중이던 요구들만 서비스한다는 것을 제외하면 SCAN처럼 전후로 움직인다.

⑤ C-SCAN과 C-LOOK 스케줄링
  ㉠ C-SCAN은 입출력 헤드의 이동이 항상 어느 한쪽 방향으로 움직일 때에만 트랙 요청을 서비스하는 것이다.
  ㉡ C-LOOK은 C-SCAN처럼 입출력 헤드의 이동이 어느 한쪽 방향으로 움직일 때에만 트랙 요청을 서비스하지만, 입출력 헤드가 이동하고 있는 방향으로 더 이상의 트랙 요청이 없을 때에는 원래의 시작 방향으로 되돌아가서 그때 처음으로 나타나는 트랙부터 서비스를 시작해 나가게 된다.

예제 25

디스크 스케줄링 중에서 C-SCAN과 C-LOOK 스케줄링 방식에 의해 헤드가 이동할 때, 요청을 처리하는 순서를 〈보기〉의 데이터를 사용하여 그림으로 그리고, 전체 탐색길이와 평균 탐색길이를 구하시오.

보기
- 작업 큐 = 65, 112, 40, 16, 90, 170, 165, 35, 180
- 헤드의 현재 위치 = 100

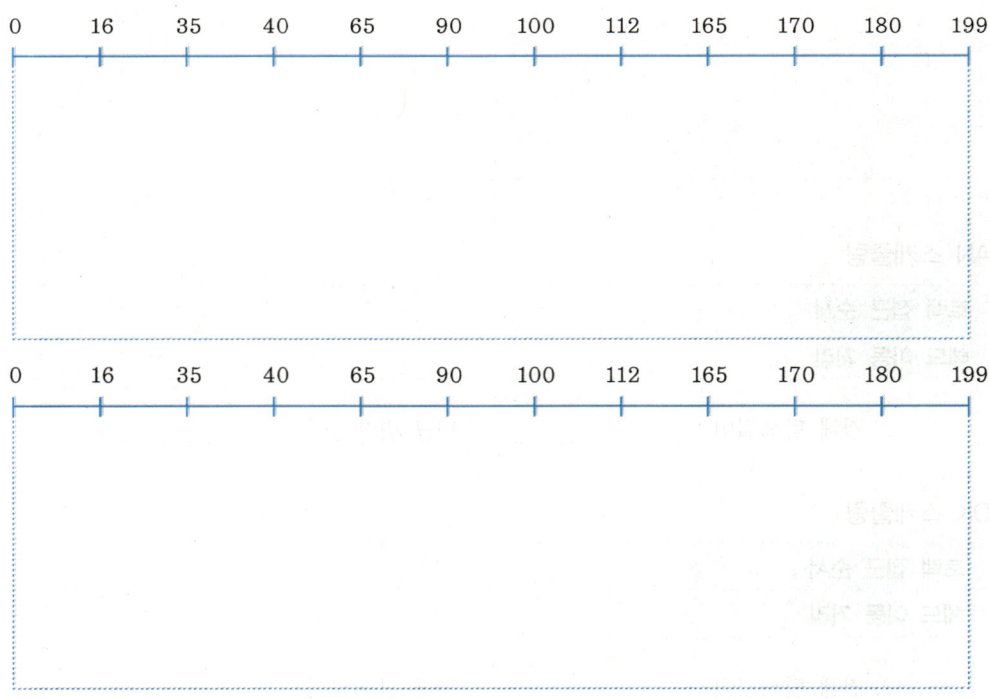

(1) C-SCAN 스케줄링

트랙 접근 순서										
헤드 이동 거리										

∴ 전체 탐색길이 : _____   ∴ 평균 탐색길이 : _____

(2) C-LOOK 스케줄링

트랙 접근 순서									
헤드 이동 거리									

∴ 전체 탐색길이 : _____   ∴ 평균 탐색길이 : _____

기억장치 관리

기출 2017-4 〈조건〉을 고려하여 디스크 스케줄링 알고리즘을 적용하고자 한다. 〈작성 방법〉에 따라 서술하시오. [4점]

조건
- 디스크는 번호가 0부터 499까지인 500개의 트랙을 가진다.
- 현재 트랙 275번을 처리하고 있으며, 방금 전 260번의 요청을 처리하였다.
- 현재 큐에 있는 요청들은 다음과 같다.

  315, 20, 64, 430, 128, 256, 94, 420

작성 방법

(1) 다음과 같은 디스크 헤드의 이동 경로를 보이는 알고리즘의 명칭을 쓸 것.

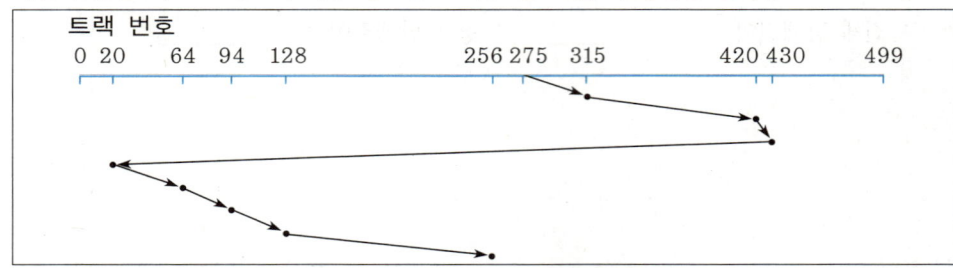

(2) 다음과 같은 디스크 헤드의 이동 경로를 보이는 알고리즘의 명칭을 쓸 것.

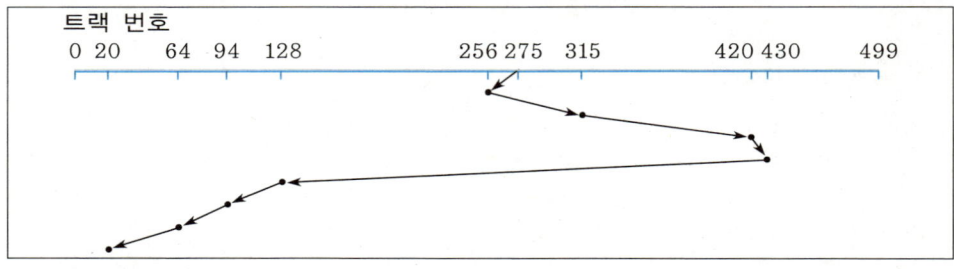

(3) (1), (2) 중 기아(starvation) 상태가 발생할 수 있는 알고리즘의 명칭과 그 이유를 쓸 것.

해답	(1) C-LOOK (2) SSTF (3) SSTF 현재 위치로 부터 짧은 거리를 먼저 서비스함으로 가운데 트랙만 집중적으로 서비스하고 가장 안쪽과 가장 바깥쪽은 기아상태에 빠진다.	1점 1점 2점

기출 2002-10 다음 물음에 답하시오. [총 5점]

10-1. 디스크 스케줄링 중에서 SSTF(Shortest Seek Time First) 스케줄링 방식에 의해 헤드가 이동할 때, 요청을 처리하는 순서를 〈보기〉의 데이터를 사용하여 그림으로 그리시오. (3점)

보기
- 작업 큐 = 95 197 38 121 14 129 57 69
- 헤드의 현재 위치 = 43

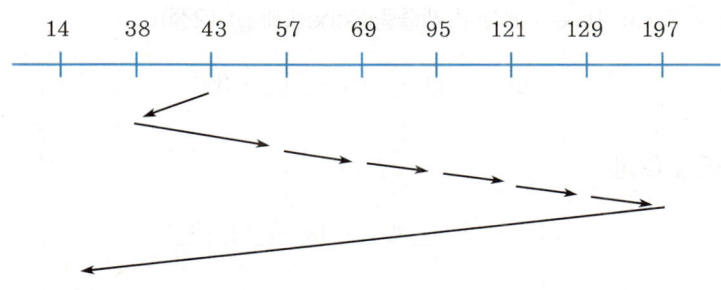

10-2. 단일 프로세스 스케줄링에서 선점형(preemptive)과 비선점형(nonpreemptive)에 해당되는 스케줄링의 종류를 각각 3가지만 쓰시오. (2점)

① 선점형(1점) : RR 기법, SRT 기법, MFQ 기법
② 비선점형(1점) : FIFO 기법, SJF 기법, HRN 기법

SECTION 2 기억장치 관리

기출 2001-08 어느 하드 디스크에 50개의 트랙(track 0~49)이 있는데, 디스크 헤드(head)가 12번 트랙의 접근(access)을 끝내고 현재 14번 트랙에 접근하였다. 다음에 접근해야 할 트랙들을 요청된 순서대로 나열하면 다음과 같다.

$$11, \ 39, \ 18, \ 1$$

다음 각 방식에서 디스크 요청을 처리하기 위하여 디스크 헤드가 움직이는 경로(path)를 쓰시오. [총 8점]

8-1. SSTF(Shortest Seek Time First) 스케줄링(Scheduling) (2점)

$$14 \rightarrow \underline{11} \rightarrow \underline{18} \rightarrow \underline{1} \rightarrow \underline{39}$$

8-2. SCAN 스케줄링 (2점)

$$14 \rightarrow \underline{18} \rightarrow \underline{39} \rightarrow \underline{49} \rightarrow \underline{11} \rightarrow \underline{1}$$

8-3. C-SCAN(Circular SCAN) 스케줄링 (2점)

$$14 \rightarrow \underline{18} \rightarrow \underline{39} \rightarrow \underline{49} \rightarrow \underline{0} \rightarrow \underline{1} \rightarrow \underline{11}$$

8-4. LOOK 스케줄링 (2점)

$$14 \rightarrow \underline{18} \rightarrow \underline{39} \rightarrow \underline{11} \rightarrow \underline{1}$$

(4) **디스크 자유 공간 관리**

① **비트 맵(bit map) 또는 비트 벡터(bit vector)** : 각각의 섹터를 하나의 비트에 대응시켜, 그 섹터가 사용되고 있으면 0으로, 사용되고 있지 않으면 1로 하여 각 섹터의 사용 유무를 알게 하는 것이다.

② **연결 리스트(linked list)** : 가장 처음 나오는 사용 가능한 섹터의 주소를 운영체제가 갖게 하고, 그 다음부터 비어 있는 공간에 대해서는 한 방향 포인터에 의해서 차례차례 연결해 나가는 방법이다.

③ **계수(Counting)** : 자유 공간의 첫 번째 주소와 연속되어 있는 사용 가능 블록의 개수를 기록하여 자유 공간을 관리하는 방법이다.

예제 26

다음의 연결 리스트에 의한 자유 공간 관리가 있을 때, 비트 맵과 계수(Counting)를 이용한 자유 공간 관리를 나타내시오.

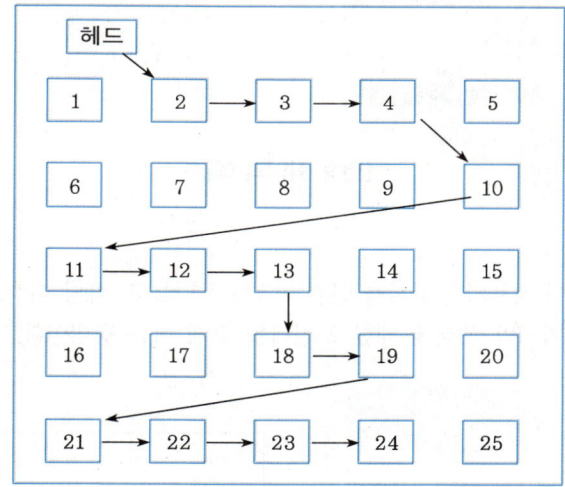

(1) 비트 맵을 이용한 자유 공간을 작성하시오.

섹터번호	1	2	3	4	5	6	7	8	9	10	11	12	13	14	15	16	17	18	19	20	21	22	23	24	25
비트 맵	0	1	1	1	0	0	0	0	0	1	1	1	1	0	0	0	0	1	1	0	1	1	1	1	0

(2) 계수(Counting)를 이용한 자유 공간 목록을 작성하시오.

• 자유 공간 목록 : (2, 3), (10, 4), (18, 2), (21, 4)

(5) 디스크 공간 할당 방법
  ① 연속 할당 방법
    디스크에 적재할 파일을 연속된 기억 공간에 할당하는 것을 말한다. 즉, 연속된 섹터나, 연속된 트랙, 연속된 실린더에 파일을 할당해 나가는 방법을 사용한다.

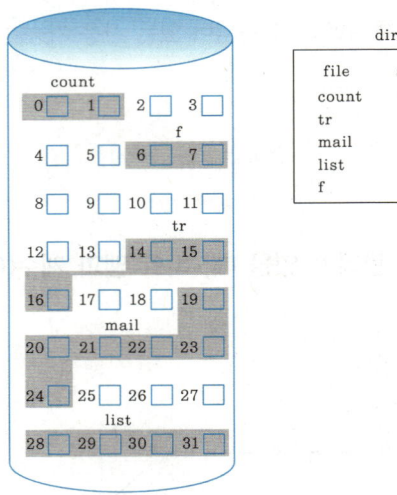

[연속 할당의 예]

  ② 분산 할당 방법
    ㉠ 연결 할당 : 파일이 적재되는 블록을 연결 리스트로 만들고, 해당 디렉토리에는 그 파일이 적재된 첫 번째 섹터와 마지막 섹터에 대한 포인터를 갖게 하는 방법이다.

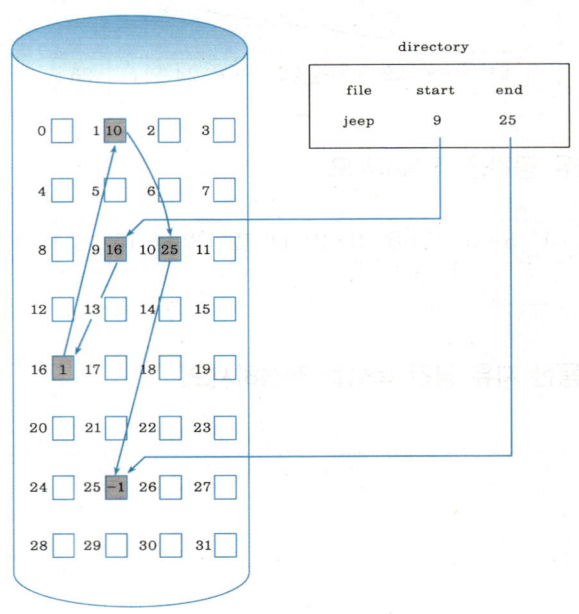

[연결 할당의 예]

ⓒ 색인 할당 : 연결 할당의 가장 큰 문제점인 직접 접근 문제를 해결한다. 이 방법은 어떤 파일에 할당된 블록의 주소를 포인터로 연결하지 않고, 색인 블록에 모아 둠으로써 직접 접근이 가능하게 하는 방법이다.

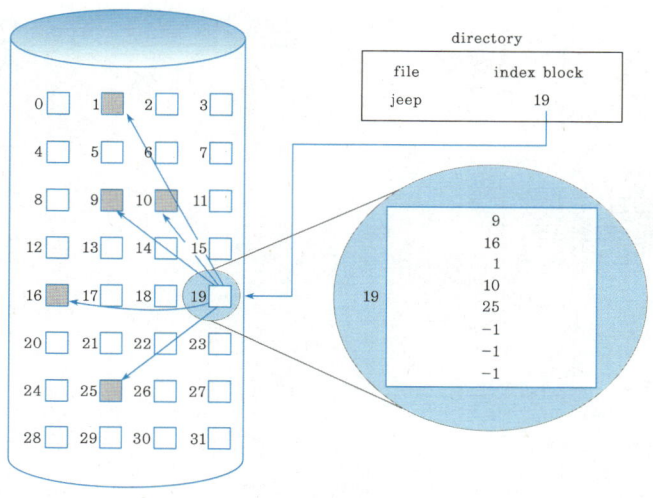

[색인 할당의 예]

기출 2010 다음 〈조건〉에서 어떤 파일의 논리 블록 4(네 번째 논리 블록)에 접근하고자 한다. 이때 파일 시스템에서 파일의 메모리 할당 기법인 연속(continuous) 할당, 연결(linked) 할당, 색인(indexed) 할당 기법을 적용할 때, 각 메모리 할당 기법에 대한 최소 디스크 접근 횟수의 합은? (1.5점)

> **조건**
> ○ 파일 포인터는 현재 논리 블록 10에 위치하고 있다.
> ○ 파일 시스템의 논리 블록 크기와 물리 블록 크기는 1024바이트이다.
> ○ 각 파일에 대한 디렉토리 정보는 항상 메인 메모리에 존재한다.
> ○ 디렉토리 정보에 등록된 모든 파일은 외부 단편화가 발생하지 않는다.
> ○ 색인 할당 기법의 경우 각 파일은 한 개의 색인 블록을 사용하고, 고정 크기 블록을 지원한다.
> ○ 연결 할당 기법의 경우 여러 블록을 하나로 묶는 클러스터 단위 할당을 지원하지 않으며, 물리 블록 간의 연결 정보는 시작 블록에서 마지막 블록으로의 단방향 연결리스트를 사용한다.

① 6회   ❷ 7회   ③ 8회   ④ 11회   ⑤ 12회

CHAPTER IV 데이터베이스

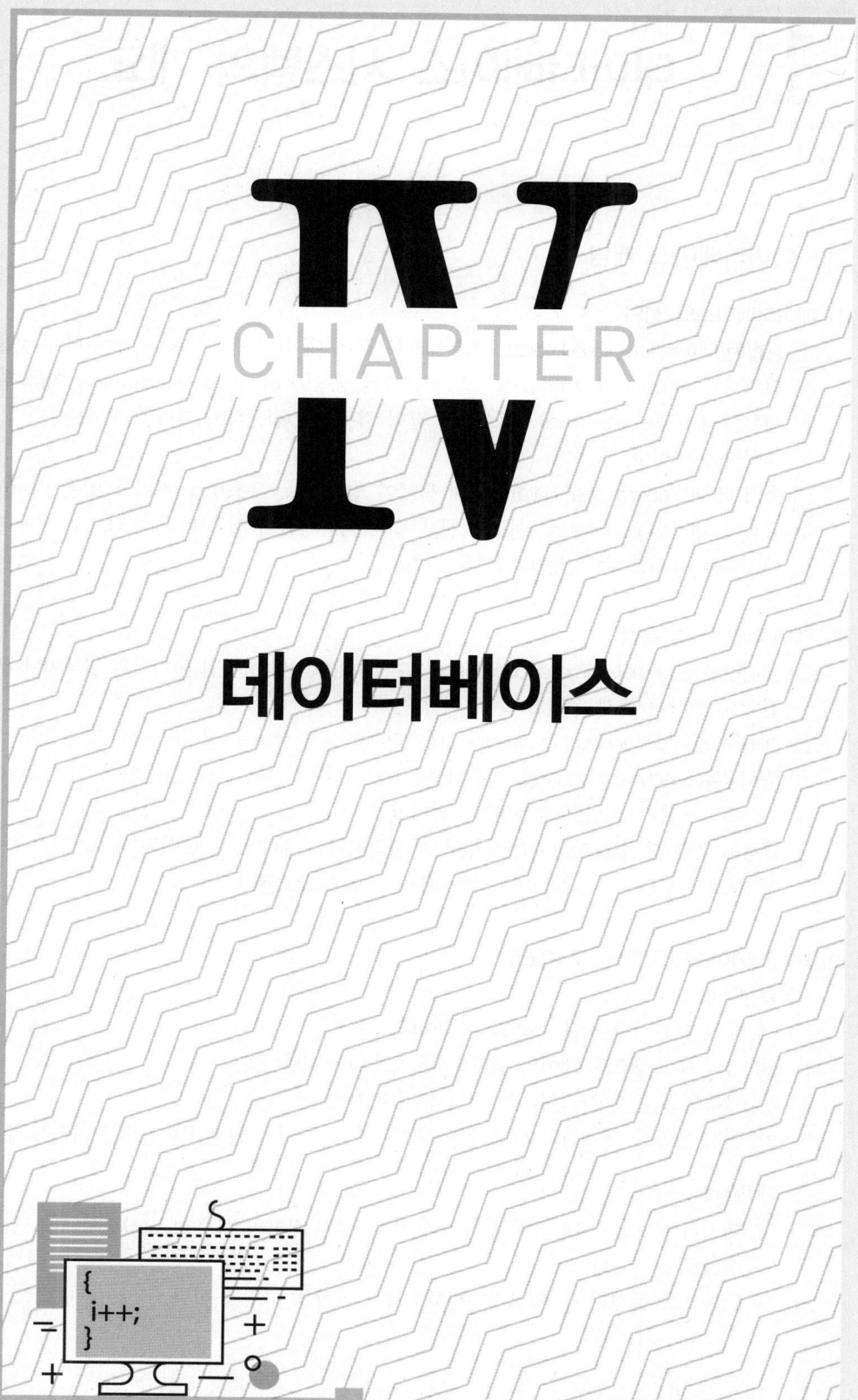

데이터베이스 시스템의 개요

1 데이터베이스 개념

(1) 데이터베이스의 정의
- ① 통합된 데이터(integrated data) : 기본적으로 같은 데이터들은 중복되지 않는다는 것을 말하며, 최소의 중복(minimal redundancy) 또는 통제된 중복(controlled redundancy)이라 한다.
- ② 저장된 데이터(stored data) : 디스크와 같이 컴퓨터가 접근하여 처리할 수 있는 기억 장치에 수록된 데이터를 말한다.
- ③ 운영 데이터(operational data) : 존재 목적이 명확하고, 유용성을 지니고 있는 데이터를 말한다.
- ④ 공용 데이터(shared data) : 서로 다른 다수의 사용자들이 서로 다른 목적으로 데이터베이스의 같은 데이터를 공유할 수 있는 데이터를 말한다.

(2) 데이터베이스의 특성
- ① 실시간 접근성(real-time accessibility) : 수시적이고 비정형적인 데이터의 검색이나 조작을 요구하는 질의에 대하여 즉시 응답할 수 있어야 한다.
- ② 계속적 변화(continuous evolution) : 데이터베이스의 상태는 정적이 아니고 동적(dynamic)이다.
- ③ 동시공유(concurrent sharing) : 데이터베이스는 상이한 목적을 가진 응용을 위한 것이기 때문에 동시에 여러 사용자가 접근 이용할 수 있어야 한다.
- ④ 내용에 의한 참조(content reference) : 데이터베이스 내에 있는 데이터 레코드들은 주소나 위치에 의해 참조되는 것이 아니라 데이터의 내용에 따라 참조된다.

(3) 데이터베이스의 논리적 구성요소
- ① 속성(attribute)
  - ㉠ 데이터의 가장 작은 논리적 단위이다.
  - ㉡ 파일 구조상으로 데이터 필드(data field)에 해당한다.
  - ㉢ 단독으로 존재하기 어려운 특성을 가지고 있다.
  - ㉣ 어떤 데이터 객체(object)의 구성 원소로서 그 객체의 성질이나 상태를 기술해 주는 역할을 한다.

- ② 개체(entity)
  - ㉠ 데이터베이스가 표현하려고 하는 유형, 무형의 정보의 객체(object)로서 서로 연관된 몇 개의 속성들로 구성된다.
  - ㉡ 단독으로 존재할 수 있으며, 정보로서의 역할을 수행을 한다.

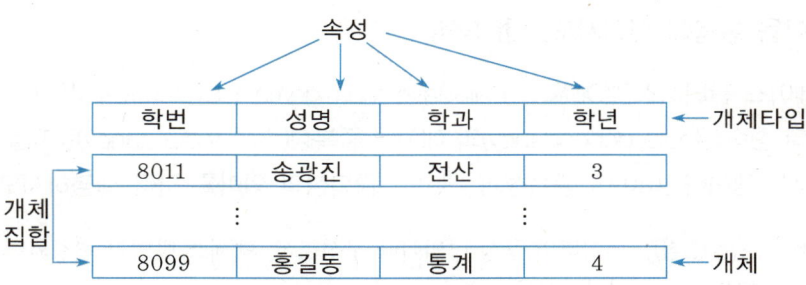

③ 관계(Relationship)
  ㉠ 속성 관계(attribute relationship) : 하나의 개체를 기술하고 있는 속성과 속성 사이의 관계를 말한다.
  ㉡ 개체 관계(entity relationship) : 개체로 구성되어 있는 개체 집합과 개체 집합 사이의 관계를 말한다.

2 데이터베이스 관리 시스템(DBMS)

(1) DBMS의 정의
응용 프로그램과 데이터베이스의 중재자로서, 모든 응용 프로그램들이 데이터베이스를 공용할 수 있게끔 관리해 주는 소프트웨어 시스템이다.

(2) DBMS의 등장 배경
① 데이터 종속성(data dependence) : 응용 프로그램과 데이터간의 상호 의존 관계를 말하는 것으로, 데이터의 구성 방법이나 구성 형식, 액세스 방법이 변경되면 이에 관련된 응용 프로그램도 같이 변경되어야 하는 것이다.

② 데이터 중복성(data redundancy)
  ㉠ 의미 : 파일 시스템에서는 똑같은 데이터를 필요로 하는 경우이거나, 일부분만 같은 데이터를 요구하는 경우에도 구조만 다르면 별도의 중복된 파일을 유지해야 한다.
  ㉡ 문제점
    ⓐ 일관성(consistency)의 문제 : 불일치가 일어나기 쉽다.
    ⓑ 보안성(security)의 문제 : 보안을 유지하기 어렵다.
    ⓒ 경제성(economics)의 문제 : 갱신 비용이 높게 된다.
    ⓓ 무결성(integrity)의 문제 : 데이터의 정확성을 유지하기 어렵다.

SECTION 1 데이터베이스 시스템의 개요

기출 2002-06 다음 물음에 답하시오. [총 8점]

6-1. 데이터베이스 관리시스템(DBMS : DataBase Management System)은 파일시스템에서 야기되는 데이터 종속성(data dependency)과 데이터 중복성(data redundancy)문제를 해결하기 위해 제안된 시스템이다. 데이터 종속성과 데이터 중복성의 의미를 각각 설명하시오. (4점)

　① 데이터 종속성(2점) : 데이터의 구성 방법이나 구성형식, 액세스 방법이 변경되면 이에 관련된 응용 프로그램도 같이 변경되어야 하는 것이다.
　② 데이터 중복성(2점) : 파일 시스템에서는 똑같은 데이터를 필요로 하는 경우이거나, 일부분만 같은 데이터를 요구하는 경우에도 구조만 다르면 별도의 중복된 파일을 유지해야 하는 것이다.

6-2. 관계형 데이터 모델이 지니고 있는 제약에는 개체 무결성(entity integrity) 제약과 참조 무결성(referential integrity) 제약이 있다. 각각의 의미에 대해 설명하시오. (4점)

　① 개체 무결성(2점) : 기본키에 속해 있는 속성은 언제 어느 때도 널 값을 가질 수 없다.
　② 참조 무결성(2점) : 릴레이션은 참조할 수 없는 외래키값을 가질 수 없다는 것을 말한다.

(3) DBMS의 필수 기능
　① 정의 기능(definition facility) : 응용 프로그램과 데이터베이스 간의 상호작용 수단을 제공한다.
　　㉠ 모든 응용 프로그램들이 요구하는 데이터 구조를 지원할 수 있게끔 데이터베이스의 논리적 구조와 그 특성을 어떤 데이터 모델에 따라 명세해야 한다.
　　㉡ 데이터베이스가 물리적 저장장치에 저장될 수 있도록 데이터의 물리적 구조를 명세해야 한다.
　　㉢ 데이터의 물리적 구조와 논리적 구조 사이에 변환이 가능하도록 두 구조 사이의 사상(mapping)을 명세해야 한다.
　② 조작 기능(manipulation facility) : 사용자와 데이터베이스 간의 상호작용 수단을 제공한다.
　　㉠ 사용하기 쉽고 자연스러워야 한다.
　　㉡ 명확하고 완전해야 한다.
　　㉢ 효율적이어야 한다.
　③ 제어 기능(control facility) : 데이터베이스의 내용을 항상 정확하게 유지할 수 있어야 한다.
　　㉠ 데이터의 무결성(integrity)이 파괴되지 않도록 제어할 수 있어야 한다.
　　㉡ 정당한 사용자가 허가된 데이터만 접근할 수 있도록 보안(security)과 권한(authority)을 검사할 수 있어야 한다.
　　㉢ 데이터를 처리할 때 데이터 간의 모순성(inconsistency)이 발생하지 않도록 병행 제어(concurrency control)를 할 수 있어야 한다.

(4) DBMS의 구성 요소
① 질의어 처리기(query processor) : 터미널을 통해 일반 사용자가 요청한 고급 질의어를 처리한다. 주어진 질의문을 파싱하고 분석한 뒤 컴파일하여 런타임 처리기를 호출하면서 이것을 실행할 수 있도록 만든다.
② DDL 컴파일러 : DBA가 DDL로 명세한 스키마를 내부형태(메타 데이터)로 처리하여 시스템 카탈로그에 저장한다.
③ DML 예비 컴파일러(precompiler) : 응용 프로그래머가 호스트 프로그래밍 언어로 작성한 응용 프로그램 속에 삽입시킨 DML명령어를 추출한다. DML 컴파일러는 이것을 목적코드로 변환시켜 데이터베이스를 접근할 수 있도록 한다.
④ DML 컴파일러 : DML 예비 컴파일러가 넘겨준 DML 명령문을 파싱하고 컴파일하여 효율적인 목적코드를 생성한다.
⑤ 런타임 데이터베이스 처리기(run-time database processor) : 실행시간에 데이터베이스 접근을 취급한다. 즉, 이것은 검색이나 갱신과 같은 데이터베이스 연산을 저장 데이터 관리자를 통해 디스크에 저장된 데이터베이스를 실행시킨다.
⑥ 저장 데이터 관리자(stored data manager) : 디스크에 있는 데이터베이스나 시스템 카탈로그 접근을 책임진다.
⑦ 트랜잭션 관리자(transaction manager) : 데이터베이스를 접근하는 과정에서 무결성 제약조건이 만족하는지, 사용자가 데이터를 접근할 수 있는 권한을 가지고 있는지 권한 검사를 한다.

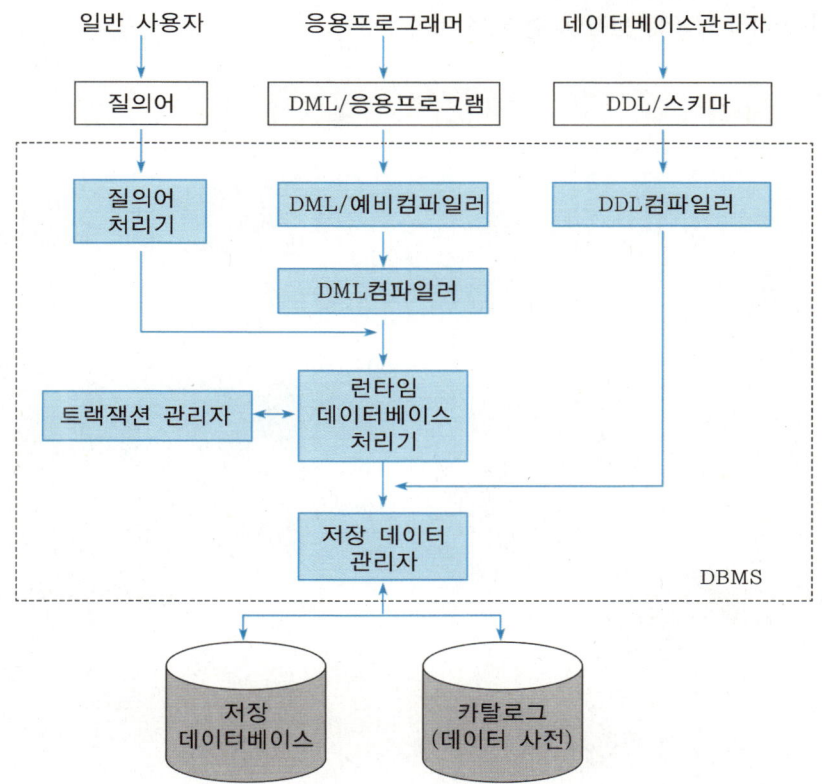

(5) DBMS의 장·단점
　① 장점
　　㉠ 데이터의 중복(redundancy)을 최소화할 수 있다.
　　㉡ 데이터를 공용(sharing)할 수 있다.
　　㉢ 데이터의 일관성(consistency)을 유지할 수 있다.
　　㉣ 데이터의 무결성(integrity)을 유지할 수 있다.
　　㉤ 데이터의 보안(security)을 보장할 수 있다.
　　㉥ 표준화(standardization)를 기할 수 있다.

　② 단점
　　㉠ 운영비의 오버헤드(overhead)가 발생한다.
　　㉡ 자료처리 방법이 더욱 복잡해질 수 있다.
　　㉢ 예비조치(backup)와 회복(recovery)기법이 더욱 어려워진다.
　　㉣ 시스템의 취약성이 있다.

(6) 데이터 독립성(data dependence)
　① 논리적 데이터 독립성(logical data independence) : 응용 프로그램의 수정을 요구하지 않고 데이터베이스의 논리적 구조를 변경할 수 있는 것이다.
　② 물리적 데이터 독립성(physical data independence) : 응용 프로그램의 수정을 요구하지 않고 데이터베이스의 물리적 구조를 변경할 수 있는 것이다.

3 3층 스키마(schema)

(1) 정의

데이터베이스를 구성하는 개체(entity), 이들의 속성(attribute), 이들 간에 존재하는 관계(relationship), 그리고 데이터의 조작 또는 이들 데이터 값들이 갖는 제약 조건에 관한 정의를 의미한다.

(2) 구조(3단계)

① 외부 스키마(external schema)
   ㉠ 프로그래머나 일반 사용자 관점에서 개별적으로 직접 필요로 하는 데이터베이스의 논리적 구조이다.
   ㉡ 전체 데이터베이스의 한 논리적인 부분이므로 서브스키마(subschema) 또는 뷰(view)라고도 한다.

② 개념 스키마(conceptual schema)
   ㉠ 기관이나 조직체의 입장에서 본 데이터베이스의 전체 논리적 구조이다.
   ㉡ 모든 외부 스키마를 생성 지원할 수 있고, 조직이 필요로 하는 데이터 요구 사항들을 모두 갖추어야 한다.
   ㉢ 데이터베이스 접근 권한, 보안 정책, 무결성 규정 등을 시행하는데 필요한 요건들을 기술하고 있다.

③ 내부 스키마(internal schema)
   ㉠ 물리적 저장 장치의 면에서 본 전체 데이터베이스의 구조이다.
   ㉡ 실제로 저장될 내부 레코드 형식을 정의하며, 인덱스 사용, 저장 데이터 항목의 표현방법, 그리고 내부 레코드의 물리적 순서를 기술한다.

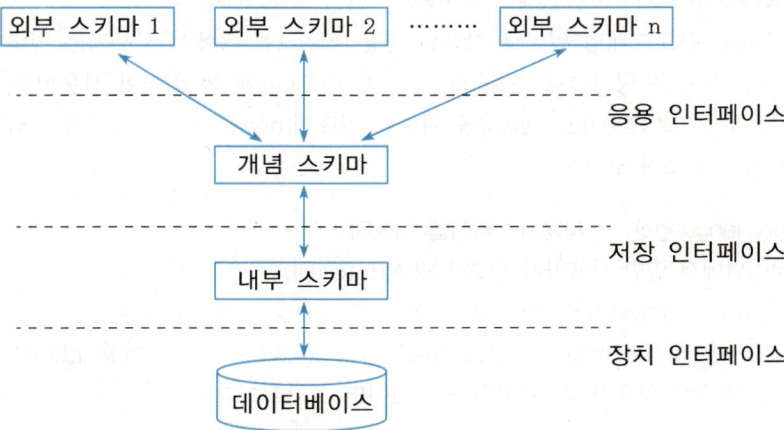

(3) 3층 스키마의 인터페이스(Interface)
   ① 응용 인터페이스(application interface) : 특정한 외부 스키마와 개념 스키마 사이의 사상(mapping)을 위한 인터페이스이며, 만약 개념 스키마에 변화가 생겨도 이들 간의 사상만 변경시켜 주면 외부 스키마에는 아무런 영향을 주지 않도록 하는 것이다. (논리적 데이터 독립성 제공)
   ② 저장 인터페이스(store interface) : 개념 스키마와 내부 스키마 사이의 사상(mapping)을 위한 일련의 프로그램이며, 개념적 레코드와 속성이 내부 단계에서 어떻게 표현되어지는 방법을 구체적으로 나타낸다. (물리적 데이터 독립성 제공)
   ③ 장치 인터페이스(device interface) : 내부 스키마와 실제 저장 장치 간의 사상으로서 장치에 대한 접근 방법을 의미한다.

4 데이터 언어(data language)

(1) 데이터 정의어(DDL, Data Definition Language) → 사용자 : DBA
   ① 데이터베이스를 정의하거나 그 정의를 수정할 목적으로 사용하는 언어이다.
   ② 논리적 데이터 구조와 물리적 데이터 구조를 정의한다.
   ③ 논리적 데이터 구조와 물리적 데이터 구조와의 사상(mapping)을 정의한다.
   ④ 보안과 무결성 규정의 정의한다.

(2) 데이터 조작어(DML, Data Manipulation Language)
   ① 데이터 부속어(data sub-language) → 사용자 : 응용 프로그래머
      ㉠ 호스트(host) 프로그래밍 언어로 작성된 응용 프로그램 속에서 사용되는 명령어의 집합이다.
      ㉡ 부프로그램 호출문 형식으로 응용 프로그램에 내포(embedded)되어 사용된다.
      ㉢ 사용자가 무슨 데이터(what data)를 원하며 어떻게(how) 그것을 접근해야 되는지를 명세하는 절차적 데이터 조작어이다.
   ② 질의어(query language) → 사용자 : 터미널 사용자
      ㉠ 주로 터미널에서 일반 사용자가 상호 작용적(interactive)으로 사용하는 간단한 형식의 언어이다.
      ㉡ 독자적(stand-alone)이고, 완전한 자료 처리 기능을 갖춘 언어이다.
      ㉢ 사용자가 무슨 데이터(what data)를 원하는지만 명세하고 그것을 어떻게(how) 접근할 것인가에 대해서는 명세할 필요가 없는 비절차적 데이터 조작어이다.

(3) 데이터 제어어(DCL, Data Control Language) → 사용자 : DBA
   ① 불법적인 사용자로부터 데이터를 보호하기 위한 데이터 보안(security)을 제어한다.
   ② 데이터 정확성을 위한 무결성(integrity)을 제어한다.
   ③ 시스템 장애에 대비한 데이터 회복(recovery)과 병행 수행(concurrency)을 제어한다.

SECTION 2 데이터베이스 구축

1 데이터 모델

(1) 데이터베이스와 현실세계의 관계

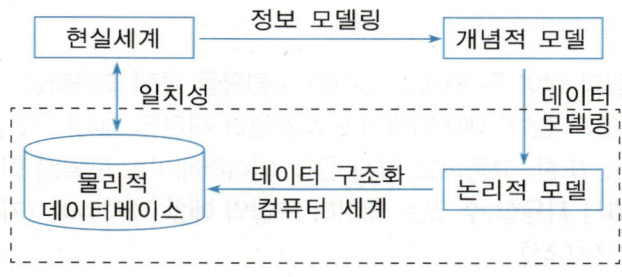

(2) 데이터 모델의 개념
① 현실 세계를 데이터베이스에 표현하는 중간 과정, 즉 데이터베이스 설계 과정에서 데이터의 구조를 논리적으로 표현하기 위해 사용되는 도구이다.
② 데이터 모델은 현실세계를 데이터베이스로 표현하기 위해서 적어도 개념적 구조와 논리적 구조를 거쳐 실제 데이터를 저장할 수 있는 물리적 구조로 변환되어야 한다.
③ 개념적 데이터 모델 : 속성들로 기술된 개체 타입과 이 개체 타입들 간의 관계를 이용하여 현실세계를 표현하는 방법이다.
④ 논리적 데이터 모델 : 데이터 필드로 기술된 데이터 타입과 이 데이터 타입들 간의 관계를 이용하여 현실세계를 표현하는 방법이다.

(3) 데이터 모델링 과정
① 정보 모델링(information modeling) : 개념세계에서 인간의 이해를 위해 현실 세계에 대한 인식을 추상적 개념으로 표현하는 과정이다.
② 데이터 모델링(data modeling) : 정보구조로부터 논리적 개념을 이용하여 어떤 논리적 구조로 표현하는 과정이다.
③ 데이터 구조화(data structuring) : 컴퓨터가 접근할 수 있는 저장장치 위에 데이터가 표현될 수 있도록 물리적 데이터 구조로 변환하는 과정이다.

(4) 데이터 모델의 구성 요소

구조(structure)	데이터베이스에 표현될 대상으로서의 개체 타입(entity type)과 이들 간의 관계를 명세한 것이다.
연산(operations)	데이터베이스에 표현된 개체 인스턴스(entity instance)를 처리하는 작업에 대하여 명세한 것이다.
제약조건(constraints)	데이터베이스에 허용될 수 있는 개체 인스턴스(entity instance)에 대한 논리적 제약을 명세한 것이다.

기출 2011 - 2차 다음 그림과 같이 두 단계의 데이터 모델링을 통해 고등학교 학사 관리 업무에 대한 데이터베이스를 구축하고자 한다. 데이터베이스 시스템과 관련된 데이터 모델의 개념과 데이터 모델의 종류를 기술하시오. 또한, 고등학교 학사 관리 데이터베이스 모델링 단계인 (가)와 (나)의 명칭을 쓰고, (가)와 (나)에서 사용할 수 있는 데이터 모델의 예를 제시하며, (가)와 (나)에서 산출되는 결과물의 예를 드시오. 【15점】

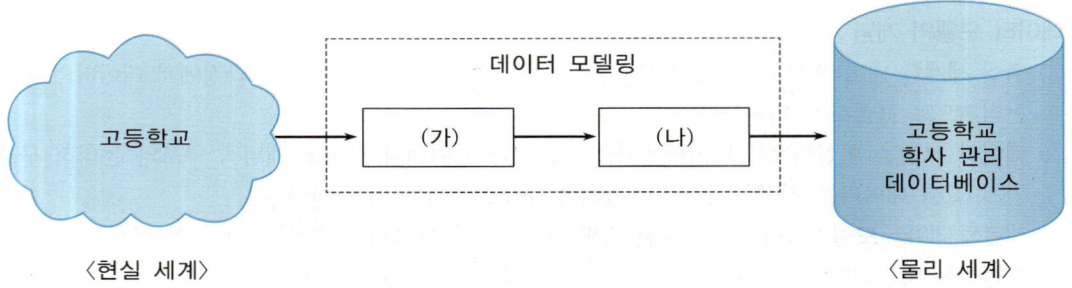

2 개체-관계 모델

(1) 개체-관계(E-R) 모델이란?

현실 세계의 개념적 표현으로서 개체 타입과 관계 타입을 기본 개념으로 현실 세계를 개념적으로 표현하는 방법으로 1976년 P.Chen이 제안하였다.

(2) 구성 요소

기호	의미
□	개체 타입(entity type)
DEPENDENT	약한 개체 타입(weak entity type)
◇	관계 타입(relationship type)
POLICY	약한 관계 타입(weak relationship type)
○	속성(attribute)
ID	키 속성(key attribute)
◎	다치 속성(multi-value attribute)
(복합)	복합 속성(composite attribute)
○ (점선)	유도 속성(derived attribute)

(3) 사상 원소수(mapping cardinality)

① 일 대 일(1 : 1) : 집합 X의 각 원소는 집합 Y의 원소 하나와 관련될 수 있음과 동시에 집합 Y의 원소도 집합 X의 원소 하나와 관련될 수 있다.

② 일 대 다(1 : n) : 집합 X의 각 원소는 임의의 수의 Y 원소와 관련될 수 있지만 집합 Y의 각 원소는 많아야 하나의 집합 X의 원소와 관련될 수 있다.

③ 다 대 다(n : n) : 집합 X의 각 원소는 임의의 수의 Y 원소와 관련될 수 있고 또 집합 Y의 각 원소도 임의의 수의 집합 X의 원소와 관련될 수 있다.

데이터베이스 구축

기출 2016 - 02 ○○대학의 수강 관리를 위한 데이터베이스 스키마를 설계하고자 한다. 〈문제 진술서〉를 만족하는 개체−관계(entity−relationship) 다이어그램을 설계할 때, 〈관계 차수〉의 ㉠~㉣에 해당하는 개체와 개체 간의 관계 차수(cardinality ratio of relationship)를 순서대로 쓰시오. (단, 관계 차수는 1 : 1, 1 : N, N : 1, N : M으로 표현한다.) [4점]

〈문제 진술서〉
- 대학에는 여러 개의 학과가 있다.
- 한 학과에는 여러 명의 교수가 있고, 한 교수는 한 학과에 소속된다.
- 한 학과에는 여러 학생들이 있으며, 한 학생은 한 학과에 소속된다.
- 한 학과에는 여러 개의 교과목이 있으며, 한 교과목은 한 학과에 의해 운영된다.
- 한 교과목은 매년 개설할 수 있으며, 여러 강좌로 개설될 수 있고, 한 강좌는 한 교과목으로만 개설된다.
- 한 강좌는 한 교수에 의해 진행되며, 한 교수는 한 학기에 하나 이상의 강좌를 강의할 수 있다.
- 학생들은 한 학기에 여러 강좌를 수강 신청할 수 있고, 한 강좌는 여러 학생이 수강할 수 있다.

〈관계 차수〉

개체−개체 간의 관계	관계 차수
교수−강좌 간의 관계	㉠
교과목−강좌 간의 관계	㉡
교과목−학과 간의 관계	㉢
학생−강좌 간의 관계	㉣

해답	㉠ 1 : N ㉡ 1 : N ㉢ N : 1 ㉣ N : M	각 1점

예제 01

다음 〈그림〉은 E-R 모델을 이용해서 데이터베이스를 설계한 것이다. E-R 다이어그램을 보고 관계 스키마로 변환하시오. (단, 밑줄은 기본키이고, 점선은 부분키이다)

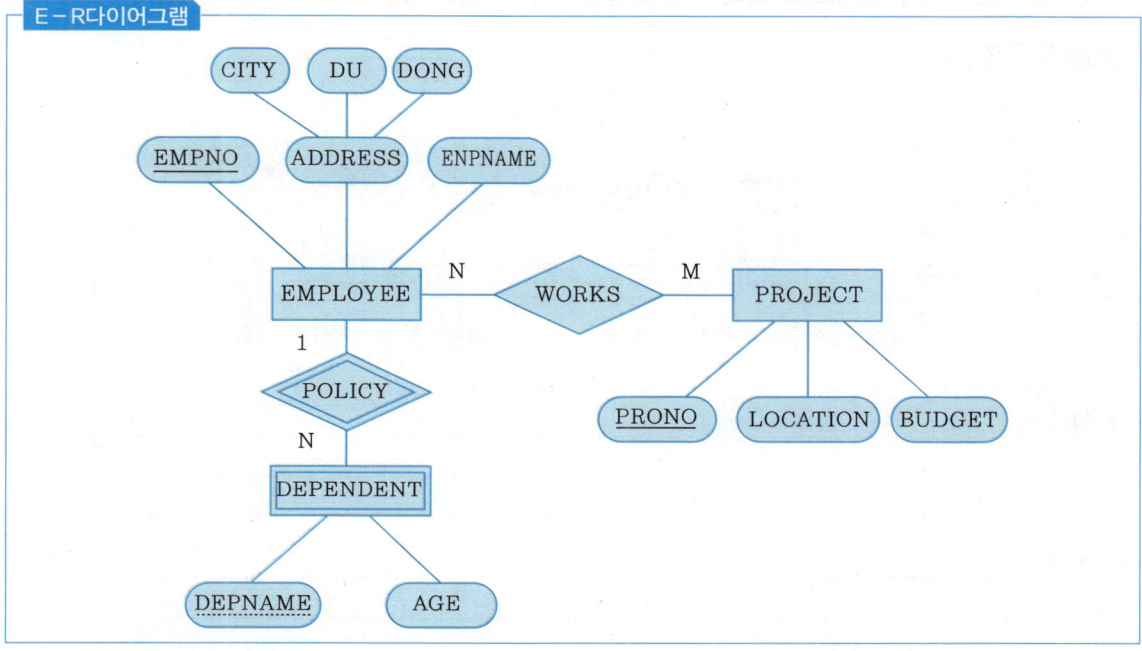

예제 02

다음의 E-R 다이어그램을 정규화를 고려하여 관계 스키마로 변환하고자 한다. 릴레이션 스킴들을 최소로하는 가장 효율적 변환을 두 가지로 쓰시오. (단, 릴레이션 스킴은 "릴레이션명(속성명-1, 속성명-2,…)"의 형식으로 나타내며 밑줄은 기본 키(primary key)이다.)

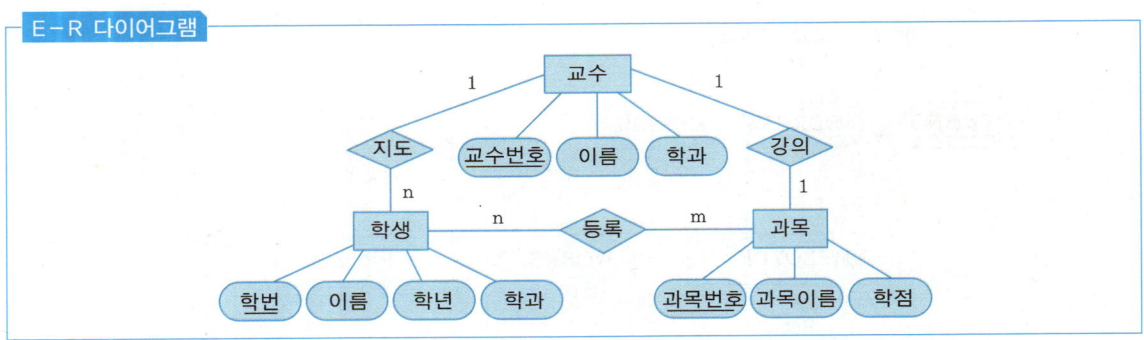

E-R 다이어그램

(1) 설계1 : _____

(2) 설계2 : _____

예제 03

다음의 E-R 다이어그램을 관계형 스키마로 변환해 보시오. (단, E-R 다이어그램에서 이중원은 다중 값을, 밑줄은 기본 키를 의미한다.)

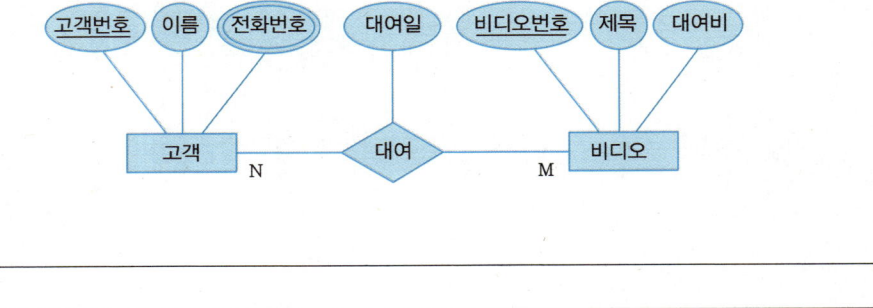

기출 2020 - 12 은행 업무에 대한 요구 사항을 분석한 후, 다음과 같은 E-R다이어그램을 완성하였다. 〈조건〉을 고려하여 〈작성 방법〉에 따라 서술하시오. [4점]

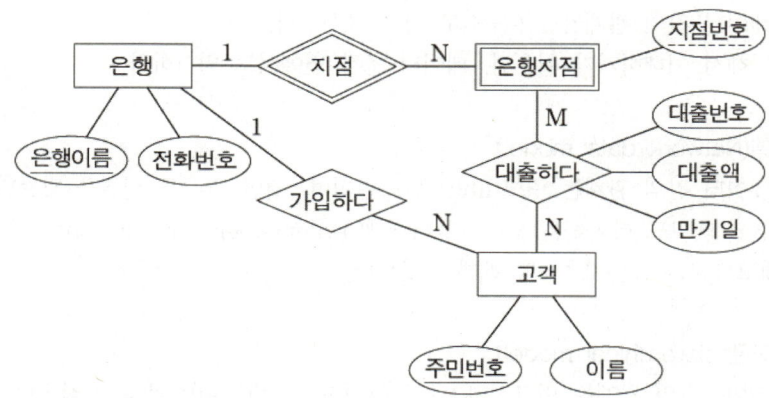

조건
- 주어진 E-R 다이어그램은 엔터티(개체) 타입 및 약한(약성) 엔터티 타입, 관계 타입 및 식별 관계 타입, 카디날리티 비율(대응수), 애트리뷰트(속성), 기본키 및 부분키 애트리뷰트를 표현하고 있다.

작성 방법
- E-R 다이어그램으로부터 유도되는 릴레이션의 개수를 쓸 것.
- '은행지점' 엔터티 타입으로부터 '은행지점' 릴레이션을 생성하였다. 이때 최소한의 속성 집합으로 구성된 '은행지점' 릴레이션의 기본키를 선정하여 쓰고, 그 이유를 서술할 것.
- '은행'과 '고객' 간의 '가입하다' 관계 타입의 차수를 쓸 것.

3 논리적 데이터 모델

(1) 관계 데이터 모델(relational data model)
① 데이터와 데이터 간의 관계가 테이블(table)로 표현된다.
② 구조가 간단해서 이해하기가 쉬우며, 데이터 조작 면에서도 명확하다.

(2) 망 데이터 모델(Network data model)
① 데이터와 데이터 간의 관계는 링크(link)로 표현되며, 일반 그래프 성질을 갖는다.
② 링크로 연결된 레코드 타입들은 오너-멤버관계(owner-member relationship)로서 오너 레코드와 멤버 레코드 사이에는 1 : n의 관계를 갖는다.

(3) 계층 데이터 모델(hierarchical model)
① 데이터와 데이터간의 관계는 링크(link)로 표현되며, 트리(tree)형태로 조직된다.
② 하나의 링크로 연결된 두 레코드 사이에는 1 : n의 부모-자식(parent-child) 관계를 갖는다.

4 데이터베이스 설계

(1) 데이터베이스 설계 과정

단계	주요 내용
요구조건 분석 단계	• 잠재적 사용자 식별 • 사용자가 원하는 데이터베이스 용도 파악
개념적 설계 단계	• 개념 스키마 모델링(DBMS에 독립적 스키마) • 트랜잭션 모델링
논리적 설계 단계	• 논리적 데이터 모델링(목표DBMS에 맞는 스키마) • 트랜잭션 인터페이스 설계 • 스키마의 평가와 정제
물리적 설계 단계	• 저장 레코드 양식설계 • 레코드 집중의 분석 및 설계 • 접근 경로 설계
구현 단계	• 목표DBMS의 DDL로 스키마 작성 • DML로 트랜잭션 작성

(2) 물리적 설계의 고려사항
① 응답시간 : 트랜잭션을 실행시키기 위해서 시스템에 입력시킨 때부터 다시 결과를 받을 때까지 걸리는 시간이다.
② 저장 공간의 효율화 : 데이터베이스 파일이나 이들의 접근 경로 구조들을 저장하기 위해 필요한 최소한의 저장 공간이다.
③ 트랜잭션 처리도(throughput) : 단위시간에 데이터베이스 시스템이 처리할 수 있는 평균 트랜잭션 수이다.

관계 데이터베이스

1 관계 데이터베이스의 개요

(1) 릴레이션(relation)

① 릴레이션(relation)의 특성
㉠ 한 릴레이션에서 모든 튜플은 상이하다.
㉡ 릴레이션에서 튜플 사이에는 순서가 정의되지 않는다.
㉢ 릴레이션을 구성하는 속성 사이에는 순서가 없다.
㉣ 릴레이션 내의 모든 값은 원자값(atomic value)을 갖는다.

② 릴레이션(relation)의 용어

주민등록번호	학번	이름	전공	성별	나이
750118	1011	송	전산	남	26
781023	1012	홍	수학	여	19
800721	1013	문	전산	남	20
810930	2013	박	통계	여	21
791215	2014	이	물리	남	20
770505	3011	박	수학	여	24
801104	4015	최	화학	여	29

㉠ 튜플(Tuple) : 릴레이션에서 한 행(ROW)을 말한다.
㉡ 속성(Attribute) : 릴레이션에서 열(COLUMN)의 이름을 말한다.
　ⓐ 단일 속성 : 속성 값이 원자 값인 것으로, 하나의 값만 존재하는 것
　ⓑ 다중 속성 : 속성 값이 여러 존재할 수 있는 것
　ⓒ 복합 속성 : 속성 값이 여러 의미를 포함하는 것
　ⓓ 유도 속성 : 기존 릴레이션의 속성 값을 이용하여 새롭게 유도해 낸 속성
㉢ 영역(Domain) : 한 속성(attribute)이 가질 수 있는 값의 집합을 말한다.
㉣ 차수(Degree) : 한 릴레이션에서 속성(Attribute)의 갯수를 말한다. 위 릴레이션의 차수는 6이다.
㉤ 카디날리티(Cardinality) : 한 릴레이션에서 튜플의 수를 말한다. 위 릴레이션의 카디날리티는 7이다.

(2) 키(key)

① 키의 특성
- ㉠ 유일성(uniqueness) : 속성의 집합인 키의 내용이 릴레이션 내에서 유일하다는 특성이다.
- ㉡ 최소성(minimality) : 속성의 집합인 키가 릴레이션의 모든 튜플을 유일하게 식별하기 위하여 꼭 필요한 속성들로 구성되는 것을 의미한다.

② 키의 종류
- ㉠ 후보 키(candidate key) : 키의 특성인 유일성과 최소성을 만족하는 키를 말한다.
- ㉡ 기본 키(primary key) : 후보 키가 여러 개일 경우 그 중 하나를 선정하여 사용하는 것이다.
- ㉢ 대체 키(alternate key) : 여러 개의 후보 키 중에서 기본 키로 선정되고 남은 나머지 키를 말한다.
- ㉣ 슈퍼 키(super key) : 유일성은 있으나 최소성이 없는 키를 말한다.
- ㉤ 외래 키(foreign key) : 어느 릴레이션의 속성의 집합이 다른 릴레이션에서 기본 키로 이용되는 것을 말한다.

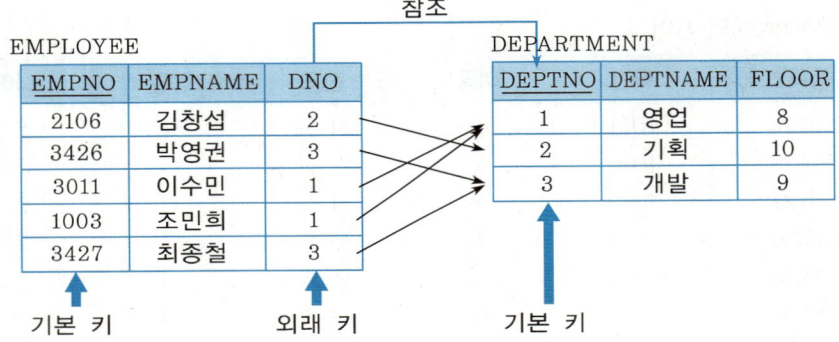

예제 04

R(A, B, C, D)에서 기본 키는 A이며, 각 속성에 대한 도메인은 다음과 같다. 물음에 답하시오.

> domain(A) = { a1, a2, a3, a4 }
> domain(B) = { b1, b2 }
> domain(C) = { c1, c2, c3 }
> domain(D) = { d1, d2, d3 }

(1) R에서 기본 키가 없을 때 가능한 최대의 카디널리티(cardinality)는 얼마인가?
_____

(2) R에서 기본 키(A)가 있을 때 가능한 최대의 카디널리티(cardinality)는 얼마인가?
_____

(3) 속성의 순서를 R(B, A, D, C)로 변경하면 원래 릴레이션과 어떤 차이가 있는가?
_____

(4) (a3, b3, c3, d3) 투플이 R의 투플이 될 수 없는 이유는 무엇인가?
_____

(5) (-, b1, c2, d3) 투플은 무슨 제약조건을 위반하는가? (단, -은 NULL)
_____

(6) (a4, b2, c3, {d1, d2}) 투플이 R의 투플이 될 수 없는 이유는 무엇인가?
_____

(3) 무결성(Integrity) 제약 조건

① 무결성의 정의
데이터베이스에 있는 데이터값의 정확성(correctness), 정밀성(accuracy), 유효성(validity)을 보장하는 것이다.

② 종류
㉠ 개체 무결성(entity integrity) 제약 조건
기본 키(primary key)에 속해 있는 속성(attribute)은 널(null)값을 가질 수 없다.
㉡ 참조 무결성(reference integrity) 제약 조건
릴레이션은 참조할 수 없는 외래 키(foreign key)값을 가질 수 없다. 참조할 수 없는 외래 키값이란 널(null)이 아니면서 참조 릴레이션의 기본 키 값으로 존재하지 않은 것을 말한다.

ⓒ 영역 무결성(domain integrity) 제약 조건
  속성(attribute)이 가질 수 있는 값은 범위가 존재한다. 예를 들면, 성별의 속성 값의 범위는 남 또는 여이다.
ⓓ 키 제약 조건(key constraint)
  키 속성에 중복된 값이 존재해서는 안 된다는 것이다.

기출 2017 - 04 다음 관계형 데이터베이스의 릴레이션에 투플(tuple)을 삽입하려고 한다. 〈조건〉을 고려하여 〈작성 방법〉에 따라 쓰시오. [2점]

직원 (기본 키 : 직원번호)

직원번호	직원이름	부서번호
10	박동호	2
20	이수아	3
30	강민지	1
40	최현정	2

부서 (기본 키 : 부서번호)

부서번호	부서명	내선번호
1	기획부	1234
2	생산부	2455
3	마케팅부	8814

조건
○ 직원 릴레이션의 부서번호는 부서 릴레이션의 부서번호를 참조하는 외래 키이다.
○ 직원 릴레이션과 부서 릴레이션은 키 제약조건(key constraint), 엔티티 무결성 제약조건(entity integrity constraint), 참조 무결성 제약조건(referential integrity constraint)을 만족한다.

작성 방법
(1) 직원 릴레이션에 새로운 투플 〈50, '김민수', 4〉를 삽입하는 연산을 수행하면 삽입이 거부된다. 그 이유를 쓸 것.
(2) 부서 릴레이션에 새로운 투플 〈NULL, '개발부', 4556〉을 삽입하는 연산을 수행하면 삽입이 거부된다. 그 이유를 쓸 것.

해답	(1) 참조 무결성 제약조건 위반 (2) 엔티티 무결성 제약조건 위반	각 1점

2 관계 데이터 언어

(1) 관계대수(relational algebra)

① 특징
  ㉠ 릴레이션을 처리하기 위한 연산(operation)의 집합이다.
  ㉡ Codd가 최초로 연산의 집합을 정의 하였으며, 절차식 언어의 특성을 지닌다.
  ㉢ 일반 집합 연산자와 순수 관계 연산자의 두 그룹으로 구성되어 있다.

② 일반 집합 연산자
  ㉠ 합집합(union) : 결합 가능한 두 릴레이션 R과 S의 합집합, R UNION S는 R 또는 S(혹은 양쪽 모두)에 속하는 모든 튜플 t의 집합이다.

$$R \cup S = \{ t \mid t \in R \lor t \in S \}$$

  ㉡ 교집합(intersection) : 결합 가능한 두 릴레이션 R과 S의 교집합, R INTERSECT S는 R과 S 양쪽 모두에 속하는 튜플 t의 집합이다.

$$R \cap S = \{ t \mid t \in R \land t \in S \}$$

  ㉢ 차집합(set difference) : 결합 가능한 두 릴레이션 R과 S의 차집합, R MINUS S는 R에는 속하고 S에는 속하고 있지 않은 모든 튜플 t의 집합이다.

$$R - S = \{ t \mid t \in R \land t \notin S \}$$

  ㉣ 카티션 프러덕트(times) : 두 릴레이션 R과 S의 카티션 프러덕트, R TIMES S는 r이 R에 속하고, s가 S에 속하는 튜플일 때, r과 s의 접속(concatenation)인 모든 튜플 t(=rs)의 집합이다.

$$R \times S = \{ rs \mid r \in R \land s \in S \}$$

기출 2001 데이터베이스 관계연산자 중 관계대수에 대해 다음의 두 테이블 A, B에 대해 다음의 연산 $A \cup B$, $A - B$ 및 $\Pi_{\text{나이} \geq 20}(A \cup B)$를 구하시오. (6점)

테이블 A

번호	이름	나이	거주지
S1	홍길동	20	서울
S3	김철수	18	서울

테이블 B

번호	이름	나이	거주지
S1	홍길동	20	서울
S2	김영희	10	부산
S4	홍길동	30	광주

① $A \cup B$

번호	이름	나이	거주지
S1	홍길동	20	서울
S2	김영희	10	부산
S3	김철수	18	서울
S4	홍길동	30	광주

② $A - B$

번호	이름	나이	거주지
S3	김철수	18	서울

③ $\Pi_{\text{나이} \geq 20}(A \cup B)$

나이
20
30

③ 순수 관계 연산자
  ㉠ 프로젝션(Projection) : 릴레이션의 특정 속성만으로 구성된 새로운 릴레이션을 구하기 위한 연산으로 수직적 부분 집합을 말한다. (기호 : Π)
  ㉡ 실렉션(Selection) : 한 릴레이션으로 부터 조건에 만족된 튜플을 선택하는 연산으로 수평적 부분 집합을 말한다. (기호 : σ)
  ㉢ 조인(Join)
    ⓐ 동일조인(equi join) : 카티션 프러덕트와 셀렉션을 결합한 연산이다. (기호 : $\bowtie$)
    ⓑ 자연조인(natural join) : 동일조인에서 중복되는 속성을 제거한 연산이다. (기호 : $\bowtie_N$)
    ⓒ 세미조인(semi join) : $R \ltimes S = \Pi_X(R \bowtie_N S)$
    ⓓ 외부조인(outer join) : 조인하는 과정에서 한 릴레이션에 있는 튜플이 조인할 상대 릴레이션에 대응되는 튜플이 없을 경우에 이를 배제하지 않고 상대를 널(null)튜플로 만들어 결과 릴레이션에 모두 포함시키는 연산이다. (기호 : $\bowtie^+$)
      ⅰ) 왼쪽 외부조인(Left Outer Join) : $⟕$
      ⅱ) 오른쪽 외부조인(Right Outer Join) : $⟖$
      ⅲ) 완전 외부조인(Full Outer Join) : $⟗$

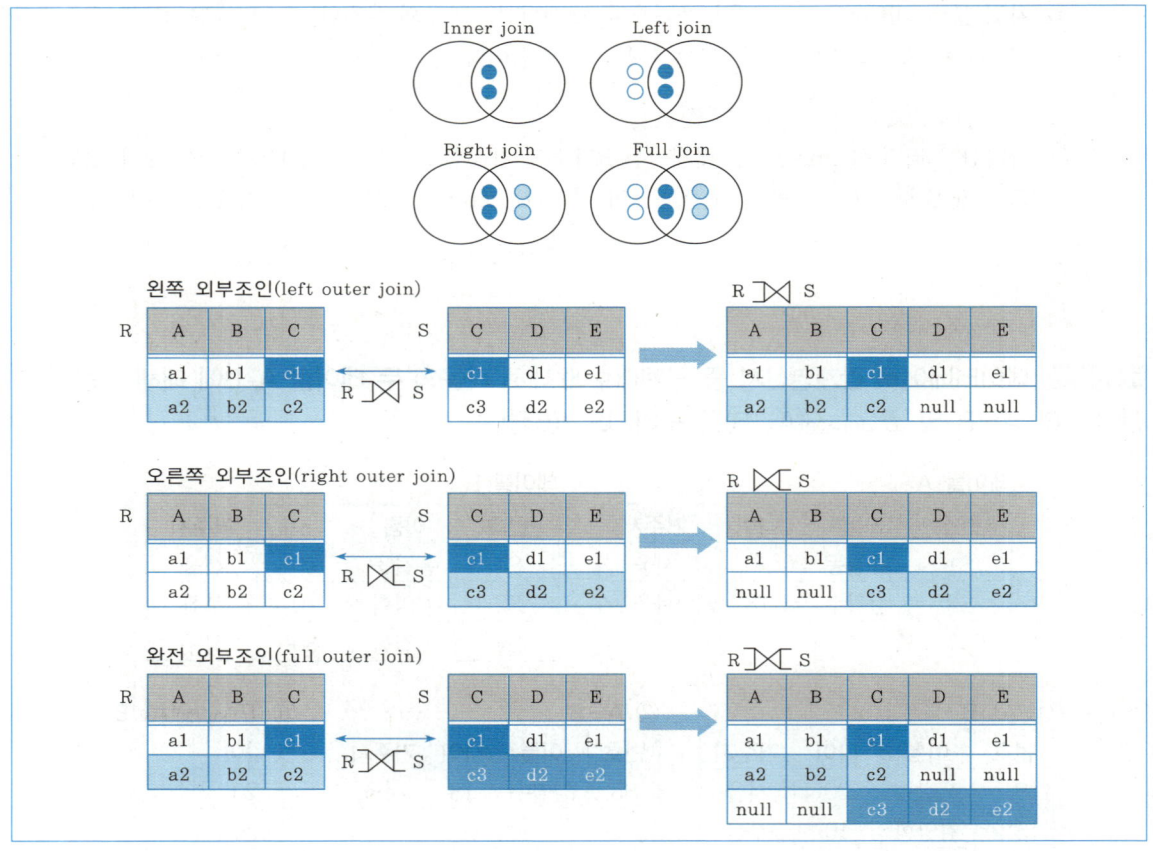

ⓔ 디비젼(Division) : 이항 릴레이션과 단항 릴레이션의 두 릴레이션이 존재하는 경우, 단항 릴레이션에 있는 모든 값과 부합되는 이항 릴레이션의 속성의 모든 값으로 구성된 릴레이션을 구하기 위한 연산이다.

$$R \div S = \{ r[X] \mid r \in R \land \langle r[X].s \rangle \in R \text{ for all } s \in S \}$$

예제 05

다음의 릴레이션 R1, R2, R3을 보고 관계대수 연산의 결과를 구하시오.

R1		
A	B	C
a1	b1	c1
a1	b2	c2
a2	b2	c2
d2	e2	f2

R2		
D	E	F
a1	b2	c2
d2	e1	f1
d2	e2	f2

R3		
A	B	C
a1	b3	c4
a2	b2	c2

(1) X1 = R1 × R2

(2) X2 = R1 − R3

(3) X3 = $\Pi_{B, C}$ (R1)

(4) X4 = $\sigma_{B='b2' \land C='c2'}$ (R1)

관계 데이터베이스

예제 06

다음의 릴레이션 S, R을 보고 관계대수 연산의 결과를 구하시오.

R 릴레이션

SNO	SNAME	AGE
S1	LEE	19
S2	PARK	25
S3	JUNG	18
S4	KIM	30
S5	CHO	27
S6	SONG	33

S 릴레이션

SNO	PNO	STATUS
S1	P1	100
S1	P2	200
S1	P1	300
S2	P1	400
S2	P5	200
S3	P6	100
S4	P7	100

(1) 동일조인(R ⋈ $_{SNO\ =\ SNO}$ S)

(2) 자연조인(R ⋈$_N$ S)

(3) 세미조인(R ⋉ S)

(4) 외부조인(R ⋈$^+$ S)

예제 07

다음과 같은 릴레이션 R과 릴레이션 S1, S2, S3으로 각각 디비전(division)한 결과를 구하시오.

R

sno	cno
100	C413
100	E412
200	C123
300	C312
300	C324
300	C413
400	C312
400	C324
400	C413
400	E412
500	C312

S1

cno
C312
C413
E412

S2

cno
C312
C413

S3

cno
C413

R÷S1	R÷S2	R÷S3
sno	sno	sno
400	300	100
	400	300
		400

④ 일반 집합 연산자의 카디널리티, 결합법칙과 교환법칙의 성립여부

연산자	카디널리티	결합법칙	교환법칙
합집합	$\|R \cup S\| \leq \|R\| + \|S\|$	○	○
교집합	$\|R \cap S\| \leq MIN\{\|R\|, \|S\|\}$	○	○
차집합	$\|R-S\| \leq \|R\|$	×	×
카티션 프로덕트	$\|R \times S\| = \|R\| \times \|S\|$	○	○

⑤ 관계 대수 연산자의 특성
  ㉠ 합병(결합) 가능이어야 하는 연산자 : 두 릴레이션의 차수가 같고 대응 속성별로 도메인이 같은 것을 말한다. (합집합, 교집합, 차집합)
  ㉡ 단항 연산자 : SELECT, PROJECT
  ㉢ 기본(근원) 연산자 : 합집합, 차집합, 카티션 프로덕트, SELECT, PROJECT
  ㉣ 복합 연산자 : 교집합, JOIN, DIVISION

- $R \cap S = (R \cup S) - ((R-S) \cup (S-R)) = R - (R-S) = S - (S-R)$
- $R \bowtie_{A\theta B} S = \sigma_{A\theta B}(R \times S)$
- $R \div S = \Pi_{A, B}(R) - \Pi_{A, B}((\Pi_{A, B}(R) \times S) - R)$

예제 08

다음과 같은 R과 S 릴레이션이 존재한다고 가정할 때, (R∪S)−((R−S)∪(S−R))연산은 일반 집합 연산자 중에서 무엇과 일치하는지를 쓰시오.

릴레이션

⟨R 릴레이션⟩

A	B	C
a1	b1	c1
a1	b2	c3
a2	b1	c2

⟨S 릴레이션⟩

A	B	C
a1	b1	c1
a1	b1	c2
a1	b2	c3
a3	b2	c3

예제 09

다음과 같은 R과 S 릴레이션을 보고 $\Pi_{A, B}(R) - \Pi_{A, B}((\Pi_{A, B}(R) \times S) - R)$ 연산은 순수 관계 연산자 중에서 무엇과 일치하는지를 쓰시오.

릴레이션

⟨R 릴레이션⟩

A	B	C
a1	b1	c1
a2	b1	c1
a1	b2	c1
a1	b2	c2
a2	b1	c2
a1	b2	c3
a1	b2	c4
a1	b1	c5

⟨S 릴레이션⟩

C
c1
c2

예제 10

다음 두 릴레이션 R과 S에 대해 R을 왼쪽, S를 오른쪽 릴레이션으로 하고 속성 B를 조인 속성으로 하여 ㈎왼쪽 외부 조인(left outer join), ㈏오른 외부 조인(right outer join), ㈐전체 외부 조인(full outer join)을 수행하였을 때 생성된 결과 릴레이션의 카디널리티(cardinality)를 순서대로 쓰시오.

릴레이션

⟨R 릴레이션⟩

A	B
a	2
b	3
c	3
d	5
e	6

⟨S 릴레이션⟩

B	C
1	x
2	y
3	z

SECTION 3 관계 데이터베이스

기출 2004-07 속성들 W, X, Y, Z로 이루어진 릴레이션(relation) R과 속성들 V, W, A, Y로 이루어진 릴레이션 S는 아래 [그림]과 같다.

그림

릴레이션 R

W	X	Y	Z
w₁	x₁	y₂	z₁
w₂	x₁	y₃	z₄
w₃	x₂	y₃	z₂
w₄	x₃	y₂	x₁

릴레이션 S

V	W	A	Y
v₂	w₁	a₇	y₃
v₇	w₁	a₃	y₂
v₃	w₃	a₁	y₃
v₈	w₂	a₁	y₂

R과 S에 모두 속하면서 이름이 같은 속성들은 두 릴레이션의 공통 속성이고, 나머지 속성들은 서로 다른 속성이라고 가정할 때, 다음 물음에 답하시오. [총 5점]

7-1. 위 릴레이션 R과 S에 대해 관계대수(relational algebra) 연산 중 자연조인(natural join) 연산을 수행한 후 발생하게 되는 결과 릴레이션의 차수(degree)와 개수(카디널리티 : cardinality)를 쓰시오. (3점)

- 차수(degree) : 6
- 개수(카디널리티: cardinality) : 2

7-2. 위 릴레이션 R과 S에 대해 다음과 같은 두 관계대수 연산을 정의한다.

정의
(연산①) : 릴레이션 S에서 속성 W와 Y에 대한 프로젝트(project) 연산
(연산②) : 릴레이션 R에서 속성 W와 Y에 대한 프로젝트(project) 연산

위 (연산①)에 의해 발생되는 릴레이션과 (연산②)에 의해 발생되는 릴레이션의 차집합(difference) 연산인 ((연산①)−(연산②))의 결과 릴레이션을 그리시오. (단, '−'는 차집합 연산자이다.) (2점)

릴레이션

w	y
w1	y3
w2	y2

예제 11

다음과 같은 릴레이션이 존재할 때 관계대수의 질의문으로 표현하시오.

- 학생(학번, 이름, 학년, 학과)
- 과목(과목번호, 과목이름, 학점, 학과, 담당교수)
- 등록(학번, 과목번호, 성적, 중간성적, 기말성적)

(1) '자료구조' 과목을 가르치는 교수의 이름은 무엇인가?

(2) 과목번호가 c311인 과목에 등록한 학생의 이름과 성적은 무엇인가?

(3) 모든 과목에 수강하고 있는 학생의 학번과 이름은 무엇인가?

(4) 학번이 500, 이름이 '홍길동', 학년이 3, 학과가 '컴퓨터'인 학생을 삽입하시오.

(5) 과목 '데이터베이스'를 삭제하시오.

(2) 관계대수와 관계해석의 비교

구분	관계대수	관계해석
정의	① 주어진 릴레이션들을 조합하여 부분집합을 취함으로써 필요한 릴레이션을 만드는 연산자 ② 원하는 정보와 그 정보를 어떻게 유도하는가를 기술하는 절차적 언어	① 원하는 릴레이션에 대한 형태와 내용을 결정하는 조건들로 구성되는 방식 ② 원하는 정보가 무엇이라는 것만 정의하는 비절차적 언어이다.
종류	① 일반집합연산자 : 합집합, 교집합, 차집합, 카티션 프로덕트 ② 순수관계연산자 : Select, Project Join, Division	① 투플 관계해석 : 변수가 투플을 나타낸다. ② 도메인 관계해석 : 변수가 도메인을 나타낸다.

SQL(Structure Query Language)

[학생(STUDENT)]

학번(Sno)	이름(Sname)	학년(Year)	학과(Dept)
100	나수영	4	컴퓨터
200	이찬수	3	전기
300	정기태	1	컴퓨터
400	송병길	4	컴퓨터
500	박종화	2	산공

[과목(COURSE)]

과목 번호(Cno)	과목 이름(Cname)	학점(Credit)	학과(Dept)	담당교수(PRname)
C123	프로그래밍	3	컴퓨터	김성국
C312	자료구조	3	컴퓨터	황수관
C324	화일구조	3	컴퓨터	이규찬
C413	데이터베이스	3	컴퓨터	이일로
E412	반도체	3	전자	홍봉진

[등록(ENROL)]

학번(Sno)	과목 번호(Cno)	성적(Grade)	중간고사(Midterm)	기말고사(Final)
100	C413	A	90	95
100	E412	A	95	95
200	C123	B	85	80
300	C312	A	90	95
300	C324	C	75	75
300	C413	A	95	90
400	C312	A	90	95
400	C324	A	95	90
400	C413	B	80	85
400	E412	C	65	75
500	C312	B	85	80

(1) DML 명령
   ① 검색(Search)

형식	SELECT [DISTINCT] 속성 LIST FROM 테이블 [WHERE [속성 LIKE] 조건] [GROUP BY 속성 LIST] [HAVING 조건] [ORDER BY 속성 LIST [ASC|DESC]];

[설명] • SELECT절 : 질의의 결과에 나타나기를 원하는 속성들을 열거한다.
- FROM절 : 테이블의 리스트로 구성된다.
- WHERE절 : 관계형 대수의 선택 술어로 구성된다.
- DISTINCT절 : 검색 결과의 중복 레코드를 제거한다.
- LIKE절 : 속성이름과 함께 스트링 상수를 명세한 검색조건이다.
- ORDER BY절 : 오름차순(ASC) 또는 내림차순(DESC)으로 정렬 검색한다.
- GROUP BY절 : 명세된 속성의 값별로 분할한다.
- HAVING절 : 각 그룹에 대한 검색조건을 명세한다.

예제 12

조건검색

```
SELECT  Sname, Sno
FROM    STUDENT
WHERE   Dept = '컴퓨터';
```

결과 :

Sname	Sno
나수영	100
정기태	300
송병길	400

SQL(Structure Query Language)

예제 13

검색 결과에 중복 레코드의 제거

```
SELECT  DISTINCT  Dept
FROM    STUDENT ;
```

결과 :

Dept
컴퓨터
전기
산공

예제 14

순서를 명세하는 검색

```
SELECT  Sno, Cno
FROM    ENROL
WHERE   Midterm >= 90
ORDER BY Sno DESC, Cno ASC ;
```

결과 :

Sno	Cno
400	C312
400	C324
300	C312
300	C413
100	C413
100	E412

예제 15

산술식, 문자 스트링, 새로운 열 이름이 명세된 검색

```
SELECT   Sno AS 학번, '중간시험=' AS 시험, Midterm+3 AS 점수
FROM     ENROL
WHERE    Cno = 'C312' ;
```

결과 :

학번	시험	점수
300	중간시험 =	93
400	중간시험 =	93
500	중간시험 =	88

예제 16

복수 테이블로부터의 검색

```
SELECT   S.Sname, S.Dept, E.Grade
FROM     STUDENT S, ENROL E
WHERE    S.Sno = E.Sno AND E.Cno = 'C413' ;
```

결과 :

Sname	Dept	Grade
나수영	컴퓨터	A
정기태	컴퓨터	A
송병길	컴퓨터	B

SQL(Structure Query Language)

예제 17

집단 함수를 이용한 검색

```
SELECT   COUNT(*) AS 학생수
FROM     STUDENT ;
```

결과 : 5

```
SELECT   AVG(Midterm) AS 중간평균
FROM     ENROL
WHERE    Cno = 'C413' ;
```

결과 : 88

집단함수(aggregate function)	
함수	의미
COUNT	값의 개수
SUM	총계
AVG	평균값
MAX	최댓값
MIN	최솟값

예제 18

GROUP BY를 이용한 검색

```
SELECT Cno, AVG(Final) AS 기말평균
FROM     ENROL
GROUP BY Cno ;
```

결과 :

Cno	기말평균
C413	90
E412	85
C123	80
C312	90
C324	82

예제 19

HAVING을 이용한 검색

```
SELECT  Cno, AVG(Final) AS 평균
FROM    ENROL
GROUP BY Cno
HAVING COUNT(*) >= 3 ;
```

결과 :

Cno	기말평균
C413	90
C312	90

예제 20

부속 질의문을 사용한 검색

```
SELECT Sname
FROM STUDENT
WHERE Sno IN
    ( SELECT Sno
      FROM ENROL
      WHERE Cno = 'C413' ) ;
```

결과 :

Sname
나수영
정기태
송병길

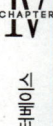

SQL(Structure Query Language)

```
SELECT Sname, Dept
FROM STUDENT
WHERE Dept =
    ( SELECT Dept
      FROM STUDENT
      WHERE Sname = '정기태') ;
```

결과 :

Sname	Dept
나수영	컴퓨터
정기태	컴퓨터
송병길	컴퓨터

```
SELECT Sno, Cno
FROM ENROL
WHERE Final > ALL
    ( SELECT Final
      FROM ENROL
      WHERE Sno = 500 ) ;
```

결과 :

Sno	Cno
100	C413
100	E412
300	C312
300	C413
400	C312
400	C324
400	C413

예제 21

LIKE를 사용한 검색

```
SELECT  Cno, Cname
FROM    COURSE
WHERE   Cno LIKE 'C%' ;
```

결과 :

Cno	Cname
C123	프로그래밍
C312	자료구조
C324	파일구조
C413	데이터베이스

예제 22

EXISTS를 사용한 검색

```
SELECT Sname
FROM STUDENT
WHERE EXISTS
    ( SELECT *
      FROM ENROL
      WHERE Sno = STUDENT.Sno AND CNO = 'C413' ) ;
```

결과 :

Sname
나수영
정기태
송병길

SQL(Structure Query Language)

```
SELECT Sname
FROM STUDENT
WHERE NOT EXISTS
    ( SELECT *
      FROM ENROL
      WHERE Sno = STUDENT.Sno AND CNO = 'C413' ) ;
```

결과 :

Sname
이찬수
박종화

예제 23

UNION이 관련된 검색

```
SELECT  Sno
FROM    STUDENT
WHERE   Year = 4
UNION
SELECT  Sno
FROM    ENROL
WHERE   Cno = 'C312' ;
```

결과 :

Sno
100
300
400
500

```
SELECT   Sno
FROM     STUDENT
WHERE    Year = 4
UNION ALL
SELECT   Sno
FROM     ENROL
WHERE    Cno = 'C312' ;
```

결과 :

Sno
100
300
400
400
500

② 삽입(Insertion)

형식	INSERT INTO 테이블 　　　VALUES (속성값 리스트) INSERT INTO 테이블 　　　SELECT 문

[설명] • INSERT INTO ~ VALUE : 특성 속성에 대해 특정 값을 갖는 하나의 튜플을 테이블에 삽입된다.
　　　• INSERT INTO ~ SELECT문 : 여러 개의 튜플을 테이블에 한 번에 삽입한다.

예제 24

레코드의 직접 삽입

```
INSERT INTO STUDENT
VALUES ( 600, '박상철', 1, '컴퓨터' ) ;
```

SQL(Structure Query Language)

예제 25

부속 질의문을 이용한 레코드 삽입

```
INSERT  INTO  COMPUTER(Sno, Sname, Year)
SELECT  Sno, Sname, Year
FROM    STUDENT
WHERE   Dept = '컴퓨터' ;
```

③ 삭제(Deletion)

| 형식 | DELETE
FROM 테이블
[WHERE 조건] |

[설명] • WHERE절의 조건을 만족하는 튜플을 테이블에서 삭제한다.
 • 테이블은 반드시 하나만 명세해야 한다.

예제 26

하나의 레코드 삭제

```
DELETE
FROM  STUDENT
WHERE  Sno = 100 ;
```

예제 27

복수의 레코드 삭제

```
DELETE
FROM  STUDENT
```

④ 갱신(Update)

| 형식 | UPDATE 테이블
SET 속성 = 값 ...
[WHERE 조건] |

[설명] WHERE절의 조건을 만족하는 각 튜플에 대하여 SET절의 지시에 따라 갱신된다.

예제 28

```
UPDATE  ENROL
SET     Midterm = Midterm + 3
WHERE   Midterm = 90 ;
```

(2) DDL 명령

① 생성
- 베이스 테이블(Base table)

| 형식 | CREATE TABLE 테이블
(속성 이름 TYPE [NOT NULL],
 PRIMARY KEY (속성LIST),
 UNIQUE (속성LIST),
 FOREIGN KEY (속성LIST),
 CHECK (조건식)); |

- 데이터 형(data type)

```
DECIMAL(m,n)   : 십진 소수
INTEGER        : 4 바이트 정수
SMALLINT       : 2 바이트 정수
FLOAT          : 부동 소수
CHAR(n)        : 문자의 수가 n인 스트링
VARCHAR(n)     : 문자의 개수가 최대 n인 스트링
```

② 속성(Attribute)의 첨가

| 형식 | ALTER TABLE 테이블 이름
ADD 속성 이름 TYPE |

③ 삭제
- 베이스 테이블 : DROP TABLE 테이블 이름
- 인덱스 : DROP INDEX 인덱스 이름
- 뷰 : DROP VIEW 뷰 이름

SQL(Structure Query Language)

기출 2017 - 03 다음은 STUDENT 릴레이션과 DEPARTMENT 릴레이션을 나타낸 것이다. 〈SQL문〉의 ㉠, ㉡의 수행 결과를 〈작성 방법〉에 따라 순서대로 쓰시오. [4점]

STUDENT (기본키 : s_number)

s_number	s_name	score	d_number
100	김수아	80	2
200	정상우	70	1
300	이민구	80	1
400	박정현	85	2
500	신지수	90	2

DEPARTMENT (기본키 : d_number)

d_number	d_name	telephone
1	국어교육	8816
2	컴퓨터교육	8231
3	수학교육	7766

○ STUDENT 릴레이션의 d_number는 DEPARTMENT 릴레이션의 d_number를 참조하는 외래키이다.

SQL문

㉠
```
SELECT d_number, AVG(score), MAX(score)
FROM STUDENT
GROUP BY d_number
ORDER BY AVG(score) DESC ;
```

㉡
```
SELECT S.s_name, D.d_name, S.score
FROM STUDENT AS S, DEPARTMENT AS D
WHERE score > (SELECT AVG(score)
                FROM STUDENT
                WHERE d_number = S.d_number)
      AND S.d_number = D.d_number ;
```

작성 방법

(1) ㉠의 수행 결과를 쓸 것.
   (단, 수행 결과의 투플 형식은 〈3, 50.0, 60〉과 같다.)
(2) ㉡의 수행 결과를 쓸 것.
   (단, 수행 결과의 투플 형식은 〈홍길동, 과학교육, 60〉과 같다.)

해답	(1) 〈2, 85.0, 90〉 　　〈1, 75.0, 80〉 (2) 〈이민구, 국어교육, 80〉 　　〈신지수, 컴퓨터교육, 90〉	각 1점

기출 2003-07 두 개의 테이블 EMPLOYEE와 DEPT에 대한 정의 및 내용이 다음 [그림 1]과 [그림 2]에서와 같이 정의될 때, 각 물음에 답하시오. [총 8점]

그림 1

```
CREATE TABLE EMPLOYEE (
EMPNO    CHAR(4) NOT NULL,
ENAME    CHAR(10),
DEPTNO   CHAR(4),
SALARY   INTEGER,
YEAR     INTEGER,
PRIMARY KEY (EMPNO),
FOREIGN KEY (DEPTNO)
       REFERENCES DEPT);
```

EMPLOYEE 테이블

EMPNO (고용인번호)	ENAME (고용인이름)	DEPTNO (부서번호)	SALARY (봉급)	YEAR (근무년수)
E100	김영수	D001	400	10
E101	백영란	D002	350	5
E102	최재훈	D002	380	7
E103	이은정	D003	280	3

그림 2

```
CREATE TABLE DEPT (
DEPTNO    CHAR(4) NOT NULL,
DNAME     CHAR(10),
BUDGET    INTEGER,
PRIMARY KEY (DEPTNO));
```

DEPT 테이블

DEPTNO (부서번호)	DNAME (부서이름)	BUDGET (예산)
D001	총무부	8000
D002	인사부	12000
D003	기획부	9000

7-1. 고용인번호(EMPNO)가 'E103'인 고용인이 속한 부서이름(DNAME)을 구하는 문장을 아래의 형식에 맞게 SQL로 작성하시오. (3점)

SELECT DEPT.DNAME
FROM   EMPLOYEE, DEPT
WHERE   EMPLOYEE.DEPTNO=DEPT.DEPTNO AND EMPLOYEE.EMPNO = 'E103'

7-2. 고용인번호(EMPNO)가 'E100'인 고용인의 부서번호(DEPTNO)를 'D004'로 갱신하는 문장을 SQL로 작성하시오. (3점)

UPDATE EMPLOYEE
SET   DEPTNO = 'D004'
WHERE   EMPNO = 'E100' ;

SQL(Structure Query Language)

7-3. '7-2'번에서 작성한 SQL 문장을 실행시키면, 실제 데이터베이스 내용을 갱신시킬 수 있는지 여부를 판단하여 '갱신가능' 또는 '갱신불가능'으로 쓰시오. 만일, 갱신가능하다면 고용인번호(EMPNO)가 'E100'인 튜플(tuple)을 삭제하는 문장을 SQL로 작성하고, 갱신가능하지 않다면 그 이유를 기술하시오. (2점)

<u>갱신 불가능</u>
<u>이유 : EMPLOYEE 테이블에서 DEPT 테이블을 참조하기 위한 외래키가 DEPTNO이다. 그러나, EMPLOYEE 테이블에서 EMPNO의 'E100'에 해당하는 DEPTNO의 'D001' 'D004'로 수정하면 DEPT 테이블에서는 DEPTNO의 'D004'가 존재하지 않아 참조 무결성을 상실하게 된다.</u>

기출 2001-07 다음 각각의 질문에 알맞은 SQL문을 쓰시오. [총 8점]

7-1. CREATE 문을 사용하여 아래의 상품 테이블을 만드시오. 단, 주 키(primary key)는 품목 번호이며, 주 키는 NULL 값을 허용하지 않는다. (2점)

[상품]

품목번호	품목명	가격
char(4)	char(10)	integer

CREATE TABLE 상품
(품목번호 CHAR(4) NOT NULL,
  품목명 CHAR(10),
  가격 INTEGER,
  PRIMARY KEY (품목번호)) ;

7-2. ALTER 문을 사용하여 위에서 만든 상품 테이블을 아래와 같이 변경하시오. (2점)

[상품]

품목번호	품목명	가격	원가
char(4)	char(10)	integer	integer

ALTER TABLE 상품
ADD 원가 INTEGER ;

7-3. INSERT 문을 사용하여 위와 같이 변경된 상품 테이블에 아래의 튜플(tuple)을 삽입하시오. (2점)

[상품]

품목번호	품목명	가격	원가
P001	screw	1200	500

INERT INTO 상품
VALUES('P001' , 'SCREW' , 1200, 500) ;

7-4. SELECT 문을 사용하여 위와 같이 하나의 튜플이 삽입된 상품 테이블에서 품목번호가 P001인 튜플의 가격을 검색하시오. (2점)

  SELECT 가격
  FROM 상품
  WHERE 품목번호 = 'P001' ;

기출 2020-02 (가)는 '마트' 데이터베이스의 '제품' 테이블이다. (나)는 마트에 제품을 납품하는 회사별 제품의 평균가격이 300을 초과하는 회사의 회사코드와 평균가격을 검색하는 SQL문이다. 〈조건〉을 고려하여 ㉠에 해당하는 내용을 쓰고, (가)테이블에 대해 (나)SQL문을 실행하였을 때 결과 튜플(tuple)의 개수를 순서대로 쓰시오. [2점]

(가)

제품 (기본키 : 제품코드)

제품코드	이름	가격	회사코드
1001	생수	100	10
1002	파이	400	20
1003	사탕	100	10
1004	음료수	300	10
1005	과자	200	30
1006	연필	200	30
1007	치약	500	20
1008	가방	900	10

(나)

```
select 회사코드, avg(가격) as 평균가격
from 제품
group by 회사코드
having      ㉠       ;
```

조건
- '마트'는 관계형 데이터베이스이다.
- '제품' 테이블의 각 속성은 순서대로 제품 코드, 제품 이름, 제품 가격, 그 제품을 납품하는 회사 코드를 의미한다.

SQL(Structure Query Language)

(3) SQL View

⟨EMPLOYEE⟩

EMPNO	EMPNAME	TITLE	SALARY	DNO
2106	김창섭	대리	25000	2
3426	박영권	과장	30000	1
3011	이수민	부장	40000	3
1003	조민희	과장	30000	2
3427	최종철	사원	15000	3
1365	김상원	사원	15000	1
4377	이성래	이사	50000	2

⟨DEPARTMENT⟩

DEPTNO	DEPTNAME	FLOOR
1	영업	8
2	기획	10
3	개발	9
4	총무	7

```
CREATE TABLE EMPLOYEE (
    EMPNO      CHAR(4) NOT NULL,
    EMPNAME    CHAR(8) NOT NULL,
    TITLE      CHAR(8),
    SALARY     INTEGER,
    DNO        INTEGER,
    PRIMARY KEY(EMPNO) );
```

① 뷰의 정의

형식	CREATE VIEW 뷰이름 [속성 리스트] AS SELECT문 WITH CHECK OPTION

② 한 릴레이션 위에서 뷰의 정의

예제 29

EMPLYOEE 릴레이션에 대해서 "3번 부서에 근무하는 사원들의 사원번호, 사원이름, 직책으로 이루어진 뷰"를 정의해보자.

SQL - 뷰
```
CREATE VIEW EMP_DNO3( ENO, ENAME, TITLE)
   AS SELECT    EMPNO, EMPNAME, TITLE
      FROM      EMPLOYEE
      WHERE     DNO = 3 ;
```

③ WITH CHECK OPTION
  ㉠ WITH CHECK OPTION은 데이터 무결성을 보장하는 데 활용된다.
  ㉡ 뷰를 통해 수행되는 INSERT와 UPDATE문이 뷰가 선택할 수 없는 투플들을 생성할 수 없도록 보장한다.

```
〈UPDATE문〉
UPDATE EMP_DNO3
SET     DNO = 2
WHERE   ENO = 3427 ;

〈CREATE VIEW문〉
CREATE VIEW EMP_DNO3(ENO, ENAME, TITLE)
AS SELECT   EMPNO, EMPNAME, TITLE
    FROM EMPLOYEE
    WHERE DNO = 3
    WITH CHECK OPTION ;
```

④ 두 릴레이션 위에서 뷰의 정의

예제 30

EMPLOYEE와 DEPARTMENT 릴레이션에 대해서 "기획부에 근무하는 사원들의 이름, 직책, 급여로 이루어진 뷰"를 정의해보자.

SQL - 뷰
```
CREATE VIEW EMP_PLANNING
    AS SELECT    E.EMPNAME, E.TITLE, E.SALARY
       FROM      EMPLOYEE E, DEPARTMENT D
       WHERE     E.DNO=D.DEPTNO AND D.DEPTNAME = '기획' ;
```

SQL(Structure Query Language)

기출 2004 - 08 테이블 TEACHER와 테이블 TEACHER 속성의 의미가 아래와 같이 정의되어 있다.

[테이블 TEACHER]
```
CREATE TABLE TEACHER (
    TID       CHAR(6)  NOT NULL,
    NAME   CHAR(20),
    DEPT     CHAR(20),
    AGE      INTEGER,
    PRIMARY KEY (TID) ) ;
```

[테이블 TEACHER 속성의 의미]
```
TID   : 교수번호
NAME  : 교수이름
DEPT  : 소속학과
AGE   : 나이
```

테이블 TEACHER에서 소속학과가 '컴퓨터'인 교수의 교수번호, 교수이름, 나이를 검색한 후, 결과 튜플(tuple)로 이루어진 뷰(view) CT를 생성하는 표준 SQL 문장을 아래 형식에 맞게 쓰시오. (단, 뷰 CT의 속성이름을 TNO(교수번호), TNAME(교수이름), STATUS(나이)로 부여한다.) (3점)

```
CREATE  VIEW CT(TNO, TNAME, STATUS) AS
SELECT  TID, NAME, AGE
FROM    TEACHER
WHERE   DEPT = '컴퓨터' ;
```

기출 2016-08 (나)는 (가)의 관계형 데이터베이스의 릴레이션 'employee'와 'department'에서 '부서별 평균 급여가 40000 이상인 부서의 부서번호, 부서명, 급여의 총액으로 구성된 뷰(view)를 생성'하는 SQL문이다. (나)의 ㉠, ㉡에 해당하는 내용을 순서대로 쓰시오. (단, 생성되는 뷰의 스키마는 ViewName1(employee.dno, department.dname, total)이다.) (2점)

(가)

employee(기본키 : eno)

eno	ename	address	salary	dno
12	손오공	서울	30000	5
33	이몽룡	서울	40000	5
98	변학도	광주	43000	1
77	심청	충북	25000	4
88	홍길동	부산	55000	1

department(기본키 : dno)

dno	dname	mgr_eno
5	연구부	33
4	행정부	77
1	인사부	88

○ 릴레이션 'employee'에서 eno는 사번, ename은 성명, address는 주소, salary는 급여, dno는 부서번호를 의미한다.
○ 릴레이션 'department'에서 dno는 부서번호, dname은 부서명, mgr_eno는 관리자 사번을 의미한다.
○ 릴레이션 'employee'의 외래키 employee.dno는 department.dno를 참조한다.

(나)

```
CREATE VIEW ViewName1 AS
SELECT employee.dno, department.dname,  ㉠
FROM employee, department
WHERE employee.dno = department.dno
GROUP BY employee.dno, department.dname
HAVING  ㉡  ;
```

해답	㉠ sum(employee.salary) as total ㉡ avg(employee.salary) >= 40000	각 1점

정규화(normalization)

1 이상(anomaly)현상

(1) 이상현상이란?
데이터베이스 사용자의 의도와는 다르게 다른 데이터가 삽입, 삭제, 갱신되는 현상을 말한다.

(2) 종류
[수강]

학 번	과 목	수강료
100	DELPHI	20,000
200	VISUAL BASIC	25,000
300	C언어	15,000
400	DELPHI	20,000

① 삭제이상(Deletion anomaly) : 한 튜플을 삭제함으로써 유지해야 될 다른 정보의 손실을 가져오는 연쇄 삭제(Triggered deletion) 현상이 일어나는 것을 말한다.
  - ex) 학번 300인 학생이 C언어 등록을 취소하여 이 학생의 튜플을 삭제하면 C언어의 수강료 15,000 정보까지 잃게 되는 경우이다.

② 삽입이상(Insertion anomaly) : 필요한 데이터의 삽입을 위해 불필요한 데이터를 함께 삽입해야 되는 현상이다.
  - ex) VISUAL C++의 수강료 30,000을 릴레이션에 삽입하기 위해서는 VISUAL C++을 어떤 학생이 수강하지 않는 이상 가상의 학번과 함께 삽입해야 하는 경우이다.

③ 갱신이상(Updating anomaly) : 중복된 튜플들 중에서 일부 튜플의 속성 값만을 갱신함으로써 정보의 모순성(Inconsistency)이 생기는 현상이다.
  - ex) DELPHI의 수강료를 20,000에서 23,000으로 변경하고자 할 때 100번 학생의 수강료만 갱신하게 되면 400번 학생의 수강료와 불일치하는 문제가 발생하는 경우이다

(3) 스키마의 변환
① 스키마의 변환이란?
  일단 만들어진 릴레이션들을 보다 바람직한 형태의 릴레이션들로 다시 변환시키는 것을 말한다.

② 원리
  ㉠ 정보의 무손실 표현이다.
  ㉡ 데이터의 중복이 감소되어야 한다.
  ㉢ 분리의 원칙이다.

2 함수적 종속

(1) **함수적 종속성(FD, functional dependence)**
    어떤 릴레이션 R에서 속성 X의 각 값에 대해 속성 Y값이 오직 하나만 연관되어 있을 때 Y는 X에 함수적 종속이라 하고 R.X → R.Y로 표현한다. 또한 R.X를 결정자(determinant), R.Y를 종속자(dependent)라 한다.

(2) **다치 종속성(MVD, MultiValued Dependency)**
    A, B, C 세 개의 속성을 가진 릴레이션 R에서 어떤(A값, C값)에 대응하는 B값의 집합이 A값에만 종속되고 C값에는 무관할 때 MVD R.A →→ R.B가 존재한다.

(3) **조인 종속성(JD, Join Dependency)**
    어떤 릴레이션 R이 자신의 Projection X,Y,…,Z에 대한 조인의 결과가 자신과 같을 때 조인 종속성(JD)*(X,Y,…,Z)을 만족한다고 한다. 여기서 X,Y,…,Z는 R의 속성 집합의 부분 집합이다.

3 정규화(normalization)

(1) 정규화의 목적
① 릴레이션에서 바람직하지 않은 삽입, 삭제, 갱신이상이 발생하지 않도록 한다.
② 어떤 릴레이션이라도 데이터베이스 내에서 표현이 가능하도록 만드는 것이다.
③ 새로운 형태의 데이터가 삽입될 때 릴레이션을 재구성할 필요성을 줄일 수 있다.
④ 보다 간단한 관계연산에 기초하여 검색 알고리즘을 효과적으로 만들 수 있다.

(2) 기본 정규형
① 제1 정규형(1 NF)

> 어떤 릴레이션 R의 모든 도메인들의 값이 오직 원자값(atomic value)만으로 되어 있다면 릴레이션 R은 제1 정규형에 속한다.

〈제1 정규형의 예〉
[수강지도]   기본키 : {학번, 과목번호}

학번	지도교수	학과	과목번호	성적
100	P1	컴퓨터	C413	A
100	P1	컴퓨터	E412	A
200	P2	전기	C123	B
300	P3	컴퓨터	C312	A
300	P3	컴퓨터	C324	C
300	P3	컴퓨터	C413	A
400	P1	컴퓨터	C312	A
400	P1	컴퓨터	C324	A
400	P1	컴퓨터	C413	B
400	P1	컴퓨터	E412	C

[수강지도의 함수 종속 다이어그램]

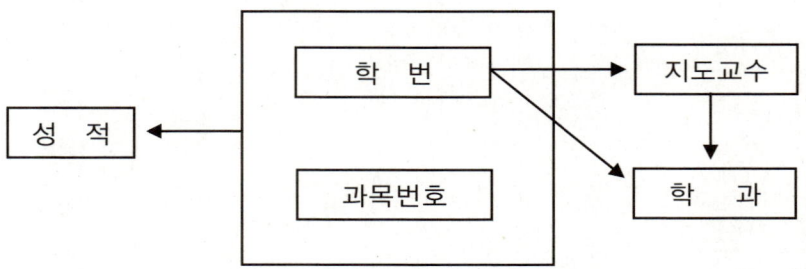

② 제2 정규형(2 NF)

> 어떤 릴레이션 R이 1NF이고, 키가 아닌 모든 속성들이 기본 키에 완전 함수적 종속일 때 이 릴레이션 R은 제2 정규형에 속한다.

〈제2 정규형의 예〉

[지도]　기본키 : {학번}

학번	지도교수	학과
100	P1	컴퓨터
200	P2	전기
300	P3	컴퓨터
400	P1	컴퓨터

[수강]　기본키 : {학번, 과목번호}
　　　　외래키 {학번} 참조 : 지도

학번	과목번호	성적
100	C413	A
100	E412	A
200	C123	B
300	C312	A
300	C324	C
300	C413	A
400	C312	A
400	C324	A
400	C413	B
400	E412	C

[지도와 수강의 함수 종속 다이어그램]

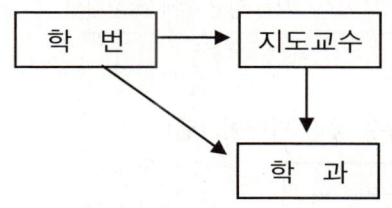
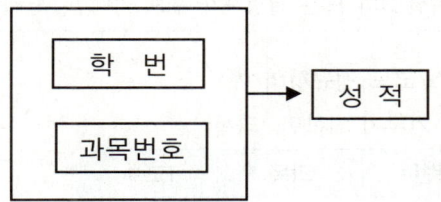

③ 제3 정규형(3 NF)

> 어떤 릴레이션 R이 2NF이고, 키가 아닌 모든 속성들이 비 이행적으로 기본 키에 종속되어 있을 때 이 릴레이션은 제3 정규형에 속한다.

〈제3 정규형의 예〉

[지도교수학과]
기본키 : {지도교수}

지도교수	학과
P1	컴퓨터
P2	전기
P3	컴퓨터

[학생지도]
기본키 : {학번}
외래키 : {지도교수} 참조 : 지도교수학과

학번	지도교수
100	P1
200	P2
300	P3
400	P1

[지도교수학과와 학생지도의 함수 종속 다이어그램]

④ 보이스/코드 정규형(BCNF)

> 릴레이션 R의 모든 결정자가 후보 키이면, 릴레이션 R는 보이스/코드 정규형에 속한다.

〈보이스/코드 정규형의 예〉

[수강] 기본키 : {학번, 과목}

학번	과목	교수
100	프로그래밍	P1
100	자료구조	P2
200	프로그래밍	P1
200	자료구조	P3
300	자료구조	P3
300	프로그래밍	P4

[수강의 함수 종속 다이어그램]

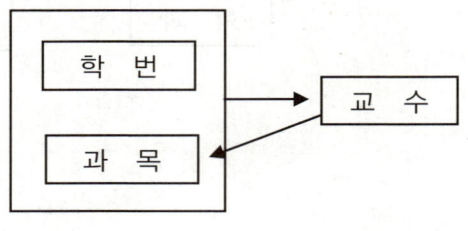

[수강교수]
기본키 : {학번, 교수}
외래키 : {교수} 참조 : 과목교수

학번	교수
100	P1
100	P2
200	P1
200	P3
300	P3
300	P4

[과목교수]
기본키 : {교수}

교수	과목
P1	프로그래밍
P2	자료구조
P3	자료구조
P4	프로그래밍

[수강교수와 과목교수의 함수 종속 다이어그램]

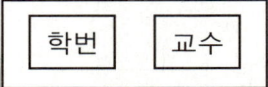 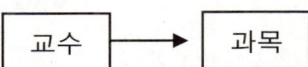

(3) 고급 정규형

① 제4 정규형(4 NF)

> 릴레이션 R에 MVD A→→B가 성립하는 경우에 R의 모든 속성들이 A에 함수적 종속(즉, R의 모든 속성 X에 대해 A→X이고 A가 후보키)이면 그 릴레이션 R은 제4 정규형에 속한다.

〈제4 정규형의 예〉

[개설과목]

과목	교수	교재
파일처리	P1	T1
파일처리	P1	T2
파일처리	P2	T1
파일처리	P2	T2
데이터베이스	P3	T3
데이터베이스	P3	T4
데이터베이스	P3	T5

과목→→교수   과목→→교재

과목	교수
파일처리	P1
파일처리	P2
데이터베이스	P3

과목	교재
파일처리	T1
파일처리	T2
데이터베이스	T3
데이터베이스	T4
데이터베이스	T5

> Fagin의 정리 : 릴레이션 R(A, B, C)에 MVD A→→B | C가 존재하기만 하면 두 프로젝션 R1(A, B)와 R2(A, C)로 무손실 분해될 수 있다.

② 제5 정규형(5 NF)

> 릴레이션 R의 모든 죠인 종속성(JD)의 만족이 R의 후보키로 유추될 수 있을 때 그 릴레이션 R은 제5 정규형 또는 PJ/NF에 속한다.

(4) 정규형들 간의 관계

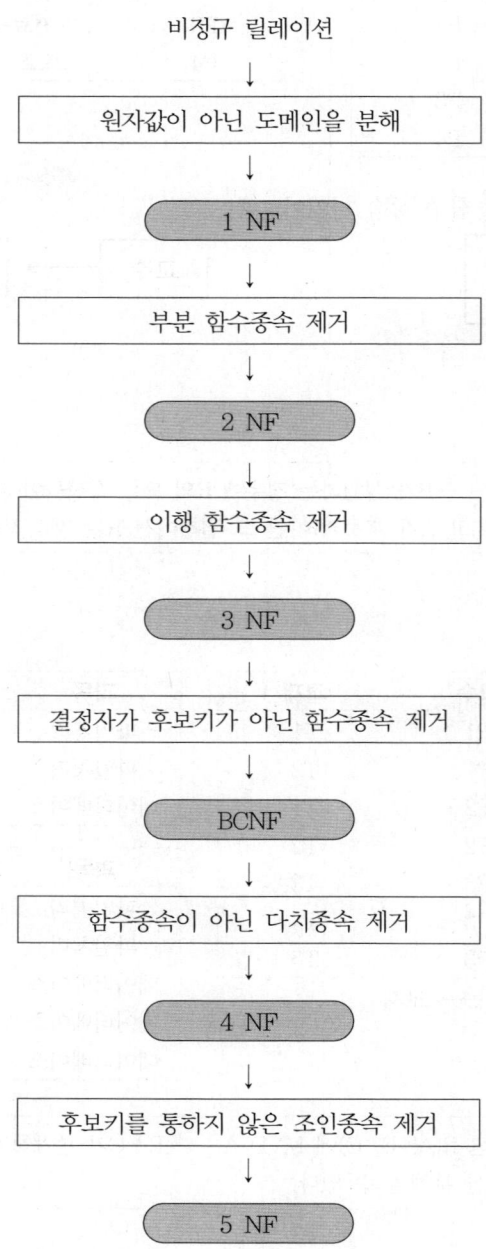

예제 31

다음과 같은 교수 릴레이션을 보고 물음에 답하시오.

학번	과목명	교수
100	데이터 통신	LEE
200	데이터 통신	KIM
200	운영체제	PARK
200	자료구조	KANG
300	자료구조	HONG
300	데이터 통신	LEE

(1) 위 릴레이션의 함수 종속 다이어그램을 그리시오.

(2) 위의 릴레이션은 몇 정규형인가?

(3) 이상현상이 제거될 수 있도록 위의 릴레이션을 분해하시오.

예제 32

어떤 릴레이션 R(A, B, C, D)가 복합 속성{A, B}를 기본키로 가지고 있다고 한다. 다음의 경우에 이 릴레이션은 어떤 함수적 종속성을 가지며, 몇 정규형인가?

(1) C가 {A, B}에 함수적 종속이고, D가 C에 함수적 종속일 때
  ㉠ FD   : _____
  ㉡ 정규형 : _____

(2) C가 {A, B}에 함수적 종속이고, B가 C에 함수적 종속일 때
  ㉠ FD   : _____
  ㉡ 정규형 : _____

(3) C가 {A, B}에 함수적 종속이고, D가 B에 함수적 종속일 때
  ㉠ FD   : _____
  ㉡ 정규형 : _____

정규화(normalization)

예제 33

다음의 각 릴레이션은 몇 차 정규형까지 만족하는가? 그리고 3NF를 만족시키지 못하는 릴레이션은 3NF로 분해하시오. (단, 밑줄은 기본키이다.)

> FD A → E
> FD {A, B} → C
> FD C → D

(1) R(<u>A</u>, <u>B</u>, C)
  - 정규형 : _____

(2) R(<u>A</u>, <u>B</u>, C, D)
  - 정규형 : _____
  - 분 해 : _____
           _____

(3) R(<u>A</u>, <u>B</u>, C, D, E)
  - 정규형 : _____
  - 분 해 : _____
           _____
           _____

기출 2005-08 아래 〈업무〉 릴레이션을 상위 정규형으로 분해하였을 때 생성되는 릴레이션의 다이어그램이 다음과 같다고 가정하자. 이와 같은 방법으로 정규화하였을 때 발생되는 문제점을 1줄로 쓰시오. 그리고 그 문제점이 해결되도록 정규화하였을 때 생성되는 릴레이션의 다이어그램을 그리시오. (3점)

〈업무〉

사번	담당업무	부서명
10	A100	기획부
20	E200	자재부
30	D300	운송부
40	B400	기획부
50	A100	기획부

〈다이어그램〉

사 번 ⟶ 담당업무

사 번 ⟶ 부서명

- **문제점 :** 이행적 종속성을 가지고 있지만 위 다이어그램처럼 분해하면 담당업무 → 부서명의 함수적 종속성을 손실한다.

- **다이어그램 :**

사 번 ⟶ 담당업무

담당업무 ⟶ 부서명

SECTION 5 정규화(normalization)

기출 2006 - 23~24 다음은 진료 정보를 유지하는 〈진료〉 릴레이션이다. 담당 의사는 한 과에만 소속되어 있고, 환자는 여러 과에서 진료받을 수 있으며, 각 과에서는 담당 의사 한 명에게서만 진료를 받는다. 단, 기본키는 (환자 번호, 진료과)이다.

〈진료〉

	환자 번호	진료과	담당 의사
①	1112	정형외과	정상우
②	1113	정형외과	정상우
③	1114	정형외과	조영민
④	1114	내과	김수희
⑤	1115	소아과	김민수
⑥	1115	정형외과	정상우

23. 위에서 제시한 〈진료〉 릴레이션에 대하여 후보키를 모두 쓰고, 이 릴레이션이 만족하는 가장 높은 정규형을 쓰시오. 그리고 이 릴레이션에서 발생할 수 있는 수정 이상과 삭제 이상에 관련되는 모든 튜플의 번호를 각각 쓰시오. (4점)

- 후보키 : (환자번호, 진료과), (환자번호, 담당의사)
- 정규형 : 제3정규형 (3NF)
- 수정 이상 관련 튜플 번호 : ①, ②, ⑥
- 삭제 이상 관련 튜플 번호 : ③, ④, ⑤

24. 위에서 제시한 〈진료〉 릴레이션을 상위 릴레이션으로 분해하였을 때 생성되는 릴레이션을 나타내고, 생성된 각 릴레이션별로 기본키와 외래키를 해당 릴레이션 아래에 순서대로 모두 쓰시오. 단, 키가 존재하지 않는 경우는 '없음'이라고 표기하시오. (3점)

	환자번호	담당의사	담당의사	진료과
릴레이션	1112	정상우	정상우	정형외과
	1113	정상우	조영민	정형외과
	1114	조영민	김수희	내과
	1114	김수희	김민수	소아과
	1115	김민수		
	1115	정상우		
기본키	(환자번호, 담당의사)		담당의사	
외래키	담당의사		없음	

기출 2018-02 관계형 데이터베이스에서 릴레이션 R의 스키마를 단계별로 최대한 분해하여 정규화를 하려고 한다. <조건>을 고려하여 <작성 방법>에 따라 쓰시오. [4점]

R(기본 키 : (A, B))

A	B	C	D	E
a1	b1	c1	d1	e2
a2	b1	c1	d3	e1
a1	b2	c2	d1	e2
a3	b2	c3	d4	e2
a2	b3	c4	d3	e1
a4	b3	c4	d3	e1

○ 릴레이션 R의 스키마는 R(A, B, C, D, E)이다.

[함수 종속 집합]

○ 릴레이션 R의 함수 종속 집합은 다음과 같다.
{AB → C, D → E, A → E, A → ㉠ , C → ㉡ }

조건

○ 분해된 릴레이션의 이름은 R1, R2, ……와 같이 표기한다. 예를 들어, 분해된 릴레이션 스키마는 R1(A, B)와 같이 표기한다.

작성 방법

(1) [함수 종속 집합]에서 ㉠, ㉡에 들어갈 속성 이름을 순서대로 쓸 것.
(2) 릴레이션 R의 [함수 종속 집합]을 이용하여 정규화 절차에 따라 3NF와 BCNF로 분해된 릴레이션 스키마를 순서대로 쓸 것.

해답	(1) ㉠ D ㉡ B	1점
	(2) 3NF : R1(A, D), R2(D, E), R3(A, B, C)	1.5점
	BCNF : R1(A, D), R2(D, E), R3(A, C), R4(C, B)	1.5점

4 함수적 종속의 추론

(1) 암스트롱의 공리에 의한 추론

반사 규칙(reflexcivity rule)	X가 속성들의 집합이고 Y⊆X이면 X→Y이다.
증가 규칙(augmentation rule)	X→Y이고 W가 속성들의 집합이면 WX→WY이다.
이행 규칙(transitivity rule)	X→Y이고 Y→Z이면 X→Z이다.
연합 규칙(union rule)	X→Y이고 X→Z이면 X→YZ이다.
분해 규칙(decomposition rule)	X→YZ이면 X→Y이고 X→Z이다.
가이행 규칙(pseudo transitivity rule)	X→Y이고 WY→Z이면 XW→Z이다.

(2) FD집합의 폐포(closure)

테이블 T의 속성에 대한 FD집합 F에서 F에 적용하여 얻어진 모든 FD의 집합을 F의 폐포라 정의하며, F^+ 기호로 표기한다.

예제 34

관계 스키마 R = (A, B, C, G, H, I)에 대한 다음의 함수적 종속의 집합 F의 폐포 (F^+)는 무엇인가?

A → B	CG → I
A → C	B → H
CG → H	

(1) 이행 규칙 : _____
(2) 가이행규칙 : _____ , _____
(3) 연합 규칙 : _____ , _____

(3) **FD집합의 커버(cover)**

FD집합 G가 집합 F로부터 적용 규칙을 통해 유도되면, FD집합 F는 FD집합 G를 cover한다. 또한, FD집합 F를 cover하는 FD의 최소 집합 M이 존재하면 M을 F에 대한 최소 커버(minimal cover)라 한다.

예제 35

F = { A → AC, B → ABC, D → ABC }로 주어진 FD집합에 대한 물음에 답하시오.

(1) 분해규칙을 적용해 H를 구하시오.
- H = _____

(2) 최소 커버(minimal cover) M을 구하시오.
- M = _____

트랜잭션(Transaction)

1 트랜잭션(Transaction)

(1) 트랜잭션이란?
하나의 논리적 기능을 수행하기 위한 작업의 단위로서 데이터베이스의 일관 상태를 다른 일관된 상태로 변환시키는 것이다.

(2) 트랜잭션의 ACID 성질
① 원자성(Atomicity) : 트랜잭션은 자기의 연산을 전부 또는 전무(all-or-nothing) 실행만이 있지 일부 실행으로 트랜잭션의 기능을 갖는 것은 아니다.
② 일관성(Consistency) : 트랜잭션이 그 실행을 성공적으로 완료하면 언제나 일관성 있는 데이터베이스 상태로 변환한다.
③ 격리성(Isolation) : 트랜잭션이 실행 중에 생성하는 연산의 중간 결과는 다른 트랜잭션이 접근할 수 없다.
④ 영속성(Durability) : 트랜잭션이 일단 그 실행을 성공적으로 완료하면 그 결과는 영속적이다.

(3) 원자성을 위한 연산
① Commit 연산 : 트랜잭션의 실행이 성공적으로 종료되었음을 선언하는 연산
② Rollback 연산 : 트랜잭션의 실행이 실패했음을 선언하는 연산

(4) 트랜잭션의 상태

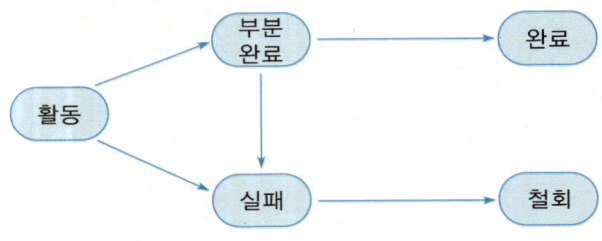

① 활동(active) : 트랜잭션이 실행을 시작하였거나 실행 중인 상태를 말한다.
② 부분 완료(partially committed) : 트랜잭션이 마지막 명령문을 실행한 직후의 상태를 말한다.
③ 실패(failed) : 정상적 실행을 더 이상 계속할 수 없어서 중단한 상태이다.
④ 철회(aborted) : 트랜잭션이 실행에 실패하여 Rollback연산을 수행한 상태를 말한다.
⑤ 완료(committed) : 트랜잭션이 실행을 성공적으로 완료하여 Commit연산을 수행한 상태를 말한다.

(5) 직렬 스케줄과 비직렬 스케줄
① 직렬 스케줄(serial schedule) : 여러 트랜잭션들의 집합을 한번에 한 트랜잭션씩 차례대로 수행하는 것을 말한다.
② 비직렬 스케줄(non-serial schedule) : 여러 트랜잭션을 동시에 수행하는 것을 말한다.
③ 직렬가능(serializable) 스케줄 : 비직렬 스케줄의 결과가 어떤 직렬 스케줄의 수행 결과와 동등한 경우를 말한다.
④ 비직렬가능(non-serializable) 스케줄 : 비직렬 스케줄의 결과가 어떤 직렬 스케줄의 수행 결과와 다른 경우를 말한다.

예제 36

아래의 두 트랜잭션 T_0 T_1을 보고 물음에 답하시오. 두 트랜잭션이 수행되기 전에 A와 B의 초기값은 각각 2000과 4000이다. 〈기술고시 2차〉

```
T_0 : read(A);
      A:= A-50;
      write(A);
      read(B);
      B:= B+50;
      write(B);
```

```
T_1 : read(A);
      temp:= A*0.1;
      A:= A-temp;
      write(A);
      read(B);
      B:= B+temp;
      write(B);
```

(1) 그림 1의 스케줄 1에 따라 두 트랜잭션을 실행한 후의 A와 B의 값은 각각 얼마인가?

(2) 그림 2의 스케줄 2에 따라 두 트랜잭션을 실행한 후의 A와 B의 값은 각각 얼마인가? (단, 스케줄 2의 수행 시 A와 B의 초기 값은 각각 2000과 4000이다.)

SECTION 6 트랜잭션(Transaction)

T₀	T₁
read(A)	
A: = A − 50	
	read(A)
	temp: = A*0.1
	A: = A − temp
	write(A)
	read(B)
write(A)	
read(B)	
B: = B+50	
write(B)	
	B: = B+temp
	write(B)

〈그림 1. 스케줄 1〉

T₀	T₁
read(A)	
A: = A − 50	
write(A)	
	read(A)
	temp: = A*0.1
	A: = A − temp
	write(A)
read(B)	
B: = B+50	
write(B)	
	read(B)
	B: = B+temp
	write(B)

〈그림 2. 스케줄 2〉

(3) 스케줄 1과 스케줄 2 중에서 직렬가능하지 않는 스케줄은 어느 것인가? 그 이유는 무엇인가?

_____

- 이유 : _____

2 회복(recovery)

(1) 회복이란?
고장(failure)이 일어났을 때 데이터베이스를 고장 발생 이전의 일관된 상태로 복원시키는 것을 말한다.

(2) 고장의 유형
① **트랜잭션 고장** : 트랜잭션 내의 논리적 오류나 내부 조건 즉, 입력 데이터의 불량, 데이터의 불명, 시스템 자원의 과다 사용 요구 등으로 정상적 실행을 계속할 수 없는 상태이다.
② **시스템 고장** : 하드웨어의 오동작으로 주기억장치에 있는 정보의 손실이나 교착상태가 발생하여 더 이상 실행을 계속할 수 없는 상태이다.
③ **미디어 고장** : 디스크 헤드 붕괴나 고장으로 인해 저장 장치의 데이터베이스 일부 또는 전부가 손상된 상태이다.

(3) 회복의 기본전략
① 재수행(redo) : 고장이 발생하기 전에 트랜잭션이 완료 명령을 수행한다면 회복 모듈은 이 트랜잭션의 갱신 사항을 재수행하여 트랜잭션의 갱신이 영속성을 갖도록 해야 한다.

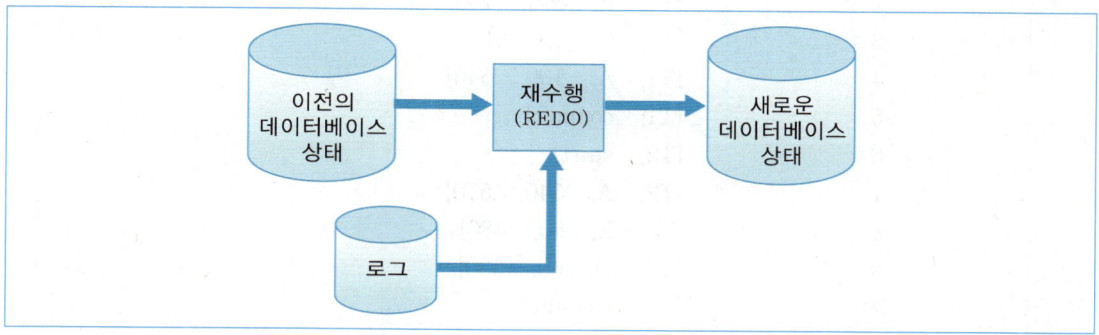

② 취소(undo) : 고장이 발생하기 전에 트랜잭션이 완료 명령을 수행하지 못했다면 원자성을 보장하기 위해서 트랜잭션이 데이터베이스에 반영했을 가능성이 있는 갱신 사항을 취소해야 한다.

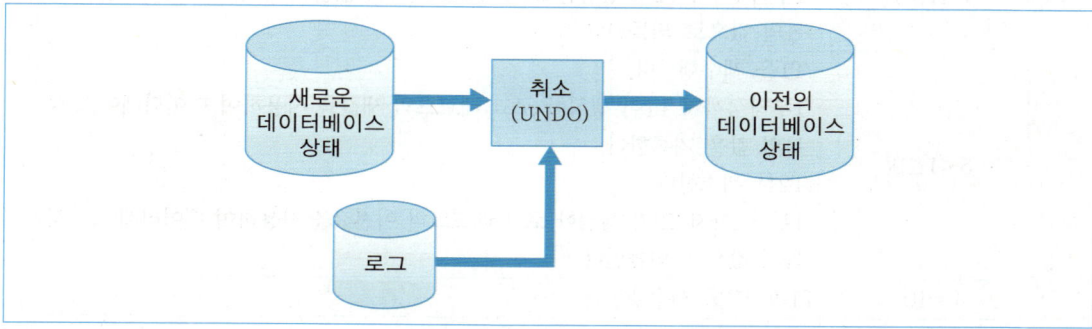

(4) 지연 갱신의 회복
① 트랜잭션이 부분 완료될 때까지 모든 output 연산을 지연시키고 반면에 데이터베이스의 변경을 로그에 전부 기록해 두었다가 한꺼번에 실행시킴으로써 트랜잭션의 원자성을 보장하려는 것이다.
② Redo 연산만 필요하고 Undo 연산은 필요 없다.
③ 로그에 〈Ti, Start〉 레코드와 〈Ti, Commit〉 레코드가 모두 있는 트랜잭션 Ti에 대해서만 Redo 연산을 수행한다.

(5) 즉시 갱신의 회복
① 트랜잭션이 연산을 실행하고 있는 활동 상태에서 데이터의 변경 결과를 데이터베이스에 반영한다.
② Redo연산과 Undo연산을 수행한다.
   ㉠ 만일 로그에 〈Ti, Start〉 레코드만 있고 〈Ti, Commit〉 레코드가 없으면 Undo(Ti)를 수행한다.
   ㉡ 만일 로그에 〈Ti, Start〉 레코드와 〈Ti, Commit〉 레코드가 모두 있으면 Redo(Ti)를 수행한다.

트랜잭션(Transaction)

〈예제〉 트랜잭션의 로그 레코드

로그 순서 번호	로그 레코드
1	[T1, start]
2	[T1, B, 300, 400]
3	[T1, C, 5, 10]
4	[T1, A, 100, 540]
5	[T1, commit]
6	[T2, start]
7	[T2, A, 540, 570]
8	[T2, E, 80, 480]
9	[T2, D, 60, 530]
10	[T2, commit]

순서 번호	작업
i = 0	아무 작업도 필요 없음
1 ≤ i ≤ 4	-T1을 취소한다. 1부터 i까지 T1이 생성한 로그 레코드의 이전값을 사용하여 데이터베이스 항목의 값으로 되돌린다.
5 ≤ i ≤ 9	-T1을 재수행한다. 1부터 4까지 T1이 생성한 로그 레코드의 새값을 사용하여 데이터베이스 항목의 값을 기록한다. -T2를 취소한다. 1부터 i까지 T2가 생성한 로그 레코드의 이전값을 사용하여 데이터베이스 항목의 값으로 되돌린다.
i = 10	T1과 T2를 재수행한다.

(6) 체크포인트(checkpoint)
① 로그를 이용하는 기법에서는 Redo와 Undo를 해야 될 트랜잭션을 결정해야 하며, 이를 위해 로그 전체를 조사해야 하고 Redo를 할 필요가 없는 트랜잭션도 다시 Redo해야 되는 문제가 생긴다.
② 체크포인트 기법은 트랜잭션을 수행하는 동안 로그를 기록 유지하면서 일정한 시간 간격으로 〈checkpoint L〉를 만들어 놓는다.
③ 〈checkpoint L〉 레코드는 회복 작업의 범위를 정해 주며, checkpoint 이전의 트랜잭션에 대해서는 회복작업이 필요 없게 된다.

예제 37

다음 그림에서 장애 발생 시 REDO를 수행해야 하는 트랜잭션과 UNDO를 수행해야 하는 트랜잭션은 무엇인가?

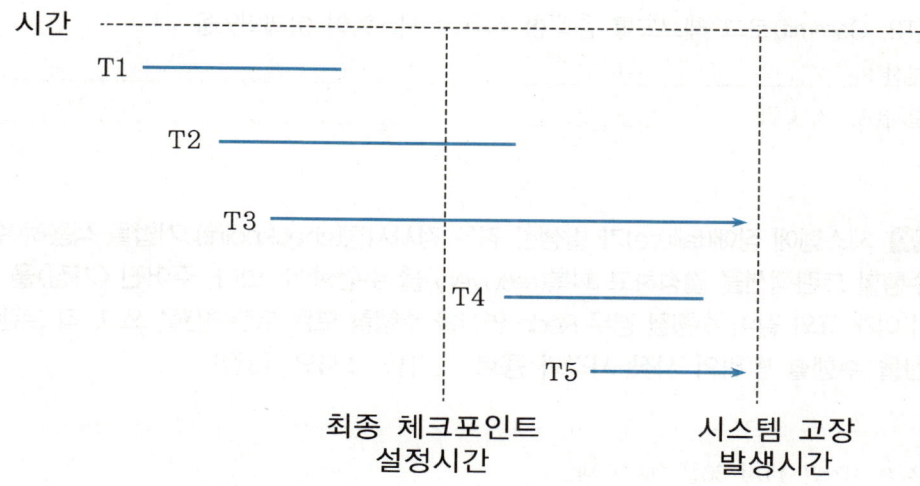

(1) REDO : _____
(2) UNDO : _____

예제 38

다음과 같이 트랜잭션 T1은 계좌 A에서 100을 계좌 B로 이체시키는 트랜잭션이며, T2는 계좌 C로부터 200을 인출하는 트랜잭션이다.

```
⟨T1, Start⟩
⟨T1, A, 1000, 900⟩
⟨T1, B, 2000, 2100⟩
⟨T1, Commit⟩
⟨T2, Start⟩
⟨T2, C, 3000, 2800⟩
⟨T2, Commit⟩
```

(1) T1이 Commit하기 직전에 시스템이 붕괴되었을 때
  • 회복연산 : _____
  • 회복결과(A, B, C값) : _____

트랜잭션(Transaction)

(2) T2가 Commit하기 직전에 시스템이 붕괴되었을 때
- 회복연산 : _____
- 회복결과(A, B, C값) : _____

(3) T2가 〈T2, Commit〉로그 레코드를 출력한 직후에 시스템이 붕괴되었을 때
- 회복연산 : _____
- 회복결과(A, B, C값) : _____

기출 2005 - 09 시스템에 장애(failure)가 발생한 경우 검사시점(checkpoint) 기법을 적용하여 Redo와 Undo를 수행할 트랜잭션을 결정하고 회복(recovery)을 수행할 수 있다. 주어진 〈가정〉을 적용하여 트랜잭션이 아래 표와 같이 수행될 경우 Redo 연산을 수행할 모든 트랜잭션을 쓰고, 각 트랜잭션에서 Redo 연산을 수행할 범위의 시작 시각과 종료 시각을 쓰시오. (3점)

가정
(가) 검사시점 시각은 11시 30분 30초이다.
(나) 검사시점 간격은 2분으로 설정하였다.
(다) 시스템의 장애가 11시 30분 50초에 발생하였다.

〈트랜잭션 수행 시간〉

트랜잭션	시작 시각(시:분:초)	종료시각(시:분:초)
T1	11:30:20	11:30:40
T2	11:30:10	11:30:20
T3	11:30:40	11:30:45
T4	11:30:45	종료되지 않음
T5	11:30:20	종료되지 않음

Redo 연산을 수행할 트랜잭션

트랜잭션	시작시각	종료시각
T1	11:30:30	11:30:40
T3	11:30:40	11:30:45

3 병행수행 제어(Concurrency)

(1) 병행 수행이란?
몇 개의 트랜잭션들을 동시에 수행시키는 것으로서 그 처리의 시작과 종료가 서로 중복되는 것을 말한다.

(2) 병행 수행의 문제점
① 갱신 분실(lost update) : 한 데이터 레코드에 두개의 트랜잭션이 동시에 접근하여 갱신연산을 수행하였으나 실제로는 한 트랜잭션만 갱신한 결과가 되고 다른 트랜잭션의 갱신 연산은 무효가 된다.

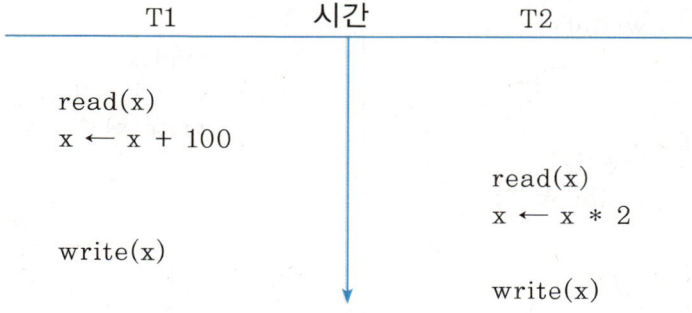

② 모순성(inconsistency) : 두 트랜잭션이 실행을 끝냈지만 그 연산 결과는 사용자가 원하는 것이 아니며, 데이터베이스 그 자체가 일관성이 없는 모순된 상태로 남게 되는 문제가 생긴 것이다.

```
        T1              시간          T2
        read(x)          │
        x ← x + 100      │
        write(x)         │
                         │          read(x)
                         │          x ← x * 2
                         │          write(x)
                         │          read(y)
                         │          y ← y * 2
                         │          write(y)
        read(y)          │
        y ← y + 100      │
        write(y)         ▼
```

트랜잭션(Transaction)

③ **연쇄 복귀(cascading rollback)** : 두 개의 트랜잭션이 두 개의 레코드를 동시에 접근할 때 한 트랜잭션이 한 레코드를 판독해서 갱신한 뒤에 다른 트랜잭션이 그 레코드를 판독해서 갱신을 완료하였다. 이때 한 트랜잭션이 또 다른 레코드를 판독하여 갱신하려다 문제가 발생하여 갱신을 취소하였다면 두개의 트랜잭션 모두가 복귀해야 하지만 하나의 트랜잭션만 복귀(rollback)하고 하나의 트랜잭션은 성공적으로 완료(commit)하고 복귀할 수 없는 경우가 발생하는 것이다.

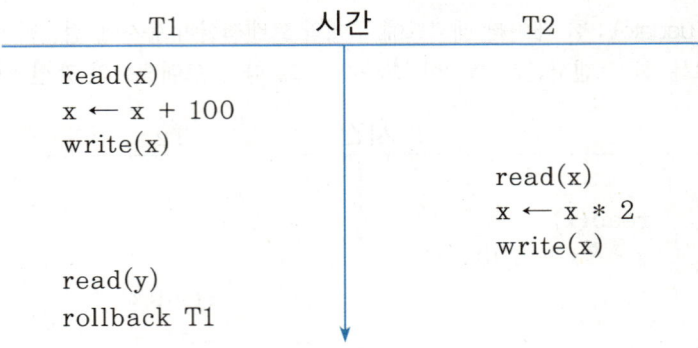

기출 2008-21 여러 트랜잭션들이 아무런 제약 없이 데이터베이스에 동시에 접근할 수 있도록 허용된다면 기본적으로 3가지 형태의 문제가 발생하게 된다. 아래 표 안에 있는 3가지 형태의 트랜잭션들에 대해 동시성 제어를 하지 않고 수행할 때 발생하는 문제점을 ①~③의 빈칸에 4단어 이내로 쓰시오. 그리고 이러한 문제점이 발생하는 이유를 2줄 이내로 기술하시오. (4점)

T1 / 시간 / T2	T1 / 시간 / T2	T1 / 시간 / T2

...
 read(x)
 read(y)
 x = x + y
 write(x)
 	
 read(z)
 rollback T1
 	
           ...
           x = x * 2
           write(x)
           ...
	...
	 read(x)
	 read(y)
	 x = x + y
	 write(x)
	
	           ...
	           x = x + 2
	           write(x)
	           ...
		...
		 read(x)
		 x = x + 2
		 write(x)
		
		           ...
		           read(x)
		           x = x * 2
		           write(x)
		           read(y)
		 read(y)
		 y = y * 2
		 write(y)
		 ...
		           y = y + 2
		           write(y)
		           ...

① 연쇄복귀	② 갱신분실	③ 모순성

• 문제점이 발생하는 이유 : <u>ww, wr, rw 충돌 때문에 발생한다.</u>

(3) 병행 제어 기법
① 로킹(locking)기반 규약
㉠ 로크 연산
ⓐ lock(x) : 트랜잭션 T가 데이터 아이템 x를 접근하려 할 때 실행한다.
ⓑ unlock(x) : 트랜잭션 T가 데이터 아이템 x의 사용이 모두 끝나면 실행한다.
㉡ 로크의 유형
ⓐ lock-S : 트랜잭션 T가 데이터 아이템 x에 대해 lock-S를 걸면 T는 이 아이템에 대해 판독할 수 있지만 기록할 수 없다. 이때 이 x에 대해서 다른 트랜잭션은 공용 lock을 동시에 걸 수 있다
ⓑ lock-X : 트랜잭션 T가 데이터 아이템 x에 대해 lock-S를 걸면 T는 이 아이템에 대해 판독과 기록을 모두 할 수 있다. 이때 다른 트랜잭션은 이 x에 대해서 어떤 lock도 걸 수 없다.

Tj \ Ti	S	X
S	T	F
X	F	F

㉢ 2단계 로킹 규약(2PLP)
ⓐ 확장 단계 : 트랜잭션이 lock을 얻을 수 있으나, unlock할 수는 없는 단계이다.
ⓑ 축소 단계 : 트랜잭션이 unlock을 얻을 수 있으나, lock할 수는 없는 단계이다.
㉣ 로킹 규약은 직렬성은 보장하지만 교착상태(deadlock)가 발생할 수 있다.

〈교착상태〉

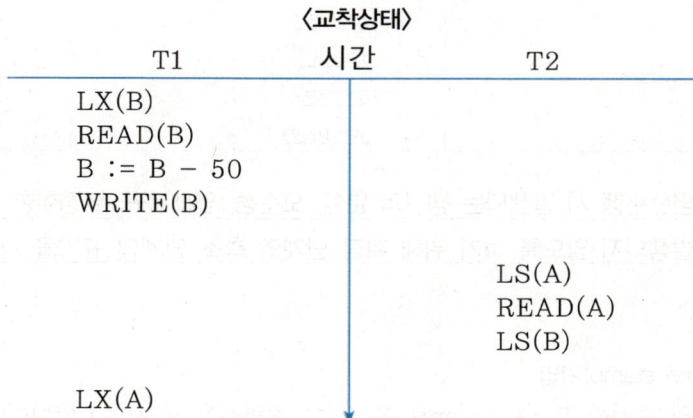

트랜잭션(Transaction)

기출 2007-19 두 트랜잭션 T1과 T2에 대해 lock 연산과 unlock 연산을 사용하여 2단계 로킹규약(2PLP)을 준수한 스케줄로 표현하시오. 그리고 2PLP를 사용하는 이유를 2줄 이내로 설명하시오. (단, 아래 표의 2PLP를 준수한 스케줄은 지면 관계상 옆으로 나열한 것임.) (4점)

T1	T2	2PLP를 준수한 스케줄					
		T1	시간	T2	T1	시간	T2
read(x)	read(x)	lock(x)	t_0		read(z)	t_{m+1}	
x←x+100	x←x*2	read(x)			z←z+100		
write(x)	write(x)	x←x+100			write(z)		
read(y)	read(y)	write(x)			unlock(z)		
y←y+100	y←y*2	lock(y)					lock(z)
write(y)	write(y)	read(y)					unlock(x)
read(z)	read(z)	y←y+100					unlock(y)
z←z+100	z←z*2	write(y)					read(z)
write(z)	write(z)	lock(z)					z←z*2
		unlock(x)					wrtie(z)
		unlock(y)					unlock(z)
				lock(x)			
				read(x)			
				x←x*2			
				write(x)			
				lock(y)			
				read(y)			
				y←y*2			
			t_m	write(y)			

- 2PLP 사용 이유 : 병행수행 시 발생되는 갱신의 분실, 모순성, 연쇄복귀, 부정확한 요약 등의 문제점이 발생되지 않도록 하기 위해 확장 단계와 축소 단계의 규약을 사용한다.

② 타임 스탬프(Time stamp)기법
   ㉠ 트랜잭션간의 순서를 Time Stamp로 부여하여 직렬성을 보장하는 방법이다.
   ㉡ 타임 스탬프값 부여 방법 : System clock값, 논리적 계수기값

(4) 타임스탬프에 의한 교착상태 회피

대기 – 소멸(Wait – Die)	손해 – 대기(Wound – Wait)
비선점(non – preemptive) 기법을 기반으로 한다.	선점(preemptive) 기법을 기반으로 한다.
트랜잭션 Ti가 Tj가 소유한 데이터 항목을 요청하는 경우 Tj의 타임 스탬프보다 Ti의 타임 스탬프가 작은 경우에만 Ti는 기다린다. 그렇지 않으면 Ti는 복귀한다.	트랜잭션 Ti가 Tj가 소유한 데이터 항목을 요청하는 경우, Tj의 타임 스탬프보다 Ti의 타임 스탬프가 큰 경우에만 Ti는 기다린다. 그렇지 않으면 Tj는 복귀한다.
$T_1 \rightleftarrows T_2 \rightarrow T_3$ T_2 기다림 T_2 복귀	$T_1 \rightleftarrows T_2 \rightarrow T_3$ T_1 복귀 T_2 기다림

예제 39

병행수행 제어를 위한 타임 스탬프(Time stamp) 기법에서 Transaction X, Transaction Y, Transaction Z는 각각 타임 스탬프가 50, 100, 150이다. 다음 물음에서 대기–중지(wait–die)와 손해–대기(wound–wait)일 때 각각 무슨 일이 일어나는지 설명하시오.

(1) Transaction Y가 Transaction X가 점유하고 있는 자원을 필요로 하는 경우
　　㉠ 대기–중지 (wait–die) : _____
　　㉡ 손해–대기(wound–wait) : _____

(2) Transaction Y가 Transaction Z가 점유하고 있는 자원을 필요로 하는 경우
　　㉠ 대기–중지 (wait–die) : _____
　　㉡ 손해–대기(wound–wait) : _____

송광진 교수

現) 어코에티카 정보컴퓨터 동영상강의 전임교수
現) 윌비스 임용고시학원 정보컴퓨터 전임교수
前) 영동대학교 자바/안드로이드 과정 강의(2013년도 2학기)
前) 서울특별시 인재개발원에서 '정보체계론' 강의
前) 건양대학교 자바/JSP/Spring/안드로이드 과정 강의
前) 성결대학교 자바/JSP 과정 강의
前) 노량진 우리고시학원 정보/컴퓨터 강의
前) 노량진 서울고시학원 정보/컴퓨터 강의
前) 노량진 서울고시학원 전산직 강의
(주)서울미터산업연구소 타코미터(택시미터기) C 언어 개발프로젝트
서울시 전자계산소 연수원에서 전산직 공무원 대상으로 C++ 강의
방송대학 TV '전자계산기구조' 강의

정보컴퓨터 일반과정 I

ISBN 979-11-90130-92-9

발행일 · 2017년 1월 14일　초판 1쇄
　　　　2018년 3월 23일　　2쇄
　　　　2019년 1월 4일　　 3쇄
　　　　2020년 1월 3일　개정판 1쇄

저　자 · 승광진 | 발행인 · 이용중
발행처 · 도서출판 배움 | 주소 · 서울시 영등포구 영등포로 400 신성빌딩 2층 (신길동)
주문 및 버본처 | Tel · 02) 813-5334 | Fax · 02) 814-5334

본서의 無斷轉載·複製를 禁함. 본서의 무단 전재·복제행위는 저작권법 제136조에 의거 5년 이하의 징역 또는 5,000만 원 이하의 벌금에 처하거나 이를 병과할 수 있습니다. 파본은 구입처에서 교환하시기 바랍니다.

정가 15,000원